Jean-Paul Sartre zur Einführung

Martin Suhr

Jean-Paul Sartre zur Einführung

JUNIUS

Junius Verlag GmbH
Stresemannstraße 375
22761 Hamburg
Im Internet: www.junius-verlag.de

Umschlaggestaltung: Florian Zietz
Titelfoto: dpa
Satz: Junius Verlag
Printed in the EU 2015
ISBN 978-3-88506-711-5
6., unveränderte Auflage 2022

Bibliografische Information der Deutschen Nationalbibliothek
Die Deutsche Nationalbibliothek verzeichnet diese Publikation in der Deutschen Nationalbibliografie; detaillierte bibliografische Daten sind im Internet über http://dnb.dnb.de abrufbar.

Inhalt

Captatio benevolentiae

André Gorz über Jean-Paul Sartre

Es passierte im Juni 1946. Er, Morel[1], war zu einer Vortragsreihe in die Schweiz gekommen; und die Schweiz erwartete den »Papst des Existenzialismus«, indem sie in ihren Gazetten süßsaure Betrachtungen über die Verzweiflung des atheistischen Existenzialismus und den verderblichen Einfluß eines Mannes, Morels, veröffentlichte, der sich im Nichts, in der Scheiße und in der Unmoral einer »schrankenlosen Freiheit« suhlte. Sie waren in den überfüllten Saal des Kapitol-Kinos gekommen, um ihn um fünf Uhr nachmittags in Augenschein zu nehmen, sie hatten dem französischen Denken und der noch frischen Erinnerung an die Résistance applaudiert, und am Abend hatten sie ihn in das Lokal »Aux Amis de l'Art« (oder so ähnlich) eingeladen. Und da haben sie auch mich eingeladen, weil sie Morel zeigen wollten, daß es bei ihnen Leute gab, die alle seine Schriften gelesen hatten. Ich vermute, daß ich tatsächlich der einzige war, der alles von ihm gelesen hatte. Seit Ende 1943 hatte Morel alle vorhergehenden Gottheiten entthront (Gide, Ruyer, Dostojewski, Valéry), ich hatte *Das Sein und das Nichts* in mich eingesogen, ohne zunächst viel davon zu verstehen, fasziniert von der Neuheit und Kompliziertheit seines Denkens, hatte mich dann, durch die hartnäckige Lek-

[1] Gemeint ist Sartre.

türe dieses dicken Objekts, damit infiziert, seine Terminologie angenommen, es zur Würde einer Enzyklopädie erhoben, die, da alles darin zur Sprache kam, auf alles eine Antwort haben müßte, und bewegte mich schließlich in einem Universum, dessen Grenzen *Das Sein und das Nichts* waren: jede erlebte oder beobachtete Wirklichkeit wurde sofort auf die Seite sowieso bezogen, wo eben davon die Rede war. Morel spielte die Rolle eines Demiurgen. Ich vermutete, daß er auf alles eine Antwort wußte, da er weitere Antworten ankündigte, und ich nahm es ihm übel, daß er den Rest seines Denkens für sich behalten hatte, vielleicht aus Mutwillen, um mich auf die Folter zu spannen, oder vielleicht weil es ihm schnuppe war; denn ich hatte den Eindruck, daß er über alles nachgedacht hatte, lange bevor er begonnen hatte, eine Zeile zu schreiben, weil von manchen Dingen, die er in *Das Sein und das Nichts* für ein späteres Werk aufsparte (die reine Reflexion, die »Eigentlichkeit«, die »Moral der Versöhnung und des Heils«), bereits im ersten Text, den er veröffentlichte, die Rede war: *Die Transzendenz des Ego* im Jahre 1936. Kurz, Morel war kein Mensch, sondern Gott. (Was für ein Glück, sage ich mir heute, daß ich vor ihm nicht Hegel begegnet bin! Der hätte meine Manie der Systematisierung aufs höchste gesteigert, und gewissenhaft wie ich war, hätte ich in Hegel auf alles eine Antwort gefunden und mich für Jahre in das delirierende Universum der Logik eingeschlossen mit geringen Aussichten, jemals wieder herauszufinden, da ich 1. drei Jahre gebraucht habe, bis ich aus dem Universum des Scheiterns herausfand, das ich aus dem Material von *Das Sein und das Nichts* erbaut hatte, 2. Hegel keiner war, dessen System man hätte in Frage stellen, ja nicht einmal in Zweifel ziehen können, und ich 3., wäre ich Hegel begegnet, mir nie hätte klar machen können, daß er ein Mensch und nicht Gott persönlich war.) Aber Morel war ein Mensch. Das war eine bestürzende Entdeckung gewesen. Er hat sich bei den »Amis de l'Art« eingefunden, klein, untersetzt, etwas verdrossen über all die hohen Tiere, die ihn umringten und ihm akademische Fragen über Heidegger und über Dinge stellten, die er in *Das Sein und das Nichts* zu wiederholten Malen erklärt hatte; er war der einzige, der nicht wie eine Mumie aussah, er gestikulierte, als wollte er einen Luftzug auslösen, um den geistigen Qualm zu vertreiben, wobei er die Asche seiner Zigarette auf die Weste des Professors fallen ließ und den Wein auf den Ärmel des Richters schüttete. Morel sah robust und merkwürdig *konkret* aus, er füllte die vier Ecken des Raumes mit seinen ausladenden Gesten (mit seiner Zigarette hob er den ganzen Arm bis zur Schulter hoch, so daß es gefährlich war, sich ihm zu nähern, wenn man nicht riskieren wollte, Ellbogenstöße zu bekommen) und nahm die Welt in Besitz, so als würde er sie durch sein unermüdliches Gestikulieren weben. Als er sich dann hinsetzte, habe ich mich auf den Stuhl neben ihn gestürzt und habe ihm dort zwei oder drei Stunden lang Fragen gestellt, ihn mit Beschlag belegt, mehr hingerissen von seiner glücklichen Vitalität (dem Leben, das er allem gab, was er sagte oder berührte, und das eine Art Evidenz und Wahrheit erhielt), von der *echten* Zigarette und dem *echten* Glas Wein in seinen Händen als von den vertrauten Themen. Die Evidenz von alledem, die einzig die Person Morels mitzuteilen vermochte, rührte daher, daß dieser Mann »das Leben liebte«, d.h. die Arbeit, die besiegten Widerstände, die Dinge und die Menschen, daß ihm vor abstrakten Ideen graute und daß die Philosophie für ihn einer Suche entsprechen mußte, d.h. einem individuellen Bedürfnis, sollte sie auch nur ein Körnchen Wahrheit enthalten; und daß es eben diese Suche war, bei der ein Mensch sich bemüht, einen Weg zu finden, die ihn interessierte, und nicht ob er geschickt dachte oder schrieb. Bei Morel hat er[2] zum ersten Mal in seinem Leben den Wert der

[2] Gorz wechselt hier in die dritte Person, also er = ich.

Großherzigkeit (oder die Großherzigkeit als Wert) wahrgenommen: eine Art, die Dinge und die Menschen zum Existieren zu bringen (»die Leidenschaft, die Menschen zu verstehen«, wie er später schrieb[3]), in der Haltung des anderen eine Freiheit zur Arbeit zu entdecken und diese Freiheit zutage zu fördern (oder ihm dabei zu helfen), indem er sie entdeckte. »Jetzt erzählen Sie mir von sich«, ein typischer Satz, mit dem Morel ihn acht Tage später in einer Genfer Kneipe empfing, als er ihm für eine halbe Stunde seine Aufmerksamkeit schenkte und in ihm, trotz gegenseitigen Unverständnisses, die Erinnerung an den einzigen wirklichen Dialog seines Lebens hinterließ, weil alles, wäre die Zeit nicht zu kurz gewesen, hätte gesagt werden können und das leidenschaftlich verständnisvolle Interesse des Gesprächspartners seinen philosophischen Problemen und damit seiner Person zum ersten Mal volle Wirklichkeit verlieh.

»Immerhin«, hat Morel gesagt (und da haben sie aufgehört, einander zu verstehen), »Sie sind auf der Erde, betrifft Sie nicht, was geschieht? In der Schweiz können Sie so denken, wie Sie es tun, aber wenn Sie in Frankreich wären, hätten Sie doch wohl Partei ergreifen müssen?«

»Meinetwegen«, habe ich gesagt, »trotzdem ist jede Parteinahme nicht zu rechtfertigen, und man muß sich immer fragen, ›warum gerade ich, gerade hier, gerade das‹. Und wenn man sich das wirklich fragt, kann man nicht weitermachen.«

»Aber nichtsdestoweniger existieren Sie und ergreifen notwendig Partei, sogar in der Enthaltung.«

»Ich weiß«, habe ich gesagt, »aber das ist kein Argument: daß die Enthaltung nicht zu rechtfertigen ist, rechtfertigt nicht das Gegenteil.«

[3] Im *Saint Genet*, S. 219.

»Sie wollen doch sicher nicht ›die Abwesenheit des Entwurfs‹?«

»Nein. Aber da jede Wahl ungerechtfertigt ist, wie kann ich mich, da ich es weiß, daran halten?«

Morel hat nachgedacht: »Ich glaube, Sie verachten ein wenig das Konkrete.«

»Das stimmt«, habe ich gesagt.

aus: André Gorz, Der Verräter, Frankfurt/M. 1979, S. 239-241.

1. Einleitung

»Das ist das Langweilige bei diesen toten Autoren, daß sie nie etwas Neues bieten«, lässt Sartre die Gräfin von Gosswill in seinem Drama *Kean* (1953) sagen. Sartre selbst war in dieser Hinsicht jedenfalls für eine Überraschung gut. Seit seinem Tod im Jahr 1980 sind mehr Bücher von ihm erschienen als von anderen Autoren zu ihren Lebzeiten.[1] Diese Veröffentlichungen sind wie eine unvermutete Bestätigung einer sartreschen Grundüberzeugung, die er im Hinblick auf seinen Film *Das Spiel ist aus* äußerte: »Der Existenzialismus läßt keineswegs zu, daß das Spiel jemals aus ist. Noch nach unserm Tode setzen sich unsere Handlungen fort. Wir leben in ihnen weiter, selbst wenn sie sich oft ganz entgegengesetzt in Richtungen entwickeln, die wir nicht gewollt haben. Das ist eine historische Evidenz.« (Sp 122)

Wie lebt Sartre weiter? Seine ungeheure Popularität hat sich kaum je auf sein philosophisches Werk gegründet, das »ausschließlich für Fachleute und Philosophen bestimmt« war, sondern auf seine lebendige Präsenz als intellektuelle und moralische Autorität. Gerade die Kämpfe, die Sartres Einfluss begründeten, die Auseinandersetzung zwischen Bürgertum und Kommunismus im Nachkriegsfrankreich, sind mit dem Zusammenbruch der Sowjetunion sowie ihrer Satellitenstaaten zu einer lediglich historisch interessierenden Episode geworden. Sartres Dramen werden nur noch selten gespielt (ein Schicksal, das er mit Brecht teilt), seine Romane wenig gelesen. Die Frage, was von ihm bleibt, muss also wieder neu gestellt werden. Ohne Zweifel sind seine Biografien (vor allem *Der Idiot der Familie)* und seine philosophischen Schriften die ersten Anwärter, Träger seines Nachruhms zu sein. Jede Einführung in seine Philosophie sieht sich freilich wiederum vor der Frage: Was ist grundlegend, was ist nur die Folge seiner grundlegenden Auffassungen?

Eine Einführung in Sartres Werk ist mit nicht unerheblichen Schwierigkeiten verbunden. Die erste besteht in dem riesigen Umfang des Gesamtwerks. Sartre war ein unermüdlicher Schriftsteller; man hat ausgerechnet, dass er jeden Tag seines Lebens durchschnittlich dreißig Seiten geschrieben hat. Allein seine philosophischen Schriften umfassen – in der deutschen Übersetzung (bzw., im Fall der noch nicht übersetzten Schriften, im frz. Original) – weit mehr als 4000 Seiten, dazu kommen über 4000 Seiten Biografien, über 2000 Seiten Erzählungen, Romane, Dramen, Drehbücher und außerdem unzählige andere Schriften, Essays, Vorworte, Polemiken, Briefe usw. Ohne Zweifel ist es möglich (und auch verlockend), aus dieser riesigen Menge beschriebenen Papiers einige Grundstrukturen seines Denkens herauszudestillieren. Man wird dabei aber in Kauf nehmen müssen, dass der Reichtum an phänomenologischen Untersuchungen, die Anschaulichkeit des dramatischen und erzählerischen Werks, die Argumentationsfülle der theoretischen Schriften, kurz: der eigentümliche Sog, der von seiner spezifischen Schreibweise ausgeht, auf einige mehr oder weniger trockene Ergebnisse verkürzt werden.

Die zweite Schwierigkeit ist mit der ersten verwandt; Sartre war nicht nur ein unermüdlicher Autor, sondern ein ebenso unermüdlicher Leser. Seine Schriften sind voller Anspielungen auf unzählige andere Werke, wobei die französische Literatur und die deutsche Philosophie von bestimmendem Einfluss waren. Als Philosoph hatte er eine gründliche akademische Ausbildung erfahren. So finden sich außer den deutlich erkennbaren Anknüpfungen an Descartes, Hegel und Marx, Husserl und Heidegger weniger offensichtliche, aber keineswegs schwächere Einflüsse von Kant und Schopenhauer, Kierkegaard und Nietzsche, Freud und Alfred Adler, von Dilthey, Scheler, Jaspers, Bergson u.a. Sartre sagt von sich selbst, er sei kein sehr »methodischer« Leser gewesen (Lit 165), aber er war jedenfalls ein sehr schöpferischer Leser. Sein Weiterdenken von Hegels Herrschaft-Knechtschaft-Kapitel oder Bergsons Zeittheorie, seine Auseinandersetzung mit Husserl, seine Anthropologisierung der heideggerschen Fundamentalontologie geben davon Zeugnis. Diese Seite seines Werks muss in einer Einführung notgedrungen verkürzt erscheinen, will man sich nicht auf nur philosophiegeschichtlich interessierende Debatten darüber einlassen, ob er seine Vorgänger nun richtig verstanden habe oder nicht.

Und schließlich: Es scheint beinahe so viele Sartres zu geben wie Schriften von ihm, den Dramatiker und den Erzähler, den Philosophen und Historiker, den Soziologen, den Essayisten, den Literaten, den Journalisten, den Redner, den privaten und den öffentlichen, den frühen und den späten. Sartre beherrscht (beinahe) jeden Stil und (beinahe) jede Literaturgattung. Wo es nötig ist, schafft er sich seine eigene Sprache, aber er gesteht, dass ihn »Stil« nicht interessiere (manchmal zum Kummer seiner Leser); ja er schreibt auch gelegentlich gegen seine Überzeugungen, weil er der Meinung war, es müsse ihm erlaubt sein zu spielen. (Welches Recht haben wir, die Leser, von einem Schriftsteller Widerspruchslosigkeit zu verlangen?) Hier muss sich eine Einführung allerdings nicht für einen dieser vielen Sartres entscheiden, wenn es gelingt, einen einigenden Entwurf in seinem Werk zu entdecken.

Tatsächlich wird man in der »Leidenschaft, die Menschen zu verstehen« (SG 219), so etwas wie das einigende Band sehen können. Das scheint ein zugleich vages und anspruchsvolles Projekt zu sein: vage, weil man sich zunächst kaum vorstellen kann, an welchen Kriterien man den Erfolg – oder Misserfolg – eines solchen Unternehmens messen soll; und anspruchsvoll, weil es schließlich die Absicht vieler verschiedener wissenschaftlicher Disziplinen ist, »die Menschen zu verstehen«, von der Psychologie bis zur Ethnologie, von der Ökonomie bis zur Geschichtswissenschaft. Welche Rolle kann hier die Philosophie, die Literatur, die Biografie spielen? Und in welchem Verhältnis steht jene Leidenschaft zu seinem politischen und literarischen Engagement?

Der Darstellung dieser Leidenschaft und der Schwierigkeiten, auf die Sartre dabei stieß, die ihn schließlich dazu veranlassten, »eine grundlegende Änderung« seiner Position vorzunehmen und zu versuchen, den Existenzialismus dem Marxismus einzuordnen, gilt die folgende Einführung. Das Hauptgewicht liegt dabei auf den philosophischen Schriften, in denen Sartre explizit Rechenschaft über methodologische Fragen ablegt. Ohne Zweifel schärft jedoch erst die Kenntnis der literarischen Arbeiten den Blick für die Bedeutung dieser theoretischen Überlegungen.

2. Zu viel: *Die Wörter*

Sartres Leben, vor allem sein Privatleben, war schon immer Gegenstand einer außerordentlichen Neugier – als der Existenzialismus in Mode kam, war Sartre für neugierige Touristen in Paris kaum weniger attraktiv als der Eiffelturm.[2] Inzwischen ist eine Reihe sehr ausführlicher Biografien erschienen, die, gestützt auf Sartres eigene Angaben sowie seinen Briefwechsel mit Simone de Beauvoir und andere Zeugnisse, sein Leben fast Tag für Tag, ja teilweise bis auf einzelne Stunden, rekonstruieren. Hier erfährt man weit mehr, als man eigentlich wissen wollte. In unserem Zusammenhang soll Sartres eigene Deutung seines Lebens als Beispiel seiner »Leidenschaft, die Menschen zu verstehen«, besprochen werden. Seine Autobiografie *Die Wörter* ist, wie so viele seiner Projekte, nicht vollendet, bietet aber einen einzigartigen Fall einer Anwendung seiner Grundgedanken über die menschliche Existenz auf ihn selbst.

Der größte Teil des Buches war vor 1954 geschrieben (Lit 63) und wurde 1963 überarbeitet. Es bildete den Anlass für die Verleihung des Nobelpreises, dessen Annahme Sartre freilich verweigerte. Sicher gehört es zu den am besten geschriebenen Büchern Sartres und ganz gewiss ist es das Buch, das seine Methode des Verstehens am unaufdringlichsten anwendet. Das sehr ironische, sehr witzige und gleichzeitig etwas resignierte Buch ist gerade das Gegenteil einer Selbsterhöhung, vielmehr fast das Dokument einer Selbstzerstörung. Es ist alles andere als eine Liebeserklärung an seine Jugend: »Außerdem hat der Leser begriffen, daß ich meine Kindheit verabscheue, mitsamt all ihren Überresten; mitsamt der Stimme meines Großvaters [...].«

Sartre spricht selbst von der Folgerichtigkeit seiner geistigen Übungen zwischen dem sechsten und dem neunten Lebensjahr: Er betrachtet seine Kindheit als ein Programm der Selbsterschaffung, mit dem Ziel, der Zufälligkeit der Existenz zu entgehen und die Notwendigkeit des Daseins zu erreichen. Er bezeichnet das als Rechtfertigung seiner Existenz. Aber warum sollte jemand das Bedürfnis haben, sich dafür zu rechtfertigen, dass er auf der Welt ist? Sartre verwendet das Bild des Passagiers ohne Fahrkarte (W 65): Er braucht so etwas wie ein Ticket, um die Reise des Lebens antreten zu können. Und die Rechtfertigung, die er findet, ist der Beruf des Schriftstellers. Nun räumt er zwar selbst ein, das sei nur ein Bild, mit dem er sich selbst in diese Zwickmühle gebracht habe; das Leben ist kein Zug, es gibt keinen Schaffner und keiner fragt nach der Fahrkarte. Es ist nur ein erster Schritt, wenn Sartre diese Art der Rechtfertigung damit erklärt, dass er an einem religiösen Modell orientiert war, das er erst spät durchschauen lernte. Was tritt an seine Stelle? Sartre schreibt trotzdem weiter, weil es nützlich ist, weil Schreiben sein Beruf ist. Ein calvinistisches Arbeitsethos treibt ihn dazu an, »keinen Tag ohne geschriebene Zeile« zu verbringen. Aber warum sollte Sartre an diesem Bild festhalten, da es doch auf der religiösen Vorstellung von der Prädestination beruht?

Lesen

Die Überzähligkeit. Man kann die sartresche Entwicklung, für die er selbst ja eine »Folgerichtigkeit« entdecken zu können glaubt, in Stufen gliedern. Die erste Erfahrung des jungen Sartre ist das Gefühl der Überflüssigkeit oder Überzähligkeit (être de plus)[3] oder auch der tiefen Nutzlosigkeit. Dieses Gefühl beruht auf der Situation, in der sich seine Mutter und er damals befanden: Seine Mutter, Anne-Marie Schweitzer, war nach dem Tod ihres Mannes Jean-Baptiste in das Haus ihrer Eltern zurückgekehrt, wo sie wieder die Rolle der Tochter spielte. In Wirklichkeit freilich war sie nur geduldet, wurde sie nicht wirklich gebraucht. Dieses Gefühl teilte sich dem jungen Sartre mit: »Wir waren eigentlich nirgends zu Hause.« In dieser Situation entwickelt sich bei ihm das Gefühl der Substanzlosigkeit. Der Grund dafür liegt in dem frühen Tod seines Vaters:

»Ein Vater hätte mich mit einigen dauerhaften Zwangsvorstellungen belastet; seine Launen wären für mich zu Grundsätzen geworden, seine Unwissenheit hätte mein Wissen, sein Groll meinen Stolz bedeutet, seine Manien hätten sich für mich in Gesetze verwandelt. Er hätte mich bewohnt. Dieser geachtete Mieter hätte mir Achtung vor mir selbst gegeben. Auf diese Achtung hätte ich meine Daseinsberechtigung gegründet. Mein Erzeuger hätte über meine Zukunft entschieden: von Geburt an wäre ich für die Technische Hochschule bestimmt und damit ein für allemal in Sicherheit gewesen. Aber wenn Baptiste sich über mein Geschick jemals Gedanken gemacht haben sollte, so hatte er das Geheimnis mit ins Grab genommen; meine Mutter erinnerte sich nur daran, daß er gesagt hatte: ›Mein Sohn soll nicht zur Marine gehen.‹ Mangels genauer Auskünfte wußte niemand, angefangen bei mir selbst, wozu ich mich eigentlich auf der Erde herumtrieb.« (W 50)

Dass diese Bemerkungen ironisch gemeint sind, ergibt sich klar aus allem, was Sartre sonst über die Wahl des eigenen Lebens sagt. Er schildert somit nur die übliche Art, wie Menschen in ihr Leben hineinschlittern. Der nächste Schritt ist aber von entscheidender Bedeutung, wir werden dieser Überlegung wieder in *Das Sein und das Nichts* begegnen: Die Aneignung von Dingen, das Haben, ist ein Modus des Seins. Das leere Selbst erhält gleichsam an seinem Besitz einen Inhalt und wird dadurch substanziell.

»Hätte mir der Vater ein Vermögen hinterlassen, meine Kindheit wäre anders gewesen: ich wäre nicht Schriftsteller geworden, weil ich ein Anderer gewesen wäre. Felder und ein Haus verleihen dem jungen Erben ein stabiles Bild seiner selbst; wenn er *seinen* Kies berührt oder die Fensterrauten *seiner* Veranda, berührt er sich und bildet mit Hilfe ihrer Dinglichkeit die unsterbliche Substanz seiner Seele. Vor einigen Tagen schrie im Restaurant ein kleiner Junge von sieben Jahren, der Sohn des Inhabers, die Kassiererin an: ›Wenn mein Vater nicht da ist, bin ich der Chef.‹ Das ist ein richtiger Mann! Als ich so alt war wie er, war ich niemandes Chef, und nichts gehörte mir. In meinen seltenen Augenblicken der Unbefangenheit flüsterte mir meine Mutter zu: ›Sei vorsichtig! Wir sind nicht bei uns zu Hause!‹ Wir waren niemals bei uns zu Hause: weder in der rue Le Goff noch später, als sich meine Mutter wieder verheiratet hatte. Ich litt nicht darunter, denn man bot mir alles; aber ich blieb abstrakt. Einem Eigentümer spiegeln die Güter dieser Welt das eigene Dasein wider; mich lehrten sie erkennen, was ich nicht war: *ich war nicht* substantiell und dauerhaft; *ich war nicht* die künftige Fortsetzung des väterlichen Werks; *ich war nicht* nötig für die Stahlproduktion. Mit einem Wort: ich hatte keine Seele.« (W 50)

Die Daseinsberechtigung auf den Vater oder auf den Besitz zu gründen ist nun nicht gerade das, was einen freien Entwurf ausmacht, es ist eher das Schicksal »des Chefs«, einer Figur, die Sartre nicht eben liebt. Der Chef gründet seine Daseinsberechtigung auf das Haben von Dingen; seine Seele sind die äußeren, gegebenen Güter und die vorgeschriebene Laufbahn. Er ist substanziell. Sartre dagegen bemerkt ausdrücklich, dass der Tod seines Vaters ihm die Freiheit gegeben habe.

Das Gegenbild zu dieser seiner eigenen Existenz ist Monsieur Simonnot. Monsieur Simonnot hat eine Art Landschaft zu seinem Innenleben, die aus lauter festen Vorlieben besteht, die er ganz objektiv betrachten und dann konstatieren kann. Er ist nicht nur ein Ich, seine Notwendigkeit ist auch garantiert; er hat einen festen Platz im Leben, sodass man sogar sein Fehlen, seine Abwesenheit bemerkt: Genau darin besteht der Unterschied zu dem kleinen Sartre, der sich seiner eigenen inneren Landschaft völlig unsicher war.

Monsieur Simonnot ist nicht nur ein Geschöpf, er zeigt deutlich die Eigenschaften von Dingen wie Landschaften, nämlich Unbeweglichkeit, Undurchdringlichkeit und Tiefe. Er verhält sich zu sich selbst objektiv, er kann seine Vorlieben konstatieren. Vor allem aber kann er sagen: Das bin ich; ich bin ganz und gar Monsieur Simonnot. Die vollständige Übereinstimmung mit sich selbst macht die Undurchdringlichkeit des Ich aus; das ist die Eigenschaft eines Dings.

Monsieur Simonnot hat eine Eigenschaft, die Sartre mit Eifersucht erfüllt: Er ist »unentbehrlich innerhalb des Universums«. Als sein Großvater bei Gelegenheit eines Festes im Fremdsprachenmuseum verkündet: »Einer fehlt hier, nämlich Simonnot«, fühlt sich der kleine Sartre ins Herz getroffen.

»Ich staunte darüber, daß ein Mann einen so festen Platz haben konnte. Sein Platz: ein Nichts, das ausgehöhlt war durch das allgemeine Warten, ein unsichtbarer Bauch, aus dem man offenbar jäh von neuem geboren werden konnte. Wäre er jedoch plötzlich unter stürmischen Ovationen aus dem Erdboden aufgestiegen und hätten sich selbst die Frauen auf seine Hand gestürzt, um sie zu küssen, ich wäre ernüchtert gewesen: die fleischliche Gegenwart ist stets übermäßig. In seiner jungfräulichen Gestalt, reduziert auf die Reinheit einer negativen Essenz, bewahrte er sich die undurchdringliche Transparenz des Diamanten. Da es mein Los war, in jedem Augenblick an einen gewissen Ort der Erde zwischen gewisse Leute gestellt zu werden und mich dort überflüssig zu wissen, wollte auch ich *fehlen* wie das Wasser, wie das Brot, wie die Luft: allen anderen Menschen an allen anderen Orten.« (W 53)

Auch hier ist die Ironie unüberhörbar. Hinter der scheinbaren Anerkennung von Monsieur Simonnot verbirgt sich das genaue Gegenteil, Monsieur Simonnot ist ein »Geschöpf« wie ein Baum oder ein Kiesel, ein Ding eben. Er selbst, Sartre, dagegen besitzt weder feste Vorlieben noch einen festen Platz in der Welt: Er ist nichts. Aber er möchte nicht nichts sein, nicht überflüssig sein, sondern fehlen können, d.h. einen Platz haben, auf den er so gehört, dass sein Fehlen bemerkt wird.

Wir finden hier auf eine ganz beiläufige Weise eine wichtige Idee, das Nichts, eingeführt. Das Fehlen-Können setzt eine Erwartung voraus, eine Beziehung des Bewusstseins zur Welt. Und Sartre, der sich als Anwesenheit überzählig erscheint, zöge es vor, als Abwesenheit, als nichts, erwartet, ersehnt zu werden. Das Nichts hat eine gleichsam positive Existenz vor dem Hintergrund einer Erwartung.

Die Selbsterschaffung im Familientheater – Masochismus. Die ersten Schritte auf dem Weg der Selbstrechtfertigung erfolgen im Rahmen des »Familientheaters«. Hier übernimmt der kleine Sartre eine Rolle, die er nicht durchschaut, in der er sich entgeht – wie übrigens auch alle anderen Beteiligten Rollen spielen, nicht nur der Großvater, sondern auch die Großmutter (genannt »Mami«), Onkel Emile und Anne-Marie; die wahren Ursachen ihres Verhaltens liegen nicht in der jeweiligen Situation, sondern in ihrer Vergangenheit, ihrer Geschichte – »anderswo«. Hier tritt der Gedanke der Unaufrichtigkeit auf, der uns später noch beschäftigen wird: »Ich war ein unechtes Kind.« Die Erwachsenen hatten seine »Wahrheit«, seinen Charakter und seinen Namen in der Hand, er sah sich mit ihren Augen, sie hatten ihn fabriziert. Und trotz allem wusste er, dass er Theater spielte: »Wie soll man Theater spielen, wenn man nicht weiß, daß man Theater spielt?« In seinem Bewusstsein ist eine Art Distanz zu sich selbst, er beobachtet sich dabei, dass er schwindelt. Das Familientheater machte ihn zu einer Art Gegenstand in den Händen der anderen. »Verweiblicht durch die Zärtlichkeit meiner Mutter, kraftlos gemacht durch das Fehlen des rüden Moses, der mich erzeugt hatte, aufgebläht durch die Anbetung, die ich von meinem Großvater empfing, war ich ein reiner Gegenstand, der dazu vorherbestimmt schien, den Weg des Masochismus zu gehen, wenn es mir gelungen wäre, an das Familientheater glauben zu können.«

»Da ich dazu verurteilt war, Wohlgefallen zu erregen, spielte ich eine Grazie, die auf der Stelle verwelkte; überall schleppte ich meine falsche Herzlichkeit, meine müßige Wichtigtuerei mit mir herum, stets auf der Lauer nach einer neuen Chance. Ich glaubte, sie erwischt zu haben, warf mich in eine Attitüde – und fand abermals die Substanzlosigkeit, der ich entrinnen wollte. Mein Großvater schlief, in sein Plaid gewickelt; unter seinem struppigen Bart entdeckte ich die rosige Nacktheit seiner Lippen, es war unerträglich; glücklicherweise fiel seine Brille herunter, ich stürzte hin, um sie aufzuheben. Er wachte auf, hob mich hoch, wir spielten abermals unsere große Liebesszene; aber es war nicht mehr das, was ich gewollt hatte. Was hatte ich gewollt? [...] Ich war ein unechtes Kind; [...] ich spürte, wie sich meine Handlungen in Gebärden verwandelten. Das Theater entzog mich der Welt und den Menschen: ich sah bloß Rollen und Versatzstücke.« (W 49)

Der Entschluss, sich unentbehrlich zu machen. Aus dieser Situation heraus fällt der Entschluss, sich unentbehrlich zu machen, gerade weil ihn keiner braucht. Das Gefühl, keinerlei Berechtigung zu besitzen, drückt Sartre im Bild des Schaffners aus, der nach einer Fahrkarte verlangt. Er muss Gründe für seine Daseinsberechtigung finden: Er muss »seine eigene Ursache« werden. Dahinter steckt der Gedanke aus Descartes' dritter Meditation, dass ein Wesen, das sich selbst erschafft, sich notwendig als vollkommen erschafft. Ein solches Wesen hätte keine Wünsche, es würde nicht zweifeln, ihm würde nichts mangeln, es würde sich »alle

Vollkommenheiten« geben, von denen es irgendeine Idee in sich hätte; und so wäre es selbst Gott.

»In Wahrheit hatte ich keine Wahl. Als blinder Passagier war ich im Abteil eingeschlafen und wurde vom Schaffner wachgerüttelt. – ›Bitte die Fahrkarte!‹ Ich mußte gestehen, daß ich keine hatte. Auch kein Geld, um die Reise bezahlen zu können. Ich begann damit, mich für schuldig zu erklären: meine Ausweispapiere hätte ich zu Hause vergessen und wüßte auch nicht mehr, wie ich durch die Sperre gelangt sei, aber ich gäbe zu, unrechtmäßigerweise den Zug bestiegen zu haben. [...] Ich selbst war der Zug, der Schaffner, der Delinquent. Und ich war auch noch eine vierte Bühnengestalt; die allerdings, die Gestalt des Organisators, hatte nur einen einzigen Wunsch: sich selbst zu täuschen, und wäre es auch nur für eine Minute, um zu vergessen, daß sie alles selbst inszeniert hatte. Das Familientheater leistete mir gute Dienste: man nannte mich ein Geschenk des Himmels, aber nur aus Spaß, und das wußte ich genau; da ich überhäuft wurde mit Rührszenen, weinte ich leicht und blieb im Herzen ganz trocken: ich wollte ein nützliches Geschenk werden, das auszog, seinen Empfänger zu suchen; ich offerierte Frankreich und der Menschheit meine Person. Aus den Menschen machte ich mir nicht das mindeste. Da sie aber unentbehrlich waren, sollten sie mich durch ihre Freudentränen erkennen lassen, daß mich das Universum voll Dankbarkeit aufnahm.« (W 64)

Sartre fühlt sich schuldig, weil er existiert, und entwickelt eine Strategie, diesem Schuldgefühl zu entgehen.

Das Mittel: die Literatur – Sadismus. Der Schritt aus dem Masochismus in den Sadismus macht aus dem Opfer einen Täter. Sartre wird zur Ursache seiner selbst. Er bringt sich zu sich selbst in Gegensatz und macht aus dem verhätschelten Kind den Helden.

»Man wird denken, ich sei sehr überheblich gewesen; nein: ich war ein Waisenkind ohne Vater. Da ich niemandes Sohn war, wurde ich meine eigene Ursache, ein äußerster Fall von Stolz und von Elend; ich war in die Welt gekommen dank dem Schwung, der mich dem Guten entgegentrug. Der Zusammenhang dürfte klar sein: [...] Das Familientheater berührte mich nur an der Oberfläche, in der Tiefe blieb alles kalt und ohne Rechtfertigung; das System war mir ein Greuel, ich begann diese glücklichen Schwächeanfälle zu hassen, diese Hingabe, diesen allzu oft gestreichelten, allzu verhätschelten Körper. Ich fand mich selbst, indem ich mich zu mir selbst in Gegensatz stellte. Ich stürzte mich in den Stolz und den Sadismus, anders ausgedrückt: in den Edelmut.« (W 65)

Sartre betont die »logische Folgerichtigkeit seiner geistigen Übungen«: Auch in der Selbsterschaffung verwendet er immer noch die ihm zur Verfügung stehenden Mittel, die Vorstellungen, die in der Prädestinationslehre enthalten waren. »Alles lief in meinem Kopf ab; da ich nur ein vorgestelltes Kind war, verteidigte ich mich durch die Vorstellungskraft. Schaue ich zurück auf mein Leben zwischen sechs und neun Jahren, so bin ich frappiert über die Folgerichtigkeit meiner geistigen Übungen. Deren Inhalt änderte sich häufig, aber das Programm wurde nicht abgewandelt; ich war noch vor meinem Stichwort auf die Bühne gekommen, zog mich hinter eine spanische Wand zurück und begann mein Erscheinen von neuem und zum vorgesehenen Zeitpunkt, im gleichen Augenblick, da das Universum schweigend nach mir verlangte.« (W 65)

Es sind die Jahre des Kinos und der Kinomusik, in denen er in der bestehenden Unordnung seine Rechtfertigung findet. Er wird in der Identifikation mit den Helden der Literatur, Michael Strogoff aus Jules Vernes *Der Kurier des Zaren* oder Zévacos Held Pardaillan, zu jemand, der gebraucht wird. Aber auch in dieser Weise entgeht er noch nicht der Unaufrichtigkeit. (W 77) Das geschieht erst durch eine ungewollte Strategie seines Großvaters.

Schreiben

Das Kind war unecht. Als Sieben- und Achtjähriger befleißigt Sartre sich einer »automatischen Schreibweise«. (W 81) Er plagiiert andere Schriftsteller, um sich sicher zu sein, dass alles wahr ist, was er schreibt. Allmählich gewinnt er sogar eine Art Aufrichtigkeit im Schreiben; er beginnt sich zu entdecken:

> »Ich war beinahe nichts, bestenfalls eine Tätigkeit ohne Inhalt, aber mehr brauchte ich nicht. Ich entrann dem Theaterspielen; ich arbeitete noch nicht, allein ich spielte nicht mehr. Der Lügner fand seine Wahrheit im Erarbeiten seiner Lügen. Durch Schreiben wurde ich geboren, vorher gab es nur ein Spiel der Spiegelungen; seit ich meine ersten Romane verfaßt hatte, wußte ich, daß sich ein Kind ins Spiegelkabinett eingeschlichen hatte. Indem ich schrieb, existierte ich und entschlüpfte den Erwachsenen, aber ich existierte bloß, um zu schreiben, und wenn ich das Wort Ich aussprach, so hieß das: Ich, der Schreibende. Immerhin, ich lernte die Freude kennen. Das öffentlich lebende Kind traf mit sich private Verabredungen.« (W 87)

Im Schreiben gibt er sich eine Existenz, er macht sich zu einem Ding, nämlich den vollgeschriebenen Seiten seiner Romane. Sein Ich wird also dinghafter als vorher, als er nur Rollen spielte.

Das Projekt des Großvaters. Im Alter zwischen acht und zehn Jahren übernimmt Sartre den so genannten »gebieterischen Auftrag«, den er im Zustand der Demut empfangen hat: seine Mission (W 94); er macht sich zu dem, zu dem man ihn gemacht hat.

Der Großvater, der von der Schriftstellerei des kleinen Sartre nichts hält, spielt die Anerkennung von dessen Berufung lediglich vor; eigentlich nur, um seinen deutschen Schülern eine typisch französische Redewendung beizubringen, sagt er, der Kleine trage den »Buckel der Literatur auf der Stirn«. Er trägt damit ganz gegen seine Absicht dazu bei, dass sich bei dem kleinen Sartre der Gedanke festsetzt, er sei zur Literatur, zum Schriftsteller geboren. Der Großvater hat die Berufung verkündet, um ihre Nachteile klar zu machen. Aber als die Autorität, die er nun einmal ist, verkündet er damit das Gesetz. (W 90) Und der junge Sartre ergibt sich in sein Schicksal. Er würde durch das Beschreiben echter Dinge selbst echt werden. So ist »sein Schicksal geschmiedet« worden: Er unterwarf sich, weil Charles, sein Großvater, versuchte, ihn davon abzubringen.

»Ich war drauf und dran, alles hinzuschmeißen. In der Begabung, die mir Karl höchst widerwillig zuerkannte, da es ihm ungeschickt vorkam, sie mir gänzlich abzusprechen, sah ich im Grunde nur den Zufall, dem es nicht gelang, jenen anderen Zufall zu legitimieren: mich selbst. Meine Mutter hatte eine schöne Stimme: *folglich* sang sie. Trotzdem reiste sie ohne Fahrkarte. An meiner Stirn sah man den Buckel der Literatur, folglich würde ich Schriftsteller werden und diese Chance mein Leben lang ausbeuten. Einverstanden. Aber die Kunst verlor – wenigstens für mich – ihre geheiligten Kräfte; ich blieb auch weiterhin ein Vagabund, vielleicht ein bißchen besser ausgestattet, das war alles. Damit ich imstande war, mich als notwendig zu empfinden, mußte der Fall eintreten, daß man mich anforderte. Meine Familie hatte mich eine Zeitlang in dieser Illusion gewiegt; man sagte mir immer wieder, ich sei ein Himmelsgeschenk, auf das man gewartet habe, und sei für meinen Großvater und meine Mutter unentbehrlich. Daran glaubte ich nicht mehr, aber zurückgeblieben war bei mir das Gefühl, daß man als ein Überzähliger geboren wird, es sei denn, man sei eigens in die Welt gekommen, um eine Erwartung zu erfüllen. Mein Stolz und meine Hilflosigkeit waren zu jener Zeit so groß, daß ich mir wünschte, entweder tot zu sein oder begehrt von der ganzen Welt.« (W 94)

Die Schriftsteller werden gebraucht. Sartre überträgt auf die Schriftsteller die Aufgabe des Helden. Dadurch erhalten sie eine Daseinsberechtigung. Eben das gilt für ihn; er wurde erwartet. Er gibt sich selbst den Auftrag, die Menschheit zu schützen. (W 96) Durch den Auftrag erhält er seine Daseinsberechtigung. (W 97)

Der wichtigste Schritt freilich bestand darin zu erkennen, dass er sich den Auftrag selbst erteilt hatte: in der Erkenntnis seiner Freiheit.

»Ich lachte heimtückisch, ich weinte vor Rührung. Ich hatte mein kurzes Leben damit zugebracht, mir Vorlieben und Parteinahmen zu erfinden, die sich alsbald auflösten. Nun aber hatte man mich sondiert, und die Sonde war auf Felsgestein gestoßen. Ich war ein Schriftsteller, so wie Charles Schweitzer ein Großvater war: von Geburt an und für immerdar. Es kam allerdings vor, daß sich unter dem Enthusiasmus eine Unruhe bemerkbar machte. In meinem durch Karl offenbar kautionierten [d.h. garantierten] Talent wollte ich nicht nur einen Zufall erblicken und hatte mich darauf eingerichtet, darin einen Auftrag zu sehen. Da man mich aber nicht ermutigte und keine wirkliche Anforderung vorlag, gelang es mir nicht, zu vergessen, daß ich mir den Auftrag selbst erteilt hatte. Im Augenblick, da ich der Natur entrann, um nunmehr Ich zu werden, also jener andere, der zu sein in den Augen der anderen ich behauptete, sah ich plötzlich, aufgetaucht aus einer Vorwelt, meinem Geschick in die Augen, und ich erkannte mein Geschick: es war nur meine Freiheit, die sich vor mir – dank meinen Bemühungen – wie eine fremde Gewalt aufgerichtet hatte. Kurzum, es gelang mir nicht, mich ganz und gar zu beschwindeln oder mich ganz und gar zu entmutigen. Ich schwankte hin und her.« (W 96)

Sartre hatte sich in den Augen der anderen als ein Ich dargestellt, das er noch gar nicht war. Als er es werden will, versteht er, dass er dieses sein Schicksal selbst gemacht hat. Das ist der Schritt aus der Vorwelt – oder der Natur – zu dem selbstgemachten Schicksal: Der Auftrag stammt gar nicht von den anderen, er hat ihn sich selbst erteilt – so wie er Fahrgast, Schaffner, Zug und der sich selbst täuschende Organisator war.

Kultur als Ersatzreligion. Die Frage war allerdings, wozu das Talent dienen sollte. Und die Antwort war: zu gar nichts. Wozu brauchten ihn denn die Menschen? Auch hier hilft ihm Charles aus der Klemme – damit seine »Essenz« als Schriftsteller gerettet werden konnte. (W 101) Die Welt ist eine Beute des Bösen; die Intellektuellen sind dazu da, sie zu retten. Für Charles ist die Kultur Religionsersatz. Die Erlösungsaufgabe der Kunst (die Menschen litten an einem Ungenügen des Seins) erfolgte dadurch, dass an die Stelle des Kriegers der Priester und der Märtyrer trat. Sartre schreibt, damit man ihm sein Dasein verzeiht. (W 109) Seine Erwählung ist grundlos: Er hat kein Talent, sondern eine Aufgabe. (W 106) Das erinnert schon stark an die calvinistischen Vorstellungen von der Prädestination.

Das Sein als Buch. Im Schreiben verwandelt er sich in ein Buch, in ein Objekt. Sartre gibt dafür eine mittlerweile verständliche Erklärung: Er liebt sich nicht. Das hat zur Folge, dass er schon zu Lebzeiten posthum wird, er betrachtet sich als einen Toten. Er ist nur zufällig Mensch, Fleisch und Blut; als Ding würde er unsterblich werden. Das Schreiben ist der Schritt zur Verklärung. »Ich: fünfundzwanzig Bände, achtzehntausend Textseiten, dreihundert Abbildungen, darunter das Bildnis des Verfassers.« (W 110) Endlich *ist* er, endlich hat er erreicht, dass man seiner Abwesenheit gedenkt. Das Manöver, das ihm erlaubt, erwartet oder ersehnt zu werden, besteht darin, dass er sich zu Lebzeiten selbst tötet; auf diese Weise kann er seine eigene Unsterblichkeit genießen. Sartre hält dieses Manöver freilich selbst für einen Betrug, er ist damit dem Risiko einer nicht von vornherein garantierten Existenz ausgewichen.

»Ich wälzte die Last, mich zu lieben, auf meine Nachfahren ab; für Männer und Frauen, die jetzt noch nicht geboren waren, würde ich eines Tages reizvoll sein, etwas Besonderes darstellen. Ich würde ihr Glück machen. Ich besaß sogar weit mehr Hinterhältigkeit und Tücke: auf dieses Leben, das ich als lästig empfand und nur brauchen konnte als Instrument meines Todes, kam ich heimlich zurück, um es zu retten; ich sah es mit den Augen der Zukunft, und es kam mir wie eine rührende und wunderbare Geschichte vor, die ich für alle gelebt hatte und die niemand dank mir jemals wiederleben mußte, weil es genügte, sie zu erzählen. Dabei entwickelte ich einen wahrhaft frenetischen Eifer. Ich wählte mir als Zukunft die Vergangenheit eines großen Toten und versuchte in umgekehrter Richtung zu leben. Zwischen neun und zehn Jahren wurde ich vollständig postum.« (W 113)

Auch dies ist nur ein Versuch, sich seine Existenz garantieren zu lassen. Das Ziel, sich selbst akzeptieren zu können, wird auf einem Umweg angestrebt: sich in den Augen der anderen lieben zu können. Aber im Herzen blieb das Gefühl, die Ahnung der Substanzlosigkeit. (W 118)

Die wirkliche Unentbehrlichkeit. An einer bemerkenswerten Stelle beschreibt Sartre die wirkliche Erfahrung seiner Unentbehrlichkeit, nämlich beim Spiel mit seinen Schulkameraden:

»Meine Schularbeiten ließen mir keine Zeit zum Schreiben; meine neuen Gefährten nahmen mir die Lust dazu. Endlich hatte ich Kameraden! Ich, der Ausgestoßene der Spielplätze, war mit größter Selbstverständlichkeit aufgenommen worden, galt vom ersten Tag an als zugehörig: ich konnte mich darüber nicht beruhigen. [...] Ich führte zwei Leben. Im Kreis der Familie äffte ich nach wie vor den Erwachsenen nach. Unter sich aber können Kinder die Kinderei nicht ausstehen: sie sind wirkliche Erwachsene. Als Mann unter Männern verließ ich täglich das Gymnasium [...], es war ein Augenblick des strengen Glücks; ich wusch das Familientheater von mir ab; ich war weit davon entfernt, glänzen zu wollen, lachte als Echo, wiederholte die Losungen und Witzworte, schwieg, gehorchte, ahmte die Gesten meiner Nachbarn nach und hatte nur eine einzige Leidenschaft: mich zu integrieren. Ich war trocken, hart und heiter und fühlte mich aus Stahl, endlich befreit von der Sünde der Existenz. Wir spielten Ball zwischen dem Ruhmestempel der Großen Männer und dem Denkmal von Jean-Jacques Rousseau. Ich war unentbehrlich: *the right man in the right place.* Ich neidete Monsieur Simonnot nichts mehr, denn wem hätte Meyre, indem er Grégoire überspielte, den Ball zuspielen sollen, wenn ich nicht da war, *ich, der hier und jetzt Anwesende?* Wie fade und todtraurig erschienen meine Ruhmesträume im Vergleich zu diesen blitzartigen Intuitionen, die mir meine Notwendigkeit enthüllten.« (W 126)

Nur im Spiel also macht er die Erfahrung der Notwendigkeit, der Unentbehrlichkeit, ist er von der Sünde der Existenz, der Kontingenz, befreit. Und er erfährt sich als ein Ich, das hier und jetzt anwesend ist; nur als ein solches Ich kann jemand auch fehlen. Diese Notwendigkeit bedeutet ein strenges Glück.

Die Notwendigkeit der Existenz. Zwischen 1914 und 1916 ist sein Auftrag zu seinem Charakter geworden. Sartres Ich ist aber nicht fest (»ich bin ein Verräter«), er lebt eher in der Zukunft als in der Vergangenheit. Er glaubt an den Sinn des Augenblicks: Die Notwendigkeit der Existenz lauert neben der schroffen Intuition der Existenz. (W 149)

Die Selbsterkenntnis: das religiöse Modell

Sartre ist sich darüber im Klaren, dass er in seiner Auffassung von einem religiösen Paradigma geleitet wird, einer Mischung aus katholischer Werkgerechtigkeit und protestantischer Rechtfertigung »allein durch den Glauben« samt einem guten Schuss Calvinismus. Die Suche nach »Heil« ist ein religiöser Rest; und der Glaube an die Prädestination hat sich nur verkleidet.

»Ich habe mich geändert. Später werde ich erzählen, durch welche Säuren die deformierenden Klarheiten zerfressen wurden, die mich umgeben hatten, wann und auf welche Weise ich die Gewaltsamkeit erlernte und meine Häßlichkeit entdeckte – sie war lange Zeit mein negatives Prinzip, die Kalkgrube, worin sich das Wunderkind auflöste, wodurch ich dazu gebracht wurde, systematisch gegen mich selbst zu denken: so stark, daß mir ein Gedanke um so einleuchtender erschien, je mehr er mir mißfiel. Die Illusion der Rückschau ist zerbröckelt; Märtyrertum, Heil, Unsterblichkeit, alles fällt in sich zusammen, das Gebäude sinkt in Trümmer, ich habe den Heiligen Geist im Keller geschnappt und ausgetrieben; der Atheismus ist ein grausames und langwieriges Unterfangen; ich glaube ihn bis zum Ende betrieben zu haben. Ich sehe klar, bin ernüchtert, kenne meine wirklichen Aufgaben, verdiene sicherlich einen Preis für Bürgertugend; seit ungefähr zehn Jahren bin ich ein Mann, der geheilt aus einem langen, bitteren und süßen Wahn erwacht und der sich nicht darüber beruhigen kann und der auch nicht ohne Heiterkeit an seine einstigen Irrtümer zu denken vermag und der nichts mehr mit seinem Leben anzufangen weiß.« (W 143 f.)

Sartre ist wieder ohne Rechtfertigung und weiß mit seinem Leben nichts mehr anzufangen, macht aber trotzdem weiter. Offenbar hat er also eine Zeitlang in der Illusion einer möglichen Rechtfertigung gelebt. Doch auch ohne Rechtfertigung macht er weiter – er übernimmt sein Scheitern und hält die vergangene Illusion für einen Wahn.

»Ich habe das geistliche Gewand abgelegt, aber ich bin nicht abtrünnig geworden: ich schreibe nach wie vor. Was sollte ich sonst tun?
Nulla dies sine linea.
Schreiben ist meine Gewohnheit, und außerdem ist es mein Beruf. Lange hielt ich meine Feder für ein Schwert: nunmehr kenne ich unsere Ohnmacht. Trotzdem schreibe ich Bücher und werde ich Bücher schreiben; das ist nötig; das ist trotz allem nützlich. Die Kultur vermag nichts und niemanden zu erretten, sie rechtfertigt auch nicht. Aber sie ist ein Erzeugnis des Menschen, worin er sich projiziert und wiedererkennt; allein dieser kritische Spiegel gibt ihm sein eigenes Bild. [...] Ich behaupte in aller Aufrichtigkeit, nur für meine Zeit zu schreiben, aber meine jetzige Berühmtheit geht mir auf die Nerven: sie ist nicht der richtige Ruhm, denn ich lebe ja, und dennoch genügt das, meine einstigen Träume zu dementieren. Sollte ich sie also immer noch heimlich nähren? Nicht ganz und gar; ich habe sie, glaube ich, angepaßt. Da es mir nämlich nicht gelungen ist, als ein Unbekannter zu sterben, schmeichle ich mir bisweilen damit, als ein Verkannter zu leben. Griseldis ist nicht tot. Pardaillan bewohnt mich nach wie vor. Auch Strogoff. Ich leite mich nur von ihnen ab, die sich nur von Gott ableiten, und ich glaube nicht an Gott. Da soll sich einer auskennen. Ich für mein Teil kenne mich hier nicht aus und frage mich manchmal, ob ich nicht

das Spiel spiele ›Wer verliert, gewinnt‹, und ob nicht mein eifriges Bemühen, meine Hoffnungen von einst mit Füßen zu treten, darauf abzielt, daß mir alles hundertfältig zurückerstattet werde. In diesem Fall befände ich mich in der Lage des Philoktetes. Er ist großartig und stinkend, dieser Kranke, und hat bedingungslos alles hergegeben, sogar seinen Bogen, aber man darf sicher sein, daß er insgeheim seinen Lohn erwartet.« (W 144)

Der Widerspruch, in dem er lebt, ist der, dass er den Gedanken an eine Rechtfertigung durch die Kultur, durch das Schreiben aufgegeben hat, aber andererseits nicht davon ablassen kann; er sucht nach wie vor nach einer Rechtfertigung. Ob aber nicht zum Schluss doch ein ihm unbewusstes Motiv dahinter steckt, darüber ist er im Zweifel.

»Eines liebe ich an meinem Wahnsinn: daß er mich nämlich von Anfang an gegen die Verführungen des ›Elitedenkens‹ gefeit hat. Nie hielt ich mich für den glücklichen Besitzer eines ›Talents‹: mein einziges Bestreben ging dahin, mich, der nichts in den Händen und den Taschen hatte, durch Arbeit und Glauben zu retten. Meine bloße Option freilich erhob mich noch nicht über irgend jemand: ohne Ausrüstung und Gerät machte ich mich mit Haut und Haar ans Werk, um mich mit Haut und Haar zu retten. Was bleibt, wenn ich das unmögliche Heil in die Requisitenkammer verbanne? Ein ganzer Mensch, gemacht aus dem Zeug aller Menschen, und der soviel wert ist wie sie alle und soviel wert wie jedermann.« (W 145)

Arbeit und Glaube: das sind die beiden Rechtfertigungen des Katholizismus und des Protestantismus. Sartre weiß, dass er, der einen explizit atheistischen Existenzialismus vertritt, einem religiösen Modell gefolgt ist und weiterhin folgt. Auch nach der Erkenntnis dieses Modells hält er an den Werten fest, die in diesem Modell angelegt sind. Der Fleiß, die Disziplin, die strenge Form – das sind Werte, die stark an die Lebensauffassung von Gustav von Aschenbach aus Thomas Manns *Tod in Venedig* erinnern. Und das ist kein Zufall. Denn Thomas Mann wie Sartre fanden ein säkularisiertes Rechtfertigungsmodell bei Nietzsche vor: Nur als ästhetisches Phänomen ist das Dasein gerechtfertigt.

3. Nur als ästhetisches Phänomen ist das Dasein gerechtfertigt

Der Ekel

Am Ende seiner Autobiografie *Die Wörter* schreibt Sartre:

> »Im Alter von dreißig Jahren gelang mir der schöne Streich, daß ich – in aller Aufrichtigkeit, wie man mir glauben darf – in meinem Buch *Der Ekel* über die ungerechtfertigte und trübe Existenz meiner Mitmenschen schrieb, meine eigene Existenz jedoch aus dem Spiel ließ. Ich war Roquentin, ich zeigte an ihm ohne Gefälligkeit das Muster meines Lebens; zu gleicher Zeit war ich aber auch ich, der Erwählte, der Chronist der Hölle, war ich das Fotomikroskop aus Glas und Stahl, das auf mein eigenes zähflüssiges Protoplasma gerichtet war. Später setzte ich heiter auseinander, der Mensch sei unmöglich; ich selbst war unmöglich, unterschied mich von den anderen nur durch den Auftrag, von dieser Unmöglichkeit Zeugnis abzulegen, wodurch sie sich sogleich in meine geheimste Möglichkeit verwandelte, in den Gegenstand meiner Mission, ins Sprungbrett meines Ruhmes.« (W 143)

In der Gestalt des Schriftstellers Roquentin verbergen sich in Wahrheit also zwei Ansichten Sartres: eine ungerechtfertigte Existenz, die Roquentin mit den anderen Gestalten teilt, und eine gerechtfertigte, die auf der Erwählung zum Schriftsteller beruht.

Der Ekel erschien 1938, Sartre hat fünf Jahre an dem Roman gearbeitet. Er enthält eine Vielfalt von Themen, die erst das philosophische Werk zur Klarheit bringt. Ursprünglich hat Sartre vorgehabt, das Buch, das jetzt *Der Ekel (La nausée)* heißt, nach dem berühmten Kupferstich von Dürer *Melancholia* zu benennen. Es ist leicht einzusehen, dass dieser Titel, der dem Inhalt des Buchs aufs Beste entspricht, fallen gelassen wurde, da er kaum verstanden worden wäre. Dürers Stich ist sehr schwer zu deuten.

»Die Inschrift Melencolia I besagt nicht, daß Dürer noch ein zweites Blatt dieses Themas in Planung hatte, sondern daß er von den beiden damals unterschiedenen Arten der Melancholie, der genialen und der krankhaften, die erstere darstellen wollte. Die Melancholie ist das Temperament des Göttervaters Saturn, der auch als Gott der Zeit dargestellt wird. Das magische Zahlenquadrat soll die negativen saturnischen Einwirkungen hemmen. Die Melancholie ist das düsterste Temperament, aber auch das des Genies – so könnte man ihren Sinn umreißen. Die Personifikation kann fliegen, aber sie hockt brütend über der Lösung von Problemen, mit Buch und Zirkel, finster umherblickend, mit den Gedanken bei Vergänglichkeit (Sanduhr) und Tod (Glocke). Durch den tugendhaften und rationalen Gebrauch ihrer Gaben (der freien und mechanischen Künste) aber kann ihr die Lösung von ihren Banden und der Aufstieg zu Gott gelingen. Der Regenbogen thematisiert das Versprechen Gottes an Noah, die Menschheit werde vor dem Untergang bewahrt bleiben, der kleine Engel [thematisiert] das Lernen. Ihr Denken umspannt den Kosmos, mit ihren Instrumenten schafft sie künstlerisch gestaltend die Welt nach. Ruhm (Lorbeerkranz), Geld (Beutel) und Macht winken dem Genie, das durch Welterkenntnis zur Selbsterkenntnis gelangt und dazu, daß der Ausgleich (Waage) der Spannung zwischen Endlichem und Unendlichem zu Weisheit führt. Der gedankliche Gehalt eines Buches ist in einem Bilde zusammengefaßt und versteht sich doch nicht als Illustration, sondern als Denkbild eigener Art, dessen offene Deutungslinien, je nach Person, Bedarf, Moment und Fähigkeit, weiterzuführen sind.«[4]

Man braucht diese Deutung nur auf die Handlung des *Ekels* anzuwenden, um zu sehen, worum es geht: Roquentin, die Personifikation der künstlerischen Melancholie, die mit ihren Mitteln die Welt nachschafft, wird erlöst oder gerettet. Auch alle übrigen

Albrecht Dürer (1471-1528)
Melencolia I
Kupferstich, 24 × 79 cm
Nürnberg 1514

Elemente des Bilds haben ihre Entsprechung in dem Roman, das Problem der Zeit, das Lernen usf.

Die Änderung des Titels in *Der Ekel* verweist viel direkter auf das Thema des Buchs, die Krise. Nietzsche hatte in der Vorrede zur *Geburt der Tragödie* davon gesprochen, dass »nur als ästhetisches Phänomen das Dasein der Welt gerechtfertigt ist«. Zu dieser ästhetischen Weltauslegung und Weltrechtfertigung stehe der Ekel und Überdruss am Leben, den das Christentum unter dem Glauben an ein anderes Leben verdeckte, in größtem Gegensatz.[5] Eine genauere Formulierung bietet der Paragraph 24, wo es heißt: »Hier nun wird es nötig, uns mit einem kühnen Anlauf in eine Metaphysik der Kunst hinein zu schwingen, indem ich den früheren Satz wiederhole, daß nur als ein ästhetisches Phänomen das Dasein und die Welt gerechtfertigt erscheint: in welchem Sinne uns gerade der tragische Mythos zu überzeugen hat, daß selbst das Häßliche und Disharmonische ein künstlerisches Spiel ist, welches der Wille, in der ewigen Fülle seiner Lust, mit sich selbst spielt.«

Hier wird die Rolle der Kunst auf zwei Ebenen gesehen: Einmal spielt der ewige Wille, das Weltwesen, mit sich selbst; das ist selbst ein künstlerisches Spiel; dann aber lässt uns die Kunst der Musik erkennen, dass dieses Spiel eben ein Spiel ist, in dem auch das Disharmonische einen Sinn hat: insofern *erscheint* es gerechtfertigt. Während der sokratische bzw. alexandrinische Optimismus völlig außerstande ist, dieses Wesen der Welt zu begreifen, ist es der »Weisheit und Tapferkeit eines Schopenhauer und Kant« gelungen, diesen Optimismus zu entlarven; das Wesen ist intellektuell unerkennbar.

Aus dieser Situation erlöst uns die Kunst: »Hier, in dieser höchsten Gefahr des Willens, naht sich, als rettende, heilkundige Zauberin, die *Kunst:* sie allein vermag jene Ekelgedanken über das Entsetzliche oder Absurde des Daseins in Vorstellungen umzubiegen, mit denen sich leben läßt: diese sind das *Erhabene* als die künstlerische Bändigung des Entsetzlichen und das *Komische* als die künstlerische Entladung vom Ekel des Absurden.« (§ 7)

Die Krise

Die Handlung des Romans ist schnell erzählt, er beschreibt den Ausbruch und die Überwindung einer Krise des Erzählers Roquentin, der sich im Jahr 1932 in einer kleinen Stadt, Bouville (Drecksstadt, gemeint ist Le Havre), aufhält, um ein historisches Buch über den französischen Diplomaten Rollebon zu schreiben, ein Vorhaben, das, wie er notiert, gegenwärtig seine einzige Rechtfertigung darstellt und das er nach einigen unbedeutenden Ereignissen und einer bedeutenden Vision aufgibt, um stattdessen einen Roman über Rollebon zu schreiben. Die wenigen Ereignisse in dem ansonsten eintönigen Leben, das sich zwischen dem Hotel, in dem er wohnt, der Bibliothek, einem Café und einer Straße abspielt, bestehen in einem Mord, der an einem kleinen Mädchen verübt wird, einem Zusammentreffen mit dem Autodidakten Ogier P., der beim systematischen Durchlesen aller Bücher in der Bibliothek mittlerweile bei dem Buchstaben L angekommen ist (E 41), sich im Verlauf der Erzählung als Sozialist bekennt und am Ende öffentlich als Homosexueller bloßgestellt wird, sowie einem Treffen Roquentins mit seiner früheren Geliebten, Anny, einer Schauspielerin; eine gewisse Zeit lang, nachdem er den Gedanken an seine historische Abhandlung über Rollebon aufgegeben hat, sieht er in der Erwartung ihrer Ankunft seine einzige Rechtfertigung. Als er mit ihr zusammentrifft, zeigt sich freilich, dass sie sich inzwischen stark verändert hat.

Der Roman selbst hat die Form eines Tagebuchs, d.h. die Form einer Aufzählung, Beschreibung von Ereignissen, wie sie sich ergeben; sie folgen einander ohne einen erkennbaren Sinn – so wie das Leben eben ist – und zusammenhanglos. (E 14)

Die Krise des Helden besteht in einem zunehmenden Ekel, den er bei vielen Gelegenheiten empfindet, wenn er bestimmte Dinge oder Menschen anschaut oder anfasst, bis zu einem visionären Erlebnis in einem Park, bei dem er etwas »sieht«, als er die Wurzeln eines Kastanienbaums anschaut.

Wann tritt dieser Ekel auf? Beim Anblick eines Kiesels oder des Meeres fühlt sich Roquentin »angewidert« (E 10); dieses Gefühl geht einher mit einem Gefühl der Angst. Er beschreibt diesen Ekel als eine Art Krankheit, die über ihn gekommen ist; er empfindet ihn beim Anblick der Hand des Autodidakten oder in der Langeweile bei bestimmten Ideen, für die er keine Leidenschaft mehr empfindet.

Auch bei seiner Arbeit empfindet er diesen Ekel. Was ihn bei der wissenschaftlichen Arbeit über Rollebon stört, ist, dass die Fakten keinen Sinn ergeben. Die Ordnung, die er als Historiker diesen Fakten überstülpt, bleibt ihnen äußerlich. Roquentin glaubt von Anfang an, dass Romanfiguren echter wirken. Er wiederholt für sich die Überlegung Nietzsches:

> »Denn wie sollte er [der überhistorische Denker] es, im unendlichen Überflusse des Geschehenden, nicht zur Sättigung, zur Übersättigung, ja zum Ekel bringen [...]. Wenn wir nur dies gerade immer besser lernen, Historie zum Zwecke des *Lebens* zu treiben! [...] ein historisches Phänomen, rein und vollständig erkannt und in ein Erkenntnisphänomen aufgelöst ist für den, der es erkannt hat, tot: denn er hat in ihm den Wahn, die Ungerechtigkeit, die blinde Leidenschaft und überhaupt den ganzen irdischen umdunkelten Horizont jenes Phänomens und zugleich eben darin seine geschichtliche Macht erkannt. Diese Macht ist jetzt für ihn, den Wissenden, machtlos geworden; vielleicht noch nicht für ihn, den Lebenden.«[6]

Dieser Ekel, den er eigentlich weniger in sich selbst spürt als in den Dingen, verlässt ihn nur beim Anhören eines kleinen Liedchens, eines Schlagers: »some of these days you'll miss me, honey«. Als Roquentin dieses Lied hört, fühlt er, wie der Ekel sich verflüchtigt; und als er in diesem Augenblick das Gesicht von Cousin Adolphe sieht, hat es die »zwingende Notwendigkeit einer Schlußfolgerung«, und dabei fühlt er sich glücklich. (E 33)

Der Gegensatz zwischen den Dingen, die ihm Ekel einflößen, und denen, die ihm Glück bereiten, erscheint als der Gegensatz von wirklichem Leben und Abenteuer. Roquentin erinnert sich an seine Abenteuer als an eine unerbittliche Verkettung der Umstände – wie eine Platte, die nicht rückwärts laufen kann. (E 33)

Soweit ist der Duktus der Erzählung klar genug: Der Ekel packt Roquentin beim Anblick von allem, was *nicht* die Notwendigkeit einer Schlussfolgerung hat; umgekehrt macht ihn die unerbittliche Verkettung von Umständen, die Unumkehrbarkeit von Ereignissen glücklich. Das Unumkehrbare ist aber etwas Gemachtes, sei es eine Erzählung, ein Roman oder ein Kunstwerk; während das wirkliche Leben zusammenhanglos ist, hat das Kunstwerk die Notwendigkeit der logischen Folgerung. Kunstwerke sind durch Strenge der Form gekennzeichnet. Und wenn sich Roquentin an etwas erinnert, was ihm Glück bereitet, ist es immer mit dieser Strenge der Form verbunden. So hat auch sein Leben gelegentlich eine kostbare Qualität bekommen, nämlich Strenge. (E 48) Als Stoff einer Melodie würde sein Leben genau diese Strenge haben. (E 49) Deshalb ist es ihm evident, dass man vor einer Alternative steht. Man muss wählen zwischen dem Leben und dem Erzählen. Das Leben als solches ist kein Abenteuer; nur ein erzähltes Leben hat eine Notwendigkeit. »Wenn man lebt, passiert nichts. Die Szenerie wechselt, Leute kommen und gehen, das ist alles. Es gibt nie Anfänge. Ein Tag folgt dem anderen, ohne Sinn und Verstand [...]. Aber wenn man das Leben erzählt, verändert sich alles.« (E 51) Im Augenblick eines Abenteuers erlebt Roquentin, dass er *er* ist und dass er *hier* ist; er fühlt sich wie ein Romanheld und glücklich. Dagegen gehört die

Unfähigkeit, der Gegenwart zu entkommen, die Vergangenheit in ein sinnvolles Dasein einzufügen, auf die Seite des Ekels. (E 44) Nur im Abenteuer erlebt er eine Art Einheit und kann sich nicht vorstellen, dass das, was ihn umgibt, anders sein soll, als es ist. (E 66) Letztlich ist es die Erfahrung der Unumkehrbarkeit der Zeit, die das Abenteuer ausmacht:

»Dieses Gefühl von Abenteuer geht entschieden nicht von den Ereignissen aus: der Beweis dafür ist erbracht. Es ist vielmehr die Art, in der sich die Augenblicke verketten. Ich denke, daß es sich folgendermaßen verhält: plötzlich fühlt man, daß die Zeit verrinnt, daß jeder Augenblick zu einem weiteren Augenblick führt, dieser zu einem weiteren und so fort; daß jeder Augenblick sich in Nichts auflöst, daß es sich nicht lohnt zu versuchen, ihn festzuhalten usw. usw. Und so schreibt man diese Eigenart den Ereignissen zu, die sich einem *in* den Augenblicken zeigen; was eigentlich Form ist, überträgt man auf den Inhalt. Kurz, über dieses berühmte Verrinnen wird viel geredet, aber man *sieht* es kaum. Man sieht eine Frau, denkt, daß sie alt sein wird, nur man sieht sie nicht altern. Aber zeitweilig scheint es, daß man sie altern sieht und daß man sich mit ihr altern fühlt: das ist das Gefühl von Abenteuer.« (E 69)

Die *Form* der Zeit verleiht den Ereignissen den Charakter eines Abenteuers; es sind nicht die Ereignisse selbst, sondern ihre Verkettung durch ein Bewusstsein, das ihnen eine bestimmte Struktur auferlegt.

Deshalb fühlt sich Roquentin glücklich, wenn er etwas macht, was diese Art von Unumkehrbarkeit aufweist, diese Art von Strenge der Form. »Vier Seiten geschrieben. Anschließend ein langer Augenblick des Glücks« – das könnte von Sartre selbst stammen.

Dementsprechend schreibt Roquentin: »Monsieur de Rollebon zur Zeit die einzige Rechtfertigung meiner Existenz«. Die Bücher sind gegenüber der Unbeständigkeit der Dinge etwas Unwandelbares. In der wirklichen Welt ist alles möglich, alles zufällig, die Bücher dagegen haben eine Art von Unwandelbarkeit, zum Beispiel beschreiben sie die unwandelbaren Formen der Tiergattungen.

In dem Maße freilich, wie sich Roquentins Abneigung gegen das historische Wissen steigert, wird die Frage wichtiger: Was soll ich mit meinem Leben anfangen?

Die Vision

Das lautere Recht. Die Einsicht in die Zufälligkeit der Existenz baut sich über mehrere Stufen auf. Sie beginnt bei einem Besuch des Museums von Bouville. Bei der Betrachtung des Porträts von Olivier Blévigne (E 98) erlebt Roquentin das Gefühl der Zufälligkeit seiner Existenz: »Ich hatte – im Gegensatz zu ihm – kein Recht zu existieren: ich existierte wie ein Stein, wie eine Mikrobe. Mein Leben wuchs aufs Geratewohl und in alle Richtungen.« (E 99) Roquentin begreift gleichsam eine neue Dimension des Gegensatzes von Kontingenz und Notwendigkeit.

Schon früh im Roman klingt das Motiv an, dass auch die Ideen, »die guten Ideen«, eine Art unerbittlicher Notwendigkeit haben; trotzdem irritieren sie Roquentin; sie sind wie eine weiße Masse. (E 38, 47) Beim Anblick des Bildes von Blévigne sieht er, dass sich das Leben dieses »schönen Mannes ohne Fehl« anders ausnahm als sein eigenes: Das Schlagen seines Herzens usf. erreichte ihn »in Form von blitzartigen und reinen kleinen Rechten«. Blévigne hat immer seine Pflicht getan, seine ganze Pflicht, seine Pflicht als Sohn, als Gatte, als Vater, als Chef. Er hat auch seine Rechte ohne Schwäche verlangt, als Kind das Recht, gut erzogen zu werden, in einer einigen Familie, das Recht, einen makellosen Namen, ein blühendes Geschäft zu erben; als Ehemann das Recht, umsorgt, von liebevoller Zuneigung umgeben zu werden usf. Denn ein Recht ist nie etwas anderes als die Kehrseite einer Pflicht. (E 99)

Menschen wie Blévigne haben also eine Rechtfertigung ihrer Existenz in der Berufung auf ein ewiges Recht, eine Art von Wesen, das hinter ihrer Erscheinung steht. Roquentin dagegen fragt sich beim Anblick der Porträts von Personen (Chefs), die »vor lauterem Recht« leuchten, ob er selbst vielleicht nur eine Erscheinung sei. »Meine Existenz begann mich ernsthaft zu erstaunen. War ich etwa nur eine Erscheinung?« Der Gegensatz von Existenz und Rechten wiederholt den Gegensatz von Kontingenz und Notwendigkeit, der bislang, als Gegensatz von Leben und Abenteuer, auf der zeitlichen Ebene lag.

Alle diese Menschen sind schon immer gerechtfertigt, schon vor ihrer Geburt waren sie für ihre Rolle bestimmt. Und sie schützen sich vor der Einsicht in ihre Verantwortung für ihre Existenz durch ebendiese Funktion, für die sie schon immer vorgesehen waren.

Roquentin begreift, dass er genauso wie diese seine Rechtfertigung von einer anderen Existenz her bezog: er holt sie sich von seinem Vorhaben, die Geschichte Rollebons zu schreiben. (E 115)

Im Gegensatz zu den Leuten, hinter denen Rechte, Ideen stehen, ist Roquentin nur eine Erscheinung ohne ein Wesen. Roquentin begreift diese Eigenschaft der Dinge als den Zusammenhang von Existenz und Gegenwart: »Ich sah mich beklommen um: Gegenwart, nichts als Gegenwart ... Die wahre Natur der Gegenwart enthüllt sich; sie war das, was existierte, und alles, was nicht Gegenwart war, existierte nicht. Die Vergangenheit existierte nicht. Überhaupt nicht ... Jetzt wußte ich; die Dinge sind ganz und gar das, was sie scheinen – und hinter ihnen ... ist nichts.« (E 111) Das hilft ihm zu sehen, dass auch er auf nichts, auf kein Wesen zurückgreifen kann.

Ich denke, also bin ich. So erkennt er, dass er seine Existenz nicht dem Dasein von Rollebon verdankt, dass nicht Rollebon *ihn* rechtfertigt, sondern dass umgekehrt *er* für die Existenz von Rollebon verantwortlich ist. Er begreift, dass er von sich aus, ohne Rechtfertigung durch etwas anderes, existiert. Er hält die vergangene Existenz von Rollebon am Leben, indem er sich an ihn erinnert.

»Das Ding, das wartete, ist aufgeschreckt, es ist über mich hergefallen, es strömt in mich hinein, ich bin davon angefüllt. – Es ist nichts: das Ding bin *ich.* Die Existenz, befreit, losgelöst, fließt in mich zurück. Ich existiere.
Ich existiere. Das ist sanft, so sanft, so träge. Und leicht: man könnte meinen, das hält sich von ganz allein in der Luft. Das regt sich. Das sind überall leichte Berührungen, die sich auflösen und vergehen. Ganz sanft, ganz sanft. In meinem Mund ist schäumendes Wasser. Ich schlucke es herunter, es gleitet durch meine Kehle, es streichelt mich – und schon ist es wieder da, bildet sich neu in meinem Mund. Ich habe für immer eine kleine, weißliche – unaufdringliche – Wasserlache im Mund, die meine Zunge umspült. Und diese Lache, das bin wiederum ich. Und die Zunge. Und die Kehle, das bin ich.« (E 114)

Die Dinge haben ihre selbstständige Existenz verloren, sie sind in ihn zurückgekehrt, er ist ihr Grund. Roquentin macht den nächsten Schritt: Dieses Existieren beruht auf dem kontinuierlichen Gedankenstrom, seinem Bewusstseinsstrom, den er selbst in Gang hält.

»Ich springe auf: wenn ich bloß aufhören könnte zu denken, das wäre schon besser. Die Gedanken sind das Fadeste, was es gibt. Fader noch als Fleisch. Das zieht sich endlos in die Länge und hinterläßt einen komischen Geschmack. Und dann sind da die Wörter, innerhalb der Gedanken, die unfertigen Wörter, die angefangenen Sätze, die ständig wiederkehren: ›Ich muß fertig... ich ex... Tot ... Monsieur de Roll ist tot ... Ich bin

nicht. ... Ich ex...‹ Es reicht, es reicht ... und das hört nie auf. Das ist schlimmer als alles übrige, weil ich mich verantwortlich und mitschuldig fühle. Zum Beispiel dieses schmerzhafte Wiederkäuen: *ich existiere,* das halte ich selbst in Gang. Ich. Der Körper, das lebt von ganz allein, wenn es einmal angefangen hat. Aber den Gedanken, den führe *ich* fort, den wickle ich ab. Ich existiere. Ich denke, daß ich existiere. Oh, die lange Papierschlange, dieses Gefühl zu existieren – und ich wickle sie ab, ganz langsam ... Wenn ich mich daran hindern könnte zu denken! Ich versuche es, es gelingt: mir kommt es vor, als füllte sich mein Kopf mit Rauch ... und schon fängt das wieder an: ›Rauch ... nicht denken ... ich will nicht denken ... Ich denke, daß ich nicht denken will. Ich darf nicht denken, daß ich nicht denken will. Weil das auch wieder ein Gedanke ist.‹ Wird das denn nie ein Ende nehmen?
Mein Denken, das bin *ich:* deshalb kann ich nicht aufhören. Ich existiere, weil ich denke ... und ich kann mich nicht daran hindern zu denken. Sogar in diesem Moment – es ist gräßlich, wenn ich existiere, *so, weil* es mich graut zu existieren. Ich bin es, *ich bin es,* der mich aus dem Nichts zieht, nach dem ich trachte: der Haß, der Abscheu zu existieren, das sind wiederum nur Arten, mich existieren zu *machen,* in die Existenz einzutauchen.« (E 115)

Die Vision beginnt mit der Einsicht Roquentins, dass sein Denken der einzige Grund für seine Existenz und die der Welt ist. Weil *er* existiert, existiert alles andere. Und weil sein Denken nicht nur für den Augenblick existiert, hält er auch Vergangenheit und Zukunft in seiner Verantwortung. Bisher hatte ihm Rollebon seine Daseinsberechtigung verliehen; jetzt begreift er, dass er für Rollebon, ja die ganze Welt verantwortlich ist. Seine Erfahrung ist eine Variation des descartesschen Zweifels: Selbst sein Hass und seine Abscheu zu existieren sind nur Arten, ihn existieren zu machen. Er begreift, dass er sich seine Daseinsberechtigung nicht leihen kann, dass er selbst dafür verantwortlich ist.

Sein Bewusstseinsstrom ist aber in einem gewissen Sinn unkontrollierbar. Das wird in einer Szene geschildert, die in ihrer ursprünglichen Fassung außerordentlich obszön war und nur dank des beherzten Eingriffs des Lektors einigermaßen erträglich geworden ist. Bei der Lektüre der Zeitungsnachricht über die Ermordung und Vergewaltigung eines kleinen Mädchens drängen sich Roquentin Gedanken auf, die aus einer Art Identifizierung mit dem Mörder stammen. Ein blinder sexueller Trieb packt ihn und erregt ihn, obwohl er Mitleid mit dem Opfer hat. Das Denken geschieht ihm – und als solches ist es grundlos und überflüssig. Auch das Denken existiert. Doch er ist dafür verantwortlich.

Der Autodidakt. Eine ganz besondere Rolle als Kontrastfigur zu Roquentin spielt der Autodidakt, der ein bisschen an den Wagner aus Goethes *Faust* erinnert. Zunächst symbolisiert er mit seiner planmäßigen Aneignung der Bibliothek das tote Wissen, die Unveränderlichkeit, die Todesstarre des nur historischen Wissens. Damit verknüpft ist seine Banausie, er ist ohne jede Beziehung zur Kunst. Und drittens ist er ein »Provinzhumanist«. Er sieht *den Menschen* als den höchsten Zweck an. Auch er begründet sich selbst im Hinblick auf feststehende Ideen.

»›Sie sind fröhlich‹, sagt der Autodidakt vorsichtig.
›Weil ich daran denke‹, sage ich lachend zu ihm, ›daß wir hier sitzen, alle, wie wir hier sind, und essen und trinken, um unsere kostbare Existenz zu erhalten, und daß es nichts gibt, nichts, keinen Grund zu existieren.‹ [...]
Er wiederholt langsam:
›Keinen Grund zu existieren ... Sie wollen wahrscheinlich sagen, daß das Leben ohne Zweck ist. Nennt man das nicht Pessimismus?‹
Er denkt noch einen Augenblick nach, dann sagt er sanft:
›Ich habe vor einigen Jahren ein Buch von einem amerikanischen Autor [gemeint ist William James] gelesen, es hieß: *Ist das Leben wert, gelebt zu werden?* Ist das nicht die Frage, die Sie sich stellen?‹
Natürlich nicht, das ist nicht die Frage, die ich mir stelle. Aber ich will nichts erklären.

›Er sprach sich‹, sagte der Autodidakt in tröstlichem Ton, ›für den willentlichen Optimismus aus. Das Leben hat einen Sinn, wenn man ihm nur einen geben will. Man muß zuerst handeln, sich in ein Unternehmen werfen. Wenn man anschließend nachdenkt, sind die Würfel gefallen, man ist engagiert. Ich weiß nicht, was Sie davon halten?‹
›Nichts‹, sage ich.
Oder vielmehr, ich glaube, daß das genau die Art von Lüge ist, die sich der Vertreter, die beiden jungen Leute und der weißhaarige Herr ständig erzählen.
Der Autodidakt lächelt ein bißchen verschmitzt und sehr feierlich:
›Auch meine Ansicht ist das nicht. Ich denke, daß wir den Sinn unseres Lebens nicht so weit herzuholen brauchen.‹
›So?‹
›Es gibt einen Zweck, Herr Roquentin, es gibt einen Zweck ... es gibt die Menschen.‹
Richtig: ich vergaß, daß er Humanist ist. [...] Die Mimik des Autodidakten hat diese Samtigkeit nicht erreicht; seine Liebe zu den Menschen ist naiv und barbarisch: ein Provinzhumanist.
›Die Menschen‹, sage ich zu ihm, ›die Menschen ... auf jeden Fall machen Sie nicht den Eindruck, als kümmerten Sie sich viel um sie: Sie sind immer allein, immer die Nase in einem Buch.‹« (E 128)

Roquentin selbst beharrt darauf, kein Humanist zu sein. (E 135) Bei dem Gespräch überkommt ihn wieder der Ekel: »Ich habe Lust, wegzugehen, irgendwohin zu gehen, wo ich wirklich an meinem Platz wäre, wo ich mich einspinnen würde [...] aber mein Platz ist nirgendwo; ich bin zuviel.« (E 139)

Als der Autodidakt sagt, dass eigentlich auch er, Roquentin, die Menschen liebe, überkommt ihn der Ekel: »Ich möchte kotzen – und mit einem Schlag ist er da: der Ekel. Eine richtige Krise.«

»Das also ist der Ekel: diese die Augen blendende Evidenz? Was habe ich mir den Kopf zerbrochen! Was habe ich darüber geschrieben! Jetzt weiß ich: Ich existiere – die Welt existiert –, und ich weiß, daß die Welt existiert. Das ist alles. Das ist alles. Aber das ist mir egal. Merkwürdig, daß mir alles so egal ist: das erschreckt mich. Seit jenem berühmten Tag, als ich Steine übers Wasser hüpfen lassen wollte. Ich wollte gerade diesen Kiesel schleudern, ich habe ihn angesehen, und da hat alles angefangen: ich habe gefühlt, daß er *existierte.* Und danach kamen dann weitere Ekelanfälle; von Zeit zu Zeit beginnen die Gegenstände einem in der Hand zu existieren. Da ist der Ekel im *Rendezvous des Cheminots* gewesen und dann ein anderer, vorher, eines Nachts, als ich aus dem Fenster sah; und dann einer im Park, an einem Sonntag, und dann weitere. Aber nie war das so stark gewesen wie heute.« (E 139)

Der Autodidakt sieht den Sinn des Lebens in etwas garantiert, was ganz unabhängig von ihm existiert: darin, dass der Mensch als solcher der höchste Zweck ist. Roquentin reagiert darauf mit »Kotzen«. Es ist nicht erstaunlich, dass die Frage, ob der Existenzialismus ein Humanismus ist, sich an dieser Szene festmachte. Offensichtlich besteht hier eine Parallele zu den »Rechten« des Herrn Blévigne: Auch der Humanismus dieser Art garantiert den Sinn des Lebens durch Berufung auf ein festes Wesen, einen Wert, der unabhängig von uns selbst besteht.

Der Kastanienbaum. Nach dem Gespräch mit dem Autodidakten macht Roquentin die dritte Erfahrung von der Grundlosigkeit der Existenz. Erstens in Bezug auf die ganz gewöhnlichen Dinge des Alltags, das Zuhandene oder Zeug, wie Heidegger es nennt: Auch die nach einer Idee gefertigten Funktionsdinge *existieren,* ihr Dasein ist nicht von ihrer Idee bestimmt. Und zweitens in Bezug auf die Natur, die absolut funktionslos ist.

Die Erfahrung der Kontingenz der Existenz, die im Folgenden geschildert wird, ist außerordentlich komplex. Man könnte sie in ihrem Kern als die Erfahrung einer unüberbrückbaren Kluft zwischen Existenz und Wesen bezeichnen. Die Existenz – das ist das Individuelle und Grundlose unter der Oberfläche, das, was sich niemals in einem Begriff fassen lässt.

Der Sinn der technischen Gegenstände. Auf der Straßenbahnfahrt erlebt Roquentin die Unangemessenheit von Begriff und Existenz an einem besonders typischen Beispiel. Technische Gegenstände sind seit Platon der Inbegriff von Dingen, die durch ihre Funktion erklärt werden. Ihr Begriff oder ihr Wesen geht ihrer Existenz voraus, weil sie zuerst ein Abbild im Kopf des Demiurgen sind. Roquentin spürt dagegen plötzlich, wie sich die wirklichen, individuellen Dinge dieser Einordnung entziehen.

»Ich stütze meine Hand auf die Sitzbank, aber ich ziehe sie hastig zurück: das existiert. Dieses Ding, auf dem ich sitze, auf das ich meine Hand stütze, heißt Sitzbank. Sie haben es extra dafür gemacht, daß man sich hinsetzen kann, sie haben Leder, Federn, Stoff genommen, sie haben sich an die Arbeit gemacht mit der Absicht, einen Sitz zu machen, und als sie fertig waren, war es das, was sie gemacht hatten. Sie haben das hierher gebracht, in dieses Gehäuse, und das Gehäuse rollt und rumpelt jetzt mit seinen zitternden Scheiben, und es trägt in seinem Schoß dieses rote Ding. Ich murmele: das ist eine Sitzbank, etwa so wie bei einem Exorzismus. Aber das Wort bleibt auf meinen Lippen: es weigert sich, sich auf dieses Ding zu legen. Das Ding bleibt, was es ist, mit seinem roten Plüsch, Tausenden von roten Pfötchen, in die Luft gestreckt, ganz steif, von toten Pfötchen. Dieser riesige, in die Luft gereckte Bauch, blutrot, aufgeblasen – aufgebläht, mit allen seinen toten Pfötchen, dieser Bauch, der in diesem Gehäuse schwebt, in diesem grauen Himmel, das ist keine Sitzbank. Das könnte genausogut ein toter Esel sein, zum Beispiel, vom Wasser aufgebläht, der dahintreibt, den Bauch nach oben, auf einem großen grauen Fluß, einem über die Ufer getretenen Fluß; und ich säße auf dem Bauch des Esels, und meine Füße hingen ins klare Wasser. Die Dinge haben sich von ihren Namen befreit. Sie sind da, grotesk, eigensinnig, riesenhaft, und es erscheint blöd, sie Sitzbänke zu nennen oder irgend etwas über sie zu sagen: ich bin inmitten der Dinge, der unnennbaren. Allein, ohne Wörter, ohne Schutz, sie umringen mich, unter mir, hinter mir, über mir. Sie verlangen nichts, sie drängen sich nicht auf: sie sind da.« (E 142)

Die Erfahrung Roquentins ist gegen das traditionelle Bild der Schöpfung oder des Machens gerichtet: Die Deutung, die wir der Welt auferlegen, ist nach den Zwecken des Homo faber gemacht, aber sie trifft nicht das, was unter der Oberfläche der Dinge steckt. Die Zuordnung von Namen zu den Dingen ist willkürlich, sie trifft gar nicht deren Wesen, sondern dient nur unserer Beherrschung der Dinge. Freilich ist das Erstaunen darüber nur vor dem Hintergrund der Auffassung denkbar, dass es eine notwendige Beziehung zwischen Name und Ding gibt.

Der Sinn der organischen Dinge. Der zweite Schritt ist die Erfahrung, dass dies auch auf die Natur, das Vorhandene, zutrifft. Die Natur tritt für Roquentin auf eine beängstigende Weise bedrängend auf.

»Ich [...] springe aus der Straßenbahn. Ich konnte nicht mehr. Ich konnte es nicht mehr ertragen, daß die Dinge so nah waren. Ich stoße ein Gittertor auf, ich gehe hinein, leichte Existenzen springen mit einem Satz auf und lassen sich auf den Wipfeln nieder. Jetzt kenne ich mich wieder aus, ich weiß, wo ich bin: ich bin im Park. Ich lasse mich auf eine Bank fallen, zwischen den großen, schwarzen Stämmen, zwischen den schwarzen und knotigen Händen, die sich in den Himmel strecken. Ein Baum kratzt die Erde unter meinen Füßen mit einem schwarzen Nagel. Ich würde mich so gern gehenlassen, mich vergessen, schlafen. Aber ich kann nicht, ich ersticke: die Existenz dringt von überallher in mich ein, durch die Augen, durch die Nase, durch den Mund ...
Und mit einem Schlag, mit einem einzigen Schlag zerreißt der Schleier, ich habe verstanden, ich habe *gesehen.*
Sechs Uhr abends
Ich kann nicht sagen, daß ich mich erleichtert oder froh fühlte; im Gegenteil, das erdrückt mich. Mein Ziel ist einfach erreicht: ich weiß, was ich wissen wollte; alles, was mir seit Januar zugestoßen ist, habe ich begriffen. Der Ekel hat mich nicht losgelassen, und ich glaube nicht, daß er mich so bald loslassen wird; aber ich erleide ihn nicht mehr, das ist keine Krankheit mehr, kein vorübergehender Anfall: ich bin es selbst.

Also, ich war gerade im Park. Die Wurzel des Kastanienbaums bohrte sich in die Erde, genau unter meiner Bank. Ich erinnerte mich nicht mehr, daß das eine Wurzel war. Die Wörter waren verschwunden und mit ihnen die Bedeutung der Dinge, ihre Verwendungsweisen, die schwachen Markierungen, die die Menschen auf ihrer Oberfläche eingezeichnet haben. Ich saß da, etwas krumm, den Kopf gesenkt, allein dieser schwarzen und knotigen, ganz und gar rohen Masse gegenüber, die mir angst machte. Und dann habe ich diese Erleuchtung gehabt.« (E 144)

Worin besteht diese Erleuchtung? Roquentin macht eine regelrechte Entplatonisierung durch. Denn es war der Platonismus, der eine notwendige Beziehung zwischen dem Einzelding und dem Wesen herzustellen versucht hatte. Die Dinge heißen so, wie sie heißen, weil sie an einem gemeinsamen Wesen teilhaben, dem eigentlichen Träger des Namens. Und weil wir in ihnen dieses Wesen als anwesend erkennen, billigen wir den Dingen auch den Namen des Wesens, der Essenz zu.

Um Platons Vorstellungen zu begreifen, muss man sich freilich vor Augen halten, dass die klassische griechische Philosophie kein sprachliches Äquivalent zu dem Begriff der Existenz hatte; das Griechische kennt nur das Wort »sein« im Sinne der Kopula. Ein Satz wie »Das Meer ist grün« wird deshalb von Platon als Teilhabe des Dinges Meer an der Idee des Meeres und des Dinges grüne Farbe an der Idee der Farbe Grün gedeutet. Wenn etwas seiend (Dies ist das Meer; dies ist grün) genannt wird, dann immer in dem Sinn, dass es zu einer Klasse gehört. Roquentin erlebt jetzt aber etwas ganz anderes.

»Das hat mir den Atem geraubt. Nie, vor diesen letzten Tagen, hatte ich geahnt, was das heißt: ›existieren‹. Ich war wie die anderen, wie jene, die am Meer entlang spazieren, in ihrer Frühjahrsgarderobe. Ich sagte wie sie: ›das Meer *ist* grün; dieser weiße Punkt da oben, das *ist* eine Möwe‹, aber ich fühlte nicht, daß das existierte, daß die Möwe eine ›existierende Möwe‹ war; gewöhnlich verbirgt sich die Existenz. Sie ist da, um uns, in uns, sie ist *wir,* man kann keine zwei Worte sagen, ohne von ihr zu sprechen, und, letzten Endes, berührt man sie nicht. Wenn ich glaubte zu denken, dachte ich im Grunde gar nichts, mein Kopf war leer, oder ich hatte gerade nur ein Wort im Kopf, das Wort ›sein‹. Oder aber ich dachte ... wie soll ich sagen? Ich dachte die *Zugehörigkeit,* ich sagte mir, daß das Meer zur Klasse der grünen Gegenstände gehörte oder Grün eine der Eigenschaften des Meeres war. Sogar wenn ich die Dinge ansah, war ich meilenweit davon entfernt, daran zu denken, daß sie existierten: sie waren für mich nur Dekor. Ich nahm sie in meine Hände, sie dienten mir als Werkzeuge, ich sah ihre Widerstände voraus. Aber das alles spielte sich an der Oberfläche ab. Wenn man mich gefragt hätte, was die Existenz sei, hätte ich in gutem Glauben geantwortet, daß das nichts sei, nichts weiter als eine leere Form, die von außen zu den Dingen hinzuträte, ohne etwas an ihrer Natur zu ändern. Und dann, plötzlich: auf einmal war es da, es war klar wie das Licht: die Existenz hatte sich plötzlich enthüllt. Sie hatte ihre Harmlosigkeit einer abstrakten Kategorie verloren: sie war der eigentliche Teig der Dinge, diese Wurzel war in Existenz eingeknetet. Oder vielmehr, die Wurzel, das Gitter des Parks, die Bank, das spärliche Gras des Rasens, das alles war entschwunden; die Vielfalt der Dinge, ihre Individualität waren nur Schein, Firnis. Dieser Firnis war geschmolzen, zurück blieben monströse und wabbelige Massen, ungeordnet – nackt, von einer erschreckenden und obszönen Nacktheit.« (E 144)

Die traditionelle platonische Vorstellung ist die an einem Handwerkermodell orientierte Auffassung, dass die Dinge ein Wesen haben, das ihrer Existenz vorausgeht, insofern es in der Vorstellung des Handwerkers existiert, der diese Form in die Materie, den Stoff, einbildet. Alles Seiende ist also nur Exemplar einer Gattung, es hat seinen Grund in der Idee. Die Existenz ist sozusagen gleichgültig, gemessen an dem Wesen. Was dagegen Roquentin in seiner Vision erfährt, ist, dass die Existenz die Harmlosigkeit einer Kategorie verliert: Die Existenz, das ist das Individuelle, das durch die Idee gar nicht erfasst wird. Jenseits all der Einteilungen liegt ein An-sich-sein der Dinge, das von unseren Begriffen gar nicht berührt wird. Und dieses An-sich-sein ist die völlige Grundlosigkeit und Unerklärlichkeit, eine wabbelige, ungeordnete Masse.

Die Fülle. Die platonische Welt der Ideen, wie Kreise und Melodien, hat keine Existenz; sie ist reine Notwendigkeit, die Strenge der Form. Dagegen ist die Existenz das Zufällige, Wabbelige. Das Existierende hat keinen Grund dazusein; deshalb verbindet Nietzsche das Absurde, das Grundlose, mit dem Komischen. Das Merkmal der Existenz ist vor allem die überschäumende Fülle. Der Kontrast ist deutlich: Die Welt der Formen hat keine Existenz, nichts Wabbeliges, sie ist Strenge; die Welt der Existenz dagegen ist formlos, reine Fülle. Sie ist der dionysische Urgrund, der sich aller Formung und begrifflichen Fassung entzieht.

»Alle diese Gegenstände ... wie soll ich sagen? Sie belästigten mich; ich hätte gewünscht, sie würden weniger stark existieren, auf trockenere, abstraktere Weise, mit mehr Zurückhaltung. [...] In einer anderen Welt bewahren die Kreise, die Melodien ihre reinen und strengen Linien. Aber die Existenz ist ein Nachgeben. Bäume, nächtliche Pfeiler, das glückliche Röcheln eines Springbrunnens, lebende Gerüche, kleine Wärmenebel, die in der kalten Luft schwebten, ein rothaariger Mann, der auf einer Bank verdaute: dieses ganze Dösen, dieses ganze Verdauen zusammengenommen bot einen irgendwie komischen Anblick. Komisch ... nein: so weit ging das nicht, nichts, was existiert, kann komisch sein; es war wie eine verschwimmende, fast nicht greifbare Analogie zu gewissen Situationen im Vaudeville. Wir waren ein Häufchen Existierender, die sich selber im Weg standen, sich behinderten, wir hatten nicht den geringsten Grund, dazusein, weder die einen noch die anderen, jeder Existierende, verwirrt, irgendwie unruhig, fühlte sich in bezug auf die anderen zuviel. *Zuviel:* das war der einzige Bezug, den ich zwischen diesen Bäumen, diesen Gittern, diesen Kieseln herstellen konnte.« (E 145)

Die Existenz, das ist der ganze Bereich des Grundlosen; und weil grundlos, ist sie zu viel. Sie ist aufdringlich, überflüssig, überschäumende Fülle; da ihr die Strenge der Form fehlt, ist sie widerlich. Man braucht nur einen Blick auf *Die Geburt der Tragödie* zu werfen, um die Parallele zu Nietzsche zu sehen. In Anlehnung an Schopenhauers »Willen« beschreibt Nietzsche das Urwesen als Daseinsgier und Daseinslust; er spricht von der überschwänglichen Fruchtbarkeit des Weltwillens. Wir werden für einen kleinen Augenblick eins mit der unermesslichen Urlust am Dasein und ahnen in dionysischer Entzückung die Unzerstörbarkeit und Ewigkeit dieser Lust:

»Auch die dionysische Kunst will uns von der ewigen Lust des Daseins überzeugen: nur sollen wir diese Lust nicht in den Erscheinungen, sondern hinter den Erscheinungen suchen. Wir sollen erkennen, wie alles, was entsteht, zum leidvollen Untergange bereit sein muß, wir werden gezwungen, in die Schrecken der Individualexistenz hineinzublicken – und sollen doch nicht erstarren: ein metaphysischer Trost reißt uns momentan aus dem Getriebe der Wandelgestalten heraus. Wir sind wirklich in kurzen Augenblicken das Urwesen selbst und fühlen dessen unbändige Daseinsgier und Daseinslust; der Kampf, die Qual, die Vernichtung der Erscheinungen dünkt uns jetzt wie notwendig, bei dem Übermaß von unzähligen, sich ins Leben drängenden und stoßenden Daseinsformen, bei der überschwenglichen Fruchtbarkeit des Weltwillens; wir werden von dem wütenden Stachel dieser Qualen in demselben Augenblicke durchbohrt, wo wir gleichsam mit der unermesslichen Urlust am Dasein eins geworden sind und wo wir die Unzerstörbarkeit und Ewigkeit dieser Lust in dionysischer Entzückung ahnen. Trotz Furcht und Mitleid sind wir die Glücklich-Lebendigen, nicht als Individuen, sondern als das eine Lebendige, mit dessen Zeugungslust wir verschmolzen sind.«[7]

Unter der Oberfläche findet sich das Weltwesen, die Urlust; aber die Erscheinungen als solche sind durch nichts gerechtfertigt, sondern kontingent. Sie sind zu viel oder absurd.

Die Überflüssigkeit des Selbstmords. Roquentin schiebt an dieser Stelle einen merkwürdigen Gedanken ein: dass selbst ein Selbstmord an der Tatsache nichts ändern würde, dass er zu viel ist.

Denn auch seine Leiche wäre ja immer noch ein Existierendes, einfach ein grundlos Seiendes. An diesen Gedanken sollte später Camus anknüpfen.

Das Absurde. Das Grundlose ist, mit anderen Worten, das Absurde. Das Absurde ist das, an das keine Erklärungen heranreichen. Wir finden hier den Gedanken Nietzsches wieder, dass das innerste Wesen der Welt sich dem Begriff entzieht; es sei der Tapferkeit Kants und Schopenhauers zu verdanken, dass dieser antisokratische Gedanke sich durchgesetzt habe. Die Welt in ihrem Innersten ist nicht mit den Mitteln der intellektuellen Erkenntnis zu verstehen, allein die Musik finde einen Zugang zum Wesen.

»Das Wort Absurdität entsteht jetzt unter meiner Feder; vorhin im Park habe ich es nicht gefunden, aber ich suchte es auch nicht, ich brauchte es nicht: ich dachte ohne Worte *über* die Dinge, *mit* den Dingen. Die Absurdität, das war keine Idee in meinem Kopf, keine Einflüsterung, sondern diese lange tote Schlange zu meinen Füßen, diese Holzschlange. Schlange oder Kralle oder Wurzel oder Geierklaue, was auch immer. Ohne etwas deutlich zu formulieren, begriff ich, daß ich den Schlüssel der Existenz, den Schlüssel meines Ekels, meines eigenen Lebens gefunden hatte. Tatsächlich geht alles, was ich anschließend erfassen konnte, auf diese fundamentale Absurdität zurück. [...] Absurd, unreduzierbar; nichts – nicht einmal ein tiefer und geheimer Wahn der Natur – konnte es erklären. Natürlich wußte ich nicht alles, ich hatte weder den Keim sich entwickeln noch den Baum wachsen sehen. Aber angesichts dieser dicken rauhen Pranke hatten weder die Unwissenheit noch das Wissen eine Bedeutung: die Welt der Erklärungen und Gründe ist nicht die der Existenz. Ein Kreis ist nicht absurd, er erklärt sich sehr gut aus der Umdrehung einer Geraden um einen ihrer Endpunkte. Aber ein Kreis existiert auch nicht. Diese Wurzel dagegen existierte insofern, als ich sie nicht erklären konnte. Knorrig, inert, namenlos, faszinierte sie mich, erfüllte meine Augen, führte mich ständig auf ihre eigene Existenz zurück. Ich konnte mir noch so oft wiederholen: ›Es ist eine Wurzel‹ – das verfing nicht mehr. Ich sah ein, daß man von ihrer Funktion als Wurzel, als Saugpumpe, nicht *auf das* kommen konnte, auf diese harte und kompakte Seehundshaut, auf dieses ölige, schwielige, eigensinnige Äußere. Die Funktion erklärte nichts: sie ließ in groben Zügen verstehen, was eine Wurzel war, aber keineswegs *diese hier.* Diese Wurzel, mit ihrer Farbe, ihrer Form, ihrer erstarrten Bewegung, war ... unterhalb jeder Erklärung. Jede ihrer Eigenschaften entwich ihr ein wenig, rann aus ihr heraus, verfestigte sich halb, wurde beinah ein Ding; jede war *zuviel* in der Wurzel.« (E 146)

Die Funktion der Wurzel erklärt nicht ihre Existenz. Das bedeutet nicht, dass Roquentin sozusagen vordarwinistisch denken würde, natürlich gibt es eine rationale Erklärung der Wurzel allgemein; was aber aus dem Begriff der Funktion als einer Saugpumpe nicht folgt, ist das wirkliche, einzelne Dasein dieser Wurzel, ihre Individualität. Das Individuelle, die Existenz, ist unerklärbar. Dagegen existiert das Erklärbare, das Rationale, nicht: Ein Kreis – eine typisch platonische Idee – ist vollkommen erklärbar, existiert aber nicht, er hat eben nur ein allgemeines, aber kein individuelles Dasein. Existenz ist Zufälligkeit.

Die Unfähigkeit des Denkens. Diese Erfahrung von der Unangemessenheit von Begriff und Existenz ist so ungewohnt, dass Roquentin sie selbst auf die sinnlichen Eigenschaften der Dinge anwendet. Selbst die Farben, Gerüche, der Geschmack der Dinge sind nicht wirklich das, was sie sind, sie spielen es nur zu sein. Sie werden den Dingen nur durch eine Menschenidee angeheftet, sie sind nicht an den Dingen selbst.

Die Kontingenz. In der paradoxen Formulierung, dass das Wesentliche die Kontingenz sei, versucht Roquentin diese Erfahrung begrifflich zu fassen. Es gibt keinen notwendigen Zusammenhang zwischen der Form und der Existenz, zwischen Begriff und Sein, zwischen Name und Sache, wie die Tradition gelehrt hat. Ein solcher Eindruck konnte nur entstehen, weil die traditionelle Ontologie an einem Muster orientiert war, das man als Kreationismus bezeichnen kann: Das Urbild oder Musterbild bestand im Geiste eines Schöpfers und alles Seiende wurde intelligibel durch seine Teilhabe an diesem Sein oder durch seine Nachahmung dieses Seins. Aber in Wirklichkeit ist die Existenz absolut zufällig. Das Absurde ist absolut. Die christliche Religion hat versucht, in dem Begriff »Gott« ein Sein zu denken, das sich selbst begründet, das Ursache seiner selbst ist. Doch ein solcher Begriff ist widersprüchlich.

»Dieser Moment war ungeheuerlich. Ich saß da, reglos und eisig, in eine entsetzliche Ekstase versunken. Aber aus dem Innern dieser Ekstase war etwas Neues aufgetaucht; ich verstand den Ekel, ich beherrschte ihn. Eigentlich formulierte ich mir meine Entdeckungen nicht. Aber ich glaube, daß es mir jetzt leichtfallen würde, sie in Worte zu fassen. Das Wesentliche ist die Kontingenz. Ich will sagen, daß die Existenz ihrer Definition nach nicht die Notwendigkeit ist. Existieren, das ist *dasein,* ganz einfach; die Existierenden erscheinen, lassen sich *antreffen,* aber man kann sie nicht *ableiten.*« (E 149)

Die Existenz lässt sich nicht erklären, indem man sie aus einem vorhergehenden Wesen, einer Essenz herleitet. Dasein ist eine Erscheinung, die allerdings nicht Erscheinung eines Wesens ist, das ihr vorangeht und aus dem sie abgeleitet werden kann. Bei Roquentin heißt es: »Es gibt Leute, glaube ich, die das begriffen haben. Nur haben sie versucht, diese Kontingenz zu überwinden, indem sie ein notwendiges und sich selbst begründendes Sein erfanden. Doch kein notwendiges Sein kann die Existenz erklären: die Kontingenz ist kein Trug, kein Schein, den man vertreiben kann; sie ist das Absolute, folglich die vollkommene Grundlosigkeit. Alles ist grundlos, dieser Park, diese Stadt und ich selbst.« (E 149)

Die christliche Vorstellung von einem Gott, der Ursache seiner selbst ist, wie im ontologischen und kosmologischen Gottesbeweis, ist eine Art Selbstbetrug: Ein Sein, das sich selbst begründet, muss sich selbst voraussetzen. Und als diese Ursache seiner selbst ist es wiederum nur zufällig. Wenn es Gott gäbe, wäre er selbst zufällig. »Wenn es geschieht, daß man sich dessen bewußt wird, dreht es einem den Magen um, und alles beginnt zu schwimmen, wie neulich abends im *Rendezvous des Cheminots:* das ist der Ekel, das ist das, was die Schweine – die vom Coteau Vert und die anderen – vor sich selbst mit ihrer Idee vom Recht zu vertuschen suchen. Aber was für eine armselige Lüge: niemand hat das Recht; sie sind vollständig grundlos, wie die anderen Menschen, es gelingt ihnen nicht, sich nicht als zuviel zu fühlen. Und in sich selbst, insgeheim, sind sie *zuviel*, das heißt, amorph und unbestimmt, traurig.« (E 149)

Damit ist die Entplatonisierung vollendet. In der platonischen Welt war das Wesen das Notwendige, die Existenz das Zufällige. Jetzt begreift Roquentin, dass das Wesentliche die Kontingenz ist, während das Notwendige keine Existenz hat. Es gibt wohl zwei Welten, die Welt der Notwendigkeit, die Kreise und Melodien enthält, doch aus ihr lässt sich die Existenz nicht erklären; das Wesentliche der Existenz ist, dass sie zufällig, kontingent ist und keinerlei Erklärung zulässt.

Erkenntnis als Sein. Die Vision, die Roquentin hat, weist darüber hinaus eine Fülle anderer Züge auf, zum Beispiel seine Faszination, in der er sich selbst nicht mehr fühlt. Er ist zum Ding geworden, das er sieht, er ist reiner Blick, reines Weltauge, wie Schopenhauer die Kunsterfahrung nennt. »Wie lange dauerte diese Faszination? Ich war die Wurzel des Kastanienbaumes. Oder vielmehr, ich war ganz und gar Bewußtsein ihrer Existenz. Noch losgelöst von ihr – da ich mir ihrer ja bewußt war – und dennoch in ihr verloren, nichts anderes als sie.« (E 149) In der Faszination gibt es keinen Unterschied zwischen Bewusstsein und Sein. In *Das Sein und das Nichts* ist die Faszination immer noch ein besonderes Beispiel für die Anwesenheit bei der Welt. (SN 332)

Der unmögliche Übergang. Da die Existenz grundlos ist und aus nichts erklärt werden kann, kann sie auch nicht entstehen. Ein Übergang zur Existenz ist etwas, was nur das Bewusstsein schaffen kann, indem es Verbindungen herstellt. D.h., die Existenz selbst ist ohne Dauer, ohne Veränderung, ohne Unterschiede; das sind alles Produkte des Bewusstseins. Eine Idee wie der »Übergang« von der Nichtexistenz zur Existenz ist so etwas wie eine Negation und die lässt sich nicht in der puren positiven Fülle der Existenz finden, sondern stellt eine Leistung des Bewusstseins dar. Positive Fülle heißt aber keineswegs so etwas wie »Wille zur Macht« und »Lebenskampf«, wie einige »Idioten« erzählen (Nietzsche): Gerade weil die Existenz unbegründet ist, ist sie schwach und morsch. Sie hat keine Kraft, sich gegen den Tod zu wehren, da der Tod sie von außen erreicht; hingegen gibt es »nur die Melodien, die stolz ihren eigenen Tod in sich tragen wie eine innere Notwendigkeit«.

Das Sein und das Nichts. Roquentin erstickt vor Wut über die sinnlose Seinsfülle:

»Man konnte sich nicht einmal fragen, wo das herauskam, das alles, noch wie es kam, daß eine Welt existierte als vielmehr nichts. Das hatte keinen Sinn, die Welt war überall gegenwärtig, vorne, hinten. Es hatte nichts *vor* ihr gegeben. Nichts. Es hatte keinen Moment gegeben, in dem sie hätte nicht existieren können. Genau das ärgerte mich: selbstverständlich gab es *keinen Grund*, daß sie existierte, diese quallige Larve. *Aber es war nicht möglich*, daß sie nicht existierte. Das war undenkbar: um sich das Nichts vorzustellen, mußte man schon dasein, mitten in der Welt, und die Augen weit offen haben und leben; das Nichts, das war nur eine Idee in meinem Kopf, eine existierende Idee, die in dieser Unermeßlichkeit schwebte: dieses Nichts war nicht *vor der* Existenz gekommen, es war eine Existenz wie jede andere und war nach vielen anderen erschienen.« (E 152)

Wenn die Welt einen Sinn haben soll, dann braucht man die Idee des Nichts; denn um sie zu erklären oder herzuleiten, braucht man die Idee eines Grundes der Welt; der müsste aber außerhalb der positiven Fülle der Welt liegen. Um dies auch nur zu denken, benötigt man die Vorstellung, dass die Welt auch nicht existieren könnte. Eine solche Idee ist jedoch nur in einem Bewusstsein möglich, das selbst Bestandteil der Welt ist. Die Idee des Nichts ist eine menschliche Idee, ein Ereignis in der Welt.

Als Roquentin den Park verlässt, hat er den Eindruck, der Park lächle ihm zu: Die Dinge haben »einen komischen kleinen Sinn, der über sie hinausging«. Unsere Begriffe reichen an das innerste eigene Wesen der Dinge nicht heran.

»*Nachts.* Mein Entschluß ist gefaßt: ich habe keinen Grund mehr, in Bouville zu bleiben, da ich mein Buch nicht weiterschreibe; ich werde nach Paris ziehen.« (E 153)

Damit ist die Vision vollendet. Roquentin hat begriffen, dass er eine Rechtfertigung von nichts anderem als seinem eigenen Bewusstsein erwarten kann. Es könnte sein, dass die Dinge einen geheimen Sinn haben; aber wenn sie ihr Geheimnis preisgeben, dann nicht von selbst: Er muss ihnen ihren Sinn geben. Angesichts dieser Erkenntnis muss er sich neu entwerfen. Sein Dasein als Historiker ist beendet, er beginnt ein Dasein im Dienst der strengen Form, als Künstler.

Roquentin hat sich verändert, er hat gesehen. Doch für seine gealterte Geliebte Anny ist er wie das Urmeter: unverändert. Auch Anny freilich hat sich wie Roquentin neu entworfen. Ihre Änderung besteht darin, dass sie nicht mehr an die »vollkommenen Momente« glaubt. Die Dinge widern sie an. (E 164) Annys »privilegierte Situationen« sind Situationen von strenger Einheitlichkeit (E 166), Bilder oder Rituale; Situationen als solche sind nur Rohstoff, der bearbeitet werden muss. Man muss Ordnung hineinbringen. Für Anny war das eine Frage der Moral, einer ästhetischen Moral. Sie hat begriffen, dass die Form, in die man eine Sache bringt, besser ist als die Wirklichkeit. Denn die Wirklichkeit ist kontingent.

»›Du erinnerst dich natürlich nicht an das erste Mal, als ich dich geküßt habe?‹
›Doch, sehr gut‹, sage ich triumphierend, ›das war in Kew Gardens, am Ufer der Themse.‹
›Aber was du nie gewußt hast, war, daß ich mich in die Brennesseln gesetzt hatte: mein Kleid war nach oben gerutscht, meine Schenkel waren mit Stichen übersät, und bei der geringsten Bewegung bekam ich neue Stiche. Nun, da hätte Stoizismus nicht ausgereicht. Du erregtest mich keineswegs, ich hatte kein besonderes Verlangen nach deinen Lippen, dieser Kuß, den ich dir geben wollte, hatte eine sehr viel größere Bedeutung, das war eine Verpflichtung, ein Pakt. Also, verstehst du, dieser Schmerz war unverschämt, es war mir nicht erlaubt, in einem Moment wie diesem an meine Schenkel zu denken. Es genügte nicht, mir meinen Schmerz nicht anmerken zu lassen: ich durfte nicht leiden.‹
Sie sieht mich stolz an, noch ganz überrascht von dem, was sie getan hat: ›Mehr als zwanzig Minuten, während der ganzen Zeit, in der du drängtest, ihn zu bekommen, diesen Kuß, den ich fest entschlossen war dir zu geben, während der ganzen Zeit, in der ich mich bitten ließ – weil ich ihn dir den Formen entsprechend geben mußte –, ist es mir gelungen, mich vollständig unempfindlich zu machen. Gott weiß jedoch, daß ich eine empfindliche Haut habe: ich habe *nichts* gespürt, bis wir aufgestanden sind.‹« (E 168)

Die Rituale, an denen Anny festhält, sind die Form, die sie der banalen Wirklichkeit auferlegt. Die Form – das ist die Einheitlichkeit, die sie schon beim Anschauen der Bilder ihres Lieblingskinderbuchs so sehr erregt hat und die sie selbst schaffen will. Roquentin sieht die Ähnlichkeit zu seiner eigenen Vision: Das Leben selbst ist kein Abenteuer, nur die notwendige Verknüpfung der Ereignisse ist ein Abenteuer. In der Wirklichkeit kommt immer etwas dazwischen. Deshalb sieht Roquentin, dass sie und er sich in vollkommener Übereinstimmung befinden.

»So ist es, genauso ist es. Es gibt keine Abenteuer – es gibt keine vollkommenen Momente ... wir haben die gleichen Illusionen verloren, wir sind die gleichen Wege gegangen. Ich errate das übrige – ich kann sogar an ihrer Stelle das Wort ergreifen und selbst sagen, was ihr zu sagen bleibt:
›Und da ist dir klargeworden, daß es immer in Tränen aufgelöste Weiber oder einen rothaarigen Typ oder irgend etwas anderes gibt, um deine Effekte zu verderben?‹
›Ja, natürlich‹, sagt sie ohne Begeisterung.
›Ist es nicht so?‹
›Ach, weißt du, mit den Ungeschicktheiten eines rothaarigen Typs hätte ich mich vielleicht auf die Dauer abfinden können. Schließlich war ich durchaus imstande, mich für die Art zu interessieren, in der die anderen ihre Rolle spielten ... nein, es ist vielmehr ...‹
›Daß es keine privilegierten Situationen gibt?‹
›Das ist es. Ich glaubte, der Haß, die Liebe oder der Tod würden auf uns herniedergehen wie die Feuerzungen am Karfreitag. Ich glaubte, man könnte vor Haß oder vor Tod leuchten. Was für ein Irrtum! Ja wirklich, ich dachte, das würde existieren, ›der Haß‹, das würde sich auf die Leute legen und sie über sich selbst hinausheben. Natürlich gibt es nur mich, die haßt, mich, die liebt. Und ich, das ist immer dasselbe, ein Teig, der sich zieht und zieht ... das ähnelt sich sogar dermaßen, daß man sich fragt, wie die Leute auf die Idee gekommen sind, Namen zu erfinden, Unterscheidungen zu machen.‹« (E 169)

Der Hass – das ist eine platonische Idee, die niemals in der Wirklichkeit auftritt, die niemals existiert. Entweder man stellt ihn durch die Kunst her oder er erscheint immer nur als ein schwächliches Abbild.

Trotzdem gibt es noch einen Unterschied zwischen Anny und Roquentin. Denn sie ist ein »Tatmensch«, während er eher passiv ist. Und sie ist jetzt daran verzweifelt, etwas tun zu können: »Aber du denkst keineswegs dasselbe wie ich. Du beklagst dich, weil die Dinge sich nicht wie ein Blumenstrauß um dich herum anordnen, ohne daß du dir Mühe gibst, etwas zu tun. Aber niemals habe ich soviel verlangt: ich wollte handeln. Weißt du, als wir Abenteurer und Abenteurerin spielten: du warst derjenige, dem Abenteuer zustießen, ich war diejenige, die sie auslöste. Ich sagte: ›Ich bin ein Tatmensch.‹ Erinnerst du dich? Nun, jetzt sage ich einfach: man kann kein Tatmensch sein.«

Anny ist desillusioniert, weil sie sieht, dass man kein Tatmensch sein kann: Die Wirklichkeit lässt sich nicht nach einem Ideal einrichten. Worin besteht die Einsicht Annys? Wie Roquentin glaubte sie an die Form, die man dem Rohmaterial, den Dingen auferlegen muss. Die Wirklichkeit ist zufällig, vollkommen ist nur die Form. Aber anders als Roquentin ist sie ein Tatmensch, es ist eine Art ästhetischer Moral, der sie folgt. Sie glaubt jedoch nicht an die Rettung durch die Kunst. Denn sie ist Schauspielerin, d.h., dass sie nur eine Rolle spielt, in der sie niemals aufgehen kann. Roquentin dagegen schwebt ein künstlerisches Schaffen vor.

Die Rettung

Vor seiner Abreise geht Roquentin noch einmal in das Café und will sich ein letztes Mal die Platte mit dem Ragtime anhören. Zunächst scheint es ihm, dass die schönen Künste etwas für Idioten sind, weil sie glauben, dass »die Schönheit mit ihnen fühlt«. Aber Schönheit ist unbarmherzige, klare, kalte Form, Kunst hat nichts mit Sentimentalität zu tun. Wenn man von der Kunst Mitgefühl erwartet, ist sie keine Rettung. Doch sie ist ein Gegenbild zum »miesen Leiden«, das objektiv die Welt charakterisiert. Das, was die Kunst vom wirklichen Leben unterscheidet, ist, dass sie den platonischen Ideen nahe kommt. Mit unpathetischer Reinheit. Es ist die Strenge, die Roquentin für die Kunst einnimmt, nicht die Sentimentalität. Wirkliches Leiden ist nur ein schwaches Abbild des Leidens, das die Kunst schaffen kann. Kunst ist gemachte, geschaffene Ordnung und blamiert die Wirklichkeit. Das Entscheidende an dem Geigenton ist, dass er nicht existiert, mithin keinerlei Zufälligkeit hat. Er ist jenseits der Existenz, reine strenge Form oder Notwendigkeit. An ihm ist nichts zu viel. Dieselbe Art von Sein ist es, die Roquentin ersehnt hat: »Und auch ich habe *sein* wollen. Ich habe sogar nur das gewollt; das ist das Schlüsselwort der Geschichte. Ich durchschaue die scheinbare Unordnung meines Lebens. Hinter all diesen Versuchen, die beziehungslos schienen, finde ich den gleichen Wunsch: die Existenz aus mir zu vertreiben, die Augenblicke von ihrem Fett zu entleeren, sie auszuwringen, auszutrocknen, mich zu reinigen, hart zu werden, um endlich den klaren und genauen Ton einer Saxophonnote wiederzugeben.« (E 196)

Die Welt der Kunst ist eine andere Welt, in ihr gibt es ein Sein, das nicht das Existieren ist; ein Sein der Ordnung und Vollkommenheit. Die Melodie ist hinter der zufälligen Existenz der Platte, der wirklichen Töne, sie kann von der Existenz gar nicht erreicht werden. Hinter dem Existierenden gibt es ein ewiges, unzeitliches Sein. Und dieses Sein ist gemacht. Dadurch, dass es ein gemachtes Sein ist, rührt es Roquentin. Als er die Stimme der Sängerin hört, denkt Roquentin, die Sängerin wie der Komponist seien gerettet:

»Sie singt. Diese beiden sind gerettet: der Jude und die Negerin. Gerettet. Sie haben sich vielleicht bis zuletzt verloren geglaubt, untergegangen in der Existenz. Und dabei könnte niemand so an mich denken, wie ich an sie denke, mit dieser Zartheit. Niemand, nicht einmal Anny. Sie sind für mich ein bißchen wie Tote, ein bißchen wie Romanhelden; sie haben sich von der Sünde zu existieren reingewaschen. Nicht völlig, natürlich – aber soweit ein Mensch es kann. Dieser Gedanke bringt mich mit einem Schlag aus der Fassung, denn nicht einmal das hoffte ich mehr. Ich fühle, wie mich etwas schüchtern streift, und ich wage mich nicht zu rühren, weil ich Angst habe, daß es entschwindet. Etwas, was ich nicht mehr kannte: eine Art Freude.
Die Negerin singt. Man kann seine Existenz also rechtfertigen? Ein ganz klein wenig? Ich fühle mich außergewöhnlich eingeschüchtert. Nicht, daß ich viel Hoffnung hätte. Aber ich bin wie ein nach einer Reise durch den

Schnee völlig durchgefrorener Mann, der auf einmal in ein warmes Zimmer tritt. Ich nehme an, er würde reglos neben der Tür stehenbleiben, noch kalt, und langsame Schauer würden über seinen ganzen Körper laufen.« (E 198)

»Some of these days you'll miss me, honey« – es ist genau dieser Text, der ihm eine Art Unsterblichkeit verspricht. Irgendwann einmal wird er vermisst werden, wenn es ihm gelingt, eine Existenz jenseits der Zufälligkeit zu erringen, indem er ein Kunstwerk schafft, das ein wirkliches Abenteuer enthält. Er muss deshalb das Aufhäufen der Zufälligkeit der Existenz, wie sie der Historiker verfolgt, zugunsten eines Romans aufgeben.

Der neue Entwurf Roquentins besteht also darin, sich selbst akzeptieren zu können, indem er etwas macht, was vollkommen ist, was der Unvollkommenheit der Existenz entgeht. Damit erreicht er auf einem Umweg wieder die jenseitige Welt der platonischen Ideen, freilich mit einem wichtigen Unterschied. Die platonischen Ideen sind einfach da, doch die Kunst ist eine gemachte Ordnung. Die Ontologie des *Ekels* ist somit durch eine doppelte Beziehung der kontingenten Existenz zur Welt der Notwendigkeit jenseits der Existenz gekennzeichnet: zu der *vorgefundenen* Notwendigkeit der Werte und Rechte und zu der *gemachten* Notwendigkeit der Kreise und Melodien.

Eine Rechtfertigung der Existenz kann immer nur durch eine gemachte Notwendigkeit erfolgen, nämlich eine vom Bewusstsein hervorgebrachte Form; nur sie zeigt die Verantwortung, auf der die Rechtfertigung beruht. Dagegen kann eine Rechtfertigung nicht durch die Berufung auf platonische Ideen im Sinne einer vom Bewusstsein unabhängigen festen Gegebenheit erfolgen. Die Notwendigkeit der platonischen Ideen ist erschlichen (das ist die so genannte »Erfahrung« des Herrn Adolphe, die sich auf ein paar Begriffe bringen lässt); die gemachte Notwendigkeit der Kunst ist die wahre Notwendigkeit.

Nicht nur Roquentins Ablehnung des »Provinzhumanismus« des Autodidakten konnte leicht zu Missverständnissen führen, überhaupt wurde Sartres Philosophie schon recht bald nach Erscheinen von *Das Sein und das Nichts* zum Angriffspunkt verschiedener Attacken. Um diese Missverständnisse auszuräumen, hielt Sartre 1946 einen berühmt gewordenen Vortrag, dessen Drucklegung er zwar bedauerte, von dessen Inhalt er sich aber nicht distanziert hat. Sartre verteidigt sich hier gegen die Vorwürfe des Nihilismus sowie der mangelnden Solidarität, die auf dem descartesschen Cogito basierten: Seine Philosophie sei willkürlich und kenne keine Werte.

Er stellt zunächst seinen atheistischen Existenzialismus als »nur für Fachleute und Philosophen bestimmt« dar. Die Lehre selbst sei jedoch einfach. Gemeinsam sei allen Existenzphilosophen die Auffassung, dass die Existenz dem Wesen, der Essenz, vorangehe. Eine alternative Formulierung sei, dass man von der Subjektivität ausgehen müsse. Bei der technischen Produktion von Gegenständen geht der Begriff dem Ding voraus, nämlich als Plan im Kopf des Produzenten. Auf diese Weise sind die erzeugten technischen Gegenstände determiniert. Traditionelle Modelle der Ontologie halten sich an dieses technische Paradigma – und die christliche Religion gehört in dieselbe Gruppe von Ontologien. Auch Gott wird als eine Art höherer Handwerker angesehen, der den Menschen nach einem vorher bestehenden Plan schafft. Der Begriff des Menschen (»die menschliche Natur«) geht dann dem einzelnen, individuellen Menschen voraus. Der Begriff »menschliche Natur« bedeutet in diesem Zusammenhang nichts anderes als »menschliches Wesen«; es ist nicht so sehr an die natürliche Ausstattung des Menschen gedacht wie an die traditionelle Definition des Menschen als eines vernünftigen Lebewesens. Dagegen erklärt sich Sartre für einen atheistischen Existenzialismus.

»Der atheistische Existentialismus, den ich vertrete, ist kohärenter. Er erklärt: wenn Gott nicht existiert, so gibt es zumindest ein Wesen, bei dem die Existenz der Essenz vorausgeht, ein Wesen, das existiert, bevor es durch irgendeinen Begriff definiert werden kann, und dieses Wesen ist der Mensch oder, wie Heidegger sagt, das Dasein. Was bedeutet hier, daß die Existenz der Essenz vorausgeht? Es bedeutet, daß der Mensch erst existiert, auf sich trifft, in die Welt eintritt, und sich erst dann definiert. Der Mensch, wie ihn der Existentialist versteht, ist nicht definierbar, weil er zunächst nichts ist. Er wird erst dann, und er wird so sein, wie er sich geschaffen haben wird. Folglich gibt es keine menschliche Natur, da es keinen Gott gibt, sie zu ersinnen. Der Mensch, er ist lediglich, allerdings nicht lediglich, wie er sich auffaßt, sondern wie er sich will, und wie er sich nach der Existenz auffaßt, nach diesem Elan zur Existenz hin; der Mensch ist nichts anderes als das, wozu er sich macht. Das ist das erste Prinzip des Existentialismus.« (EH 149)

»Nach der Existenz« soll heißen: Erst existiert er, dann übernimmt er die Rolle, in die er hineingewachsen ist. Nun versteht man besser, wieso dieser Ausgangspunkt gleichbedeutend damit sein soll, dass man »von der Subjektivität ausgeht«:

»Das ist es auch, was man Subjektivität nennt und uns unter eben diesem Namen vorwirft. Aber was wollen wir damit anderes sagen, als daß der Mensch eine größere Würde hat als der Stein oder der Tisch? Wir wollen sagen, daß der Mensch erst existiert, das heißt, daß der Mensch erst das ist, was sich in eine Zukunft wirft und was sich bewußt ist, sich in die Zukunft zu entwerfen. Der Mensch ist zunächst ein sich subjektiv erlebender Entwurf, anstatt Schaum, Fäulnis oder ein Blumenkohl zu sein; nichts existiert vor diesem Entwurf; nichts ist am intelligiblen Himmel, und der Mensch wird zuerst das sein, was er zu sein entworfen haben wird. Nicht, was er sein will. Denn was wir gewöhnlich unter wollen verstehen, ist eine bewußte Entscheidung, die bei den meisten von uns erst später gefällt wird, von demjenigen, zu dem sie sich selbst gemacht haben. Ich kann Mitglied einer Partei werden, ein Buch schreiben, heiraten wollen, das alles ist nur Ausdruck einer ursprünglicheren, spontaneren Wahl als einer, die man willentlich nennt. Wenn jedoch die Existenz wirklich dem Wesen vorausgeht, ist der Mensch für das, was er ist, verantwortlich.« (EH 150)

Diese ursprünglichere spontane Wahl muss nicht die einzige bleiben, man kann sich ja ändern – wie Roquentin und Anny –, doch diese Änderung geschieht ebenfalls durch eine Wahl. An dieser Stelle fügt Sartre einen Gedanken ein, der zunächst sehr überraschend ist und wohl auch nicht ganz zwingend begründet wird. Indem der Existenzialismus jedem Menschen die totale Verantwortung für seine Existenz aufbürdet, zwingt er ihn auch, bei seiner Wahl für alle anderen mitzuwählen.

»Subjektivismus bedeutet einerseits die Wahl des individuellen Subjekts durch sich selbst und andererseits die Unmöglichkeit für den Menschen, die menschliche Subjektivität zu überschreiten. Der zweite Sinn ist der tiefe Sinn des Existentialismus. Wenn wir sagen, der Mensch wählt sich, verstehen wir darunter, jeder von uns wählt sich, doch damit wollen wir auch sagen, sich wählend wählt er alle Menschen. In der Tat gibt es für uns keine Handlung, die, den Menschen schaffend, der wir sein wollen, nicht auch zugleich ein Bild des Menschen hervorbringt, wie er unserer Ansicht nach sein soll. [...] So bin ich für mich selbst und für alle verantwortlich, und ich schaffe ein bestimmtes Bild vom Menschen, den ich wähle; mich wählend wähle ich den Menschen.« (EH 150)

Die folgenden Abschnitte dienen schon der Verteidigung gegen die Missverständnisse und sollen deshalb nur angedeutet werden: Sartre erklärt hier, warum Gefühle wie Angst, Verlassenheit und Verzweiflung im Existenzialismus eine so große Rolle spielen. Der Mensch, der für sich und für die anderen verantwortlich ist, erfährt diese Lage als bedrohlich und reagiert darauf mit Angst.

»Und wenn wir von Verlassenheit sprechen – ein Heidegger teurer Ausdruck –, wollen wir nur sagen, daß Gott nicht existiert und daß man daraus bis zum Ende die Konsequenzen ziehen muß [...]. Der Existentialist denkt [...]: es ist sehr unangenehm, daß Gott nicht existiert, denn mit ihm verschwindet jede Möglichkeit, Werte in einem intelligiblen Himmel zu finden; es kann kein *a priori* Gutes mehr geben, da es kein unendliches und vollkommenes Bewußtsein gibt, es zu denken; nirgends steht geschrieben, daß das Gute existiert, daß man ehrlich sein soll, nicht lügen darf, denn wir befinden uns ja auf einer Ebene, wo es nichts gibt außer den Menschen. Dostojewski schrieb: ›Wenn Gott nicht existiert, ist alles erlaubt.‹ Das ist der Ausgangspunkt des Existentialismus. In der Tat ist alles erlaubt, wenn Gott nicht existiert, und folglich ist der Mensch verlassen, denn er findet weder in sich noch außer sich einen Halt.« (EH 153)

Sartre greift hier den Begriff des Wertes auf, der seit Nietzsche eine entscheidende Rolle in der Moralphilosophie gespielt hat, um zu erklären, worin die Verlassenheit besteht. Sein eigener Ansatz ist wie der Nietzsches antiplatonisch: »Das Gute«, der traditionelle Ausdruck für »Wert«, ist keine Idee im überhimmlischen Ort, die eine notwendige Existenz besitzt, sondern gehört in den Bereich der Kontingenz. Wir müssen das Gute situationsabhängig erfinden und verwirklichen. Daraus folgt eine ganz andere Auffassung von Moral:

»Zunächst einmal findet er [der Mensch] keine Entschuldigungen. Wenn tatsächlich die Existenz dem Wesen vorausgeht, ist nichts durch Verweis auf eine gegebene und unwandelbare menschliche Natur erklärbar; anders gesagt, es gibt keinen Determinismus, der Mensch ist frei, der Mensch ist die Freiheit. Wenn zum anderen Gott nicht existiert, haben wir keine Werte oder Anweisungen vor uns, die unser Verhalten rechtfertigen könnten. So finden wir weder hinter noch vor uns im Lichtreich der Werte Rechtfertigungen oder Entschuldigungen. Wir sind allein, ohne Entschuldigungen. Das möchte ich mit den Worten ausdrücken: der Mensch ist dazu verurteilt, frei zu sein. Verurteilt, weil er sich nicht selbst erschaffen hat, und dennoch frei, weil er, einmal in die Welt geworfen, für all das verantwortlich ist, was er tut.« (EH 154)

Der Begriff der menschlichen Natur, von dem Sartre hier Gebrauch macht, ist zweifellos vieldeutig. Hier scheint er sich auf den Aspekt zu berufen, dass wir, anders als die Tiere, nicht einem festen Bauplan folgen; insofern stehen wir in unserem Verhalten außerhalb eines Kausalzusammenhangs. Deshalb gibt es keine Rechtfertigung mit Hinweis darauf, dass »man nun einmal so ist«. »Der Existentialist glaubt nicht an die Macht der Leidenschaft. Er wird nie meinen, eine schöne Leidenschaft sei eine alles mitreißende Flut, die den Menschen schicksalhaft zu bestimmten Taten zwingt und daher eine Entschuldigung ist. Er meint, der Mensch ist für seine Leidenschaft verantwortlich. Der Existentialist meint genausowenig, der Mensch könne Hilfe finden in einem auf Erden gegebenen Zeichen, das ihm eine Richtung weist; denn er denkt, der Mensch entziffert das Zeichen, wie es ihm gefällt. Er meint also, der Mensch ist in jedem Augenblick, ohne Halt und ohne Hilfe, dazu verurteilt, den Menschen zu erfinden.« (EH 155)

Auch für seine Emotionen ist der Mensch verantwortlich, man denke an den *Ekel*. Sartre hat eine Theorie der Emotionen entwickelt, welche die Gefühle als eine bewusste Strategie erklärt, die der Mensch anwendet, um mit einer Situation fertig zu werden. Die traditionelle festgeschriebene Moral kann bei Entscheidungen gewöhnlich nicht helfen, sie führt immer in Konflikte. Also bleibt nur noch der Instinkt, das Gefühl. Und das Gefühl hat seinen Wert in der Tat. Erst wenn ich mich in der Tat entscheide, weiß ich, was mir eine Sache wert ist.

Dass jeder Mensch seinen eigenen Entwurf verwirklichen muss, darf freilich nicht zur Ansicht führen, dass wir niemals einen anderen Menschen verstehen könnten. Es gibt gewisse Bedingungen, die für alle Menschen gleich sind. Zu dieser »condition humaine« gehört es, 1. in der Welt zu sein, 2. in ihr zu arbeiten, 3. inmitten anderer und 4. sterblich zu sein. Diese »condition«

sichert die Universalität jedes Entwurfs und damit die Verständlichkeit aller menschlichen Entwürfe.

»Es gibt die Universalität eines jeden Entwurfs in dem Sinn, daß jeder Entwurf für jeden Menschen verstehbar ist. Das bedeutet keineswegs, daß dieser Entwurf den Menschen ein für allemal definiert, sondern daß er reproduzierbar ist. Es gibt immer eine Form, einen Schwachsinnigen, ein Kind, einen Primitiven oder einen Fremden zu verstehen, vorausgesetzt, man hat ausreichende Informationen. In diesem Sinn können wir von einer Universalität des Menschen sprechen; aber sie ist nicht gegeben, sie wird ständig geschaffen. Ich erschaffe das Allgemeine, indem ich mich wähle; ich erschaffe es, indem ich den Entwurf eines jeden anderen Menschen verstehe, aus welcher Zeit er auch stamme.« (EH 167)

An dieser Stelle zeigt sich sehr deutlich, dass Entwurf und Verstehen zueinander gehören: Jede Wahl ist gleichzeitig die Wahl eines Allgemeinen, eines Verhaltens, das prinzipiell für jedermann gültig sein kann. Sie ist eine Erfindung, aber eine allgemein verständliche. Und das Verstehen eines Entwurfs eines anderen Menschen ist ebenfalls ein Schaffen, eine Nacherfindung.

Die Entscheidung für einen bestimmten Entwurf ist durch nichts gerechtfertigt und insofern absolut; gleichzeitig verwirklicht sie Möglichkeiten einer bestimmten Epoche und ist insofern relativ auf eine bestimmte Kultur; jede Wahl enthält einen Grad an Faktizität, an unveränderlichen Gegebenheiten. »In diesem Sinn kann man, wenn Sie wollen, sagen, jeder von uns bringt das Absolute hervor, indem er atmet, ißt, schläft oder in irgendeiner Weise handelt. Es gibt keinerlei Unterschied zwischen in freier Weise sein, als Entwurf sein, als Existenz, die ihr Wesen wählt, und absolut sein; es gibt keinerlei Unterschied zwischen ein zeitweilig lokalisiertes Absolutes sein, das heißt ein Absolutes, das sich in der Geschichte lokalisiert hat, und allgemein verstehbar sein.« (EH 167)

Sartre setzt sich im Folgenden mit mehreren Einwänden gegen seinen Subjektivismus auseinander, von denen der wichtigste der letzte ist. 1. Zunächst zeiht man den Existenzialismus der Anarchie; 2. erklärt man, ein Existenzialist könne die anderen nicht beurteilen, denn es gebe keinen Grund, einen Entwurf einem anderen vorzuziehen; 3. könne man sagen, jede Wahl sei grundlos. Diese drei Einwände sind nicht sehr ernsthaft. Der erste Einwand, die Beliebigkeit der Wahl, trifft nicht zu. Man kann zwar wählen, aber man kann *nicht* nicht wählen. Ich muss wissen: Wenn ich nicht wähle, wähle ich immer noch. Der Mensch befindet sich in einer organisierten Situation, er engagiert durch seine Wahl die gesamte Menschheit. Die Moral ist schöpferisch. Sodann kann man den Entwurf eines anderen nicht verurteilen, wenn er in aller Aufrichtigkeit gewählt ist, andererseits kann er auch auf Irrtum beruhen. Denn wenn man wählt, wählt man sich angesichts der anderen. Auf jeden Fall ist es unaufrichtig, sich mit Leidenschaft oder Determinismus zu entschuldigen. Die Erfindung muss im Namen der Freiheit geschehen. »Der dritte Einwand ist folgender: Sie nehmen mit der einen Hand, was Sie mit der anderen geben; das heißt im Grunde, die Werte sind ernst zu nehmen, da Sie sie wählen. Darauf antworte ich: Es ist mir sehr unangenehm, daß es so ist; aber da ich Gottvater beseitigt habe, braucht es ja wohl jemanden, die Werte zu erfinden. Man muß die Dinge nehmen, wie sie sind. Und im übrigen, wenn wir sagen, daß wir die Werte erfinden, so bedeutet das nichts anderes als: das Leben hat a priori keinen Sinn. Bevor Sie leben, ist das Leben nichts, es ist an Ihnen, ihm einen Sinn zu geben, und der Wert ist nichts anderes als dieser Sinn, den Sie wählen.« (EH 174)

Wählen wir einen Wert, weil er schon besteht und wir ihn nur entdecken? Oder schaffen wir ihn und geben wir ihm dadurch überhaupt seinen Charakter als Wert? Für Sartre ist die Antwort klar: In der Wahl meiner selbst als feige oder tapfer, als Historiker oder Romancier etc. gebe ich meinem Leben einen Sinn; ich halte z.B. mein Dasein als Romancier für wertvoll und wähle es aus diesem Grund. Aber bei dieser Wahl bin ich durch keinen schon bestehenden Wert gerechtfertigt.

»Daraus ersehen Sie, daß es die Möglichkeit gibt, eine menschliche Gemeinschaft zu schaffen. Man hat mir vorgeworfen, daß ich die Frage stelle, ob der Existentialismus ein Humanismus ist. Man hat mir gesagt: im *Ekel* haben Sie doch geschrieben, daß die Humanisten irren, Sie haben sich über einen bestimmten Typ von Humanisten lustig gemacht, warum kommen Sie jetzt darauf zurück? In Wirklichkeit hat das Wort Humanismus zwei sehr verschiedene Bedeutungen. Unter Humanismus kann man eine Theorie verstehen, die den Menschen als Zweck und höchsten Wert ansieht. [...] Das unterstellt, wir könnten dem Menschen einen Wert zusprechen wegen der grandiosen Taten bestimmter Menschen. Dieser Humanismus ist absurd, denn nur der Hund oder das Pferd könnten ein Gesamturteil über den Menschen fällen und erklären, er sei großartig, wovor sie sich wohl hüten, jedenfalls soweit mir bekannt ist. Aber es ist unannehmbar, daß ein Mensch ein Urteil über den Menschen fällt. Der Existentialismus erläßt ihm jedes Urteil dieser Art. Der Existentialist wird den Menschen niemals zum Endzweck erklären, da er stets zu schaffen ist. Und wir müssen nicht glauben, es gäbe eine Menschheit, der wir nach Art von Auguste Comte einen Kult weihen könnten. Der Kult der Menschheit führt zum in sich geschlossenen Humanismus von Comte und, muß man sagen, zum Faschismus. Diesen Humanismus wollen wir nicht.« (EH 174)

Das war die Position des Provinzhumanisten, des Autodidakten aus dem *Ekel*.

»Es gibt aber einen anderen Sinn von Humanismus, der im Grunde folgendes meint: der Mensch ist ständig außerhalb seiner selbst; indem er sich entwirft und verliert außerhalb seiner selbst, bringt er den Menschen zur Existenz, und andererseits kann er existieren, indem er transzendente Ziele verfolgt; indem der Mensch diese Überschreitung ist und er die Objekte nur im Verhältnis zu dieser Überschreitung erfaßt, befindet er sich im Herzen, im Mittelpunkt dieser Überschreitung. Es gibt kein anderes Universum als ein menschliches, das Universum der menschlichen Subjektivität. Diese Verbindung von den Menschen ausmachender Transzendenz – nicht in dem Sinn, wie Gott transzendent ist, sondern im Sinn von Überschreitung – und Subjektivität, in dem Sinn, daß der Mensch nicht in sich selbst eingeschlossen, sondern immer in einem menschlichen Universum gegenwärtig ist, das ist es, was wir existentialistischen Humanismus nennen. Humanismus, weil wir den Menschen daran erinnern, daß es keinen anderen Gesetzgeber als ihn selbst gibt und daß er in der Verlassenheit über sich selbst entscheidet; und weil wir zeigen, daß der Mensch sich menschlich verwirklicht nicht durch Rückwendung auf sich selbst, sondern durch die ständige Suche eines Ziels außerhalb seiner – wie diese Befreiung oder jene konkrete Leistung.« (EH 175)

Der existenzialistische Humanismus ist also die Verbindung zweier Elemente. Erstens ist der Mensch immer nur außerhalb seiner selbst; er entwirft sich auf seine eigensten Möglichkeiten und wählt sein eigenes Leben. Und zweitens bezieht er im Rahmen dieser Selbsterfindung die Objektwelt in seine Entwürfe mit ein. Das Universum der menschlichen Subjektivität ist die auf dieses Subjekt konzentrierte objektive Welt. Durch die Verbindung von Transzendenz und Subjektivität in dem hier angegebenen Sinn ist der Mensch nicht, wie bei Descartes, in sich selbst eingeschlossen, sondern in der Welt: Das Konkrete ist das In-der-Welt-Sein.

Sartre schließt mit der Behauptung, dass der Existenzialismus eine optimistische Philosophie sei, eine Lehre der Tat. Der Mensch müsse sich selbst wieder finden und »sich überzeugen, daß nichts ihn vor sich selbst retten kann«. Damit ist der vielleicht wichtigste Begriff für das Verständnis des Menschen gefallen, den Sartre entwickelt: dass der Mensch ständig außerhalb seiner selbst ist. Wir werden bei der Besprechung von *Das Sein und das Nichts* darauf zurückkommen.

4. Der Geist der Ernsthaftigkeit

Die Kindheit eines Chefs

In der 1938 geschriebenen Erzählung *Die Kindheit eines Chefs* schildert Sartre die Entwicklung Lucien Fleuriers, des Sohnes eines Fabrikbesitzers aus Férolles. Diese Erzählung weist unübersehbare Parallelen zu Sartres eigener Entwicklung, wie er sie in der Autobiografie *Die Wörter* geschildert hat, auf – allerdings nur bis zu einem bestimmten Punkt. Es ist so, als ob Sartre zeigen wollte, wie wenig die äußere Situation allein schon die Wahl des eigenen Lebens bestimmt. Liest man diese Geschichte nach dem Studium von *Das Sein und das Nichts*, so erkennt man darin schon alle Motive aus Sartres philosophischem Hauptwerk wie in einem Keim vorhanden. Was würde ein in dieser Hinsicht unbefangener Leser wahrnehmen?

Lucien wächst umsorgt und verwöhnt in einer bürgerlichen Familie auf. Als kleiner Junge ist er hübsch und anmutig, die Erwachsenen bezeichnen ihn gelegentlich im Scherz als Mädchen, und er ist sich nicht sicher, ob sie nicht die Macht haben zu beschließen, dass er tatsächlich kein kleiner Junge mehr sei. Überhaupt *spielt* er, der Lucien zu sein, der er ist. Als er später in der Schultoilette eine Inschrift findet, die ihn als »langen Spargel« bezeichnet, fühlt er sich wie dazu »verurteilt«, sein Leben lang groß zu sein. Mit zunehmendem Alter wirkt er ungeschickter, linkischer, er hat das Gefühl, dass sein Körper dabei ist, »von allen

Seiten gleichzeitig zu existieren, ohne ihn danach zu fragen«. Er fühlt sich, als sei sein Kopf »voller Nebel«, und zuletzt »schläft« er ganz und gar ein, ohne dass es jemand bemerkt. Eines Tages, die Fleuriers sind nach Paris gezogen, besucht ihn sein Cousin Riri, dem er die Mathematikaufgaben erklären muss. Als er erfährt, dass ihn Riri vor anderen als Angeber bezeichnet hat, beginnt er sich zu fragen, ob er wirklich ein Angeber sei. Er versucht, sich darüber klar zu werden, und erwacht aus seinem Dämmerzustand.

»An Stelle jener Betäubung, die so süß für ihn war und die sich wollüstig in ihren eigenen Windungen verlor, war da jetzt eine kleine sehr wache Ratlosigkeit, die sich fragte: ›Wer bin ich?‹
›Wer bin ich? Ich sehe den Schreibtisch an, ich sehe das Heft an. Ich heiße Lucien Fleurier, aber das ist nur ein Name. Ich gebe an. Ich gebe nicht an. Ich weiß nicht, das hat keinen Sinn.
Ich bin ein guter Schüler. Nein. Das sieht nur so aus: ein guter Schüler lernt gerne – ich nicht. Ich habe gute Noten, aber ich lerne nicht gerne. Ich verabscheue es auch nicht, ich pfeife drauf. Ich pfeife auf alles. Aus mir wird nie ein Chef.‹ Er dachte beklommen: ›Aber was wird aus mir?‹ Ein Moment verging; er kratzte sich die Backe und blinzelte mit dem linken Auge, weil die Sonne ihn blendete: ›Was bin *ich*?‹ Da war dieser Nebel, in sich selbst verschlungen, unbegrenzt. ›Ich!‹ Er sah ins Weite; das Wort schallte in seinem Kopf, und dann konnte man vielleicht etwas ahnen wie die dunkle Spitze einer Pyramide, deren Seiten in der Ferne im Nebel entschwanden. Lucien erschauerte, und seine Hände zitterten: ›Es ist soweit‹, dachte er, ›es ist soweit! Ich wußte es genau: *ich existiere nicht.*‹« (KCh125)

Es gelingt ihm nicht, wieder »einzuschlafen«. Ein neuer Schüler, Berliac, beeindruckt ihn durch eine Technik, die er »automatisches Schreiben« nennt; er schließt sich Berliac an, diskutiert mit ihm die Lehre Sigmund Freuds und analysiert mit ihm die »Komplexe«, die sie haben. Berliac macht ihn mit seinem Freund Bergère bekannt, einem Surrealisten, der in Psychoanalyse »sehr beschlagen« ist. Lucien hat ein unerfreuliches homosexuelles Abenteuer mit Bergère, ist aber überzeugt, nicht wirklich homosexuell, sondern »moralisch gesund« zu sein. Er meidet Bergère und bereitet sich zunehmend auf seine zukünftige Aufgabe als Chef vor; sein Vater lehrt ihn, dass Eigentum kein Recht, sondern eine Pflicht sei: »›Was kommen die uns immer mit ihrem Klassenkampf‹, sagte er, ›als ob die Interessen der Unternehmer und der Arbeiter entgegengesetzt wären! Nimm meinen Fall, Lucien. Ich bin ein kleiner Unternehmer, was man im Pariser Argot *Margoulin* nennt. Nun gut, von mir leben hundert Arbeiter mit ihren Familien. Wenn ich gute Geschäfte mache, sind sie die ersten, die davon profitieren. Aber wenn ich gezwungen bin, die Fabrik zu schließen, sitzen sie auf der Straße. *Ich habe nicht das Recht*‹, sagte er mit Nachdruck, ›schlechte Geschäfte zu machen. Das nenne *ich* die Solidarität der Klassen.‹« (KCh 151)

Lucien wendet sich von der Psychologie ab, wehrt auch die Frage »Was bin ich?«, die sich ihm von neuem aufdrängt, ab, indem er sich sagt: »Ich habe zu viele Skrupel ... ich analysiere mich zuviel.« (KCh 53) Er will sich von den Dingen bannen lassen, doch es gelingt nicht; der Nebel, der er selbst ist, schiebt sich hinter alles. In der Schule taucht ein neuer Schüler, Lemordant, auf, den Lucien wegen seiner »Reife« bewundert: Lemordant ist »wie ein Fels«. Tatsächlich ist Lemordant vor allem ein militanter Antisemit. Er gewinnt auch Lucien für eine antisemitische Kampagne, hauptsächlich mit dem Argument: »Du bist Franzose, du hast das Recht, deine Meinung zu sagen.« »Als Lucien hörte, ›du hast das Recht, deine Meinung zu sagen‹, durchfuhr ihn eine unerklärliche und lebhafte Freude.« (KCh 161) Lemordant macht ihn mit den Büchern von Maurice Barrès bekannt.[8] Lucien empfindet seine frühere Konfusion, seine Beziehungen zu Berliac und Bergère, jetzt als »Entwurzelung«, er will aufs Land zurückkehren und dort leben: »Er würde Férolles zu seinen Füßen finden, harmlos und fruchtbar, in das férollinische Land hingestreckt, eingebettet in Wälder, Quellen, Grün wie ein Nährboden, aus dem Lucien endlich die Kraft schöpfen würde, ein Chef zu werden.« (KCh 163)

Lucien schließt sich einer rechtsradikalen Organisation an, zu der Lemordant gehört, den Camelots, deren Anerkennung er gewinnt, als er einen kleinen Juden auf der Straße halbtot schlägt. Auf einer Party bei seinem Schulfreund schneidet er auf beleidigende Weise einen ebenfalls eingeladenen Juden. Man verzeiht ihm, weil er schließlich ja seine »Überzeugungen« habe.

»In seinen eigenen Augen erschien er respektabel – in seinen Augen, die endlich seine Hülle aus Fleisch, Vorlieben und Abneigungen, Gewohnheiten und Launen durchbrachen. ›Dort, wo ich mich suchte‹, dachte er, ›konnte ich mich nicht finden.‹ Er hatte nach bestem Wissen und Gewissen die gründliche Bestandsaufnahme all dessen, was er *war,* gemacht. ›Sollte ich aber nur sein, was ich bin, wäre ich nicht mehr als dieser kleine Jude.‹ Wenn man so die schleimige Intimität durchstöberte, was konnte man entdecken, außer der Traurigkeit des Fleisches, der gemeinen Lüge von der Gleichgültigkeit, die Unordnung? ›Erster Grundsatz‹, sagte sich Lucien, ›nicht versuchen, in sich hineinzusehen; es gibt keinen gefährlicheren Fehler.‹ Den wahren Lucien – das wußte er jetzt – mußte man in den Augen der anderen suchen, im furchtsamen Gehorsam von Pierrette und Guigard, in der hoffnungsvollen Erwartung all dieser Wesen, die für ihn heranwuchsen und reiften, dieser jungen Lehrlinge, die *seine* Arbeiter werden würden, der Einwohner von Férolles, groß und klein, deren Bürgermeister er eines Tages sein würde. Lucien hatte beinah Angst, er fühlte sich beinah zu groß für sich selbst. So viele Menschen erwarteten ihn, die Waffe in der Hand: und er war, würde immer diese ungeheure Erwartung der anderen sein. ›Das ist ein Chef‹, dachte er [...]. Er mußte unbedingt Worte finden, um seine außerordentliche Entdeckung auszudrücken. Er hob langsam, vorsichtig seine Hand an die Stirn, wie eine brennende Kerze, dann sammelte er sich einen Augenblick, nachdenklich und heilig, und die Worte kamen von selbst, er murmelte: ›*Ich habe*

Rechte!‹ Rechte! Etwas in der Art von Dreiecken und Kreisen: es war so vollkommen, daß es nicht existierte, da konnte man mit dem Zirkel Tausende von kreisförmigen Linien zeichnen, man schaffte es nicht, einen einzigen Kreis zu verwirklichen. Ebenso könnten Generationen von Arbeitern gewissenhaft Luciens Anweisungen gehorchen, nie würden sie sein Recht zu befehlen ausschöpfen, die Rechte, das war jenseits der Existenz, wie mathematische Gegenstände und religiöse Dogmen. Und nun war Lucien genau das: ein riesiger Strauß von Verantwortlichkeiten und Rechten. Er hatte lange geglaubt, daß er zufällig, willenlos treibend existierte: aber das lag daran, daß er nicht genügend nachgedacht hatte. Lange vor seiner Geburt war sein Platz im Leben, in Férolles, festgelegt. Schon lange – sogar lange vor der Heirat seines Vaters – wurde er *erwartet;* wenn er auf die Welt gekommen war, so um diesen Platz einzunehmen: ›Ich existiere‹, dachte er, ›weil ich das Recht habe zu existieren.‹ Und zum erstenmal vielleicht hatte er eine überwältigende und glorreiche Vision seines Schicksals.« (KCh 176 f.)

Damit ist seine Metamorphose beendet: Lucien war ein Kind – jetzt ist er ein Mann, »ein Chef unter den Franzosen«. Er will sich einen Schnurrbart wachsen lassen, um furchterregender auszusehen.

Sartre trägt diese Geschichte im Tone sanfter Ironie vor, wodurch die Gestalt Luciens erstaunlich ambivalent wird. Vor allem der junge Lucien trägt deutlich Züge Sartres, aber auch die Rettung Luciens vor seiner homosexuellen »Verwirrung« durch den Versuch, sich durch die Dinge, die Landschaft »bannen« zu lassen, sein Widerwille gegen den Surrealismus, die Psychoanalyse, die Stadt, der Ekel vor der Intimität mit Maud, einem Nähmädchen, mit dem er eine Affäre hat – all das wird so sehr aus seiner Perspektive heraus verständlich gemacht, dass eine gewisse Sympathie mit Lucien überall durchscheint.

Zweifellos erkennt jeder Leser, auch ohne *Das Sein und das Nichts* studiert zu haben, in dieser Geschichte das Hauptthema: Lucien beseitigt die Selbstzweifel, die Suche nach seiner Identität mit einem Gewaltstreich, indem er die faschistische Ideologie übernimmt, indem er sich mit dem »Blut und Boden«, der »Seele« Frankreichs identifiziert und sein Selbst aus den Rechten, die er hat, bestimmt. Er löst die ihn beunruhigende Frage »Wer bin ich?« so, dass er sich mit etwas Festem identifiziert, mit Fels und Erde, mit Rechten, die er sich nach Art mathematischer Wesenheiten »jenseits der Existenz« vorstellt, mit den festen Erwartungen der anderen. Obwohl ihm eine solche Lösung durch seine Umgebung und seine Erfahrungen nahe gelegt wird, wird er dazu doch keineswegs gezwungen. Die Entscheidung ist seine eigene freie Wahl. Er wählt den Antisemitismus als Lösung seines Identitätsproblems. Denn schließlich werden ihm seine Erfahrungen, die ihn zu dieser Wahl veranlassen, nicht aufgezwungen: Er macht sie – in dem Doppelsinn von erleiden und erschaffen. Er verhält sich Bergère gegenüber so, wie Maud sich zu ihm verhält, beide »wissen« oder ahnen doch sehr wohl, was mit ihnen geschehen wird, aber sie gestehen es sich nicht ein.

Dem Leser steht es natürlich frei, den Gang der Ereignisse für plausibel, die Entscheidungen Luciens für hinreichend motiviert zu halten oder nicht. Man täusche sich jedoch nicht über Sartres Absicht: Der Begriff der »hinreichenden Motivierung« ist selbst höchst unklar; keinesfalls kann man aus einer bestimmten Menge von Erfahrungen eine Entscheidung »ableiten«; die Erfahrungen beeinflussen, aber determinieren nicht die Wahl.

Nun, eine Erzählung ist kein Beweis. Sie enthält gewisse Annahmen über menschliches Handeln, über den Zusammenhang von Situationen und Handlungen, wobei sie diese Annahmen allerdings nicht artikuliert. So bleibt dem Leser die Aufgabe – und die Freiheit –, sich die Metamorphose Luciens im vorgegebenen Rahmen selbst zu erklären. Ob alle Einzelheiten dieser Geschichte dabei so genau ihren Platz finden wie in Sartres eigener Deutung, ist fraglich.

Betrachtungen zur Judenfrage

Sartre hat in den *Betrachtungen zur Judenfrage,* geschrieben 1944, eine eigene, theoretische Version der Geschichte Luciens vorgelegt. Im ersten Teil, überschrieben mit »Psychoanalyse des Antisemitismus«, versucht er, in das »Gedankenchaos« des Antisemiten einzudringen. Er ordnet dieses Chaos in vier Gruppen von zusammenhängenden Vorstellungen.

1. Hinter der offensichtlichen Inkonsistenz antisemitischer Behauptungen wirkt eine »Logik der Leidenschaft«; die antisemitischen »Ansichten« (man vergleiche die »Überzeugungen« Luciens!) beruhen nicht auf Erfahrungen, sondern stammen aus einer »selbstgewählten Haltung der ganzen Persönlichkeit« her. Dem Antisemiten sind die Inkonsistenzen durchaus bewusst – die Frage ist: Wie kann es jemand mit Absicht darauf anlegen, falsch zu urteilen? Sartre antwortet: »Aus Sehnsucht nach dem Absoluten.« Was er damit meint, erläutert er so:

»Der denkende Mensch zermartert ächzend sein Gehirn, er weiß, daß seine Erwägungen immer nur Möglichkeiten und keine Gewißheiten ergeben werden, daß andere Betrachtungen alles wieder in Frage stellen werden, er weiß nie, wohin er geht, er ist allem ›geöffnet‹, und die Welt hält ihn für einen Zauderer. Aber manche Menschen werden von der ewigen Starre der Steine angezogen. Sie wollen wie Felsblöcke unerschütterlich und undurchdringlich sein und scheuen jeden Wechsel: denn wohin könnte der Weg sie führen?
Es handelt sich um eine Urangst vor dem Ich, eine Scheu vor der Wahrheit. Sie fürchten nicht so sehr die innere Wahrheit, die sie nicht einmal ahnen, als ihre stets fliehende, unerreichbare Gestalt.
Ihre eigene Existenz erscheint ihnen dadurch irgendwie nur bedingt. Sie aber wollen bedingungslos und im Heute leben. Sie wollen keine erworbenen Eigenschaften, sie wollen sie fertig in die Wiege gelegt bekommen. Weil sie sich vor der Logik fürchten, so ersehnen sie eine Lebensform, bei der Logik und Forschung nur eine untergeordnete Rolle spielen, wo man

nicht sucht, was man nicht schon gefunden hat, und wo man niemals etwas wird, was man nicht schon war. Bleibt nur als einziger Ausweg die Leidenschaft.
Nur die Benommenheit durch ein starkes Gefühl kann blitzartige Gewißheit geben, nur sie kann die Logik im Zaum halten, kann der Erfahrung trotzen und ein Leben lang fortbestehen.
Der Antisemit hat sich dem Haß ergeben, weil der Haß ein Glaube ist; er hat von Anfang an beschlossen, die Worte und die Vernunftgründe zu entwerten.« (BJ 114 f.)

In diesen Komplex des faktischen Irrationalismus gehört die Absicht des Antisemiten, furchterregend zu wirken (Luciens Stock und Schnurrbart), weil er »die Angst sein will«, die er anderen einflößt; ebenso gehört dazu die Verachtung der Vernunft und des Verstandes sowie der Verstandesabstraktionen, die das moderne Wirtschaftsleben bestimmen, wie Geld oder Aktien. Der Antisemit begreift nur eine Art »bäuerlicher Aneignung, die sich auf einen wahrhaft magischen Zusammenhang mit dem Besitz gründet. [...] Er ist der Dichter der eigenen Scholle.« (BJ 117) »So bekennt sich der Antisemit von Anfang an zu einem faktischen Irrationalismus. Er wehrt sich gegen den Juden wie das Gefühl gegen den Verstand, wie der Einzelne gegen die Allgemeinheit, wie die Vergangenheit gegen die Gegenwart, wie das Konkrete gegen das Abstrakte, wie der Grundbesitz gegen den Besitz mobiler Werte.« (BJ 118)

2. Der Antisemitismus ist aber nicht nur die Freude am Hass, er bietet auch positive Genüsse: »Wenn ich den Juden als minderwertiges, schädliches Wesen behandle, so fühle ich mich im gleichen Augenblick zu einer Elite gehörig. Und zum Unterschied von den modernen Eliten, die auf Verdienst und Arbeit aufgebaut sind, erinnert diese in allen Punkten an einen Geburtsadel. Ich brauche nichts zu tun, um ihn zu verdienen, und kann nichts tun, um ihn zu verlieren. Er wurde ein für allemal verliehen. Er ist ein Ding an sich.« (BJ 119)

Was steckt dahinter? Die Flucht vor der Verantwortung und dem eigenen Gewissen. Der Antisemit hat für sein Ich »die Starre der Steine« vor Augen, wenn er sich aus Angst vor der Willensfreiheit an moralische Werte hält, die er als unwandelbar betrachtet, und wenn er aus Angst vor der Einsamkeit die Mittelmäßigkeit zum Ideal erhebt. (BJ 119) Letztlich beruht diese Haltung darauf, dass die moderne Gesellschaftsordnung dem Antisemiten undurchschaubar erscheint. Er sehnt sich stattdessen nach Urgemeinschaften, die plötzlich entstehen, etwa im Zusammenhang mit Skandalen oder Fällen von Lynchjustiz. Er wünscht sich eine starke Regierung, die ihn der Verantwortung enthebt, selbstständig zu denken; allerdings erstrebt er die Ordnungsfunktion der Regierung hauptsächlich für die anderen, während er für sich selbst die verantwortungslose Unordnung vorzieht.

3. Um sich das Funktionieren der modernen Gesellschaften, den Ablauf der Geschichte überhaupt nach dem Modell individueller Willensakte erklären zu können, dem einzigen Modell, das ihm geläufig ist, macht der Antisemit vom »Geist der Synthese« Gebrauch, den er dem analytischen Denken des Juden gegenüberstellt. »Was für den Antisemiten den Juden ausmacht, ist die Existenz des Judentums in ihm, des jüdischen Prinzips, ähnlich dem Phlogiston oder der einschläfernden Kraft des Opiums.« (BJ 125) Dieses Prinzip ist »magisch«. Es ist eine »Essenz«, eine Wesensform, das Böse schlechthin. Durch die Annahme dieses Prinzips des Bösen im Juden entflieht der Antisemit der Erkenntnis, dass die Welt schlecht ist: »Denn in diesem Falle müßte man erfinden, verbessern, und der Mensch wäre wieder Herr seines Schicksals mit einer beängstigenden, unaufhörlichen Verantwortung.« (BJ 127)

4. Psychoanalytisch betrachtet, steckt hinter dem Antisemitismus Sadismus. Der Antisemit hat sich selbst zum Verbrecher, »und zwar zum ›unbefleckten‹ Verbrecher auserkoren« – er ist

»Verbrecher für eine gute Sache«, »aber auch hier flieht er die Verantwortung; er hat seine Mordinstinkte erkannt, aber er hat das Mittel gefunden, sie zu befriedigen, ohne es sich einzugestehen« (BJ 132). – Damit hat Sartre das Porträt vollendet:

»Nun können wir den Antisemiten verstehen. Er ist ein Mensch, der Angst hat. Nicht vor den Juden; vor sich selbst, vor seiner Willensfreiheit, seinen Instinkten, seiner Verantwortung, vor der Einsamkeit und vor jedweder Veränderung, vor der Welt und den Menschen, vor allem – außer vor den Juden. Er ist ein uneingestandener Feigling, ein Mörder, der seine Mordsucht verdrängt und kennt, ohne sie zugeben zu können, und der es doch nur wagt, bildlich oder im Anonymat der großen Masse zu töten, ein Unzufriedener, der aus Angst vor den Folgen seiner Auflehnung es nicht wagt, sich aufzulehnen.
Wenn er sich zum Antisemitismus bekennt, so nimmt er nicht einfach eine Meinung an, sondern begeht einen Akt der Selbstbestimmung. Er wählt für sein Ich die Undurchdringlichkeit des Felsens, die völlige Unverantwortlichkeit des Soldaten, der seinen Vorgesetzten gehorcht; er aber hat keinen Vorgesetzten.
Er will nichts erwerben, nichts verdienen, sondern alles in der Wiege vorfinden – aber er ist nicht von Adel.
Das Gute soll für ihn fix und fertig, über jeden Zweifel erhaben, unantastbar sein, er wagt nicht, zu ihm aufzublicken, aus Angst, es am Ende bestreiten und nach einem anderen Guten forschen zu müssen.
Der Jude dient hier nur als Vorwand; anderswo bedient man sich des Negers oder des Gelben. Seine Existenz ermöglicht es einfach dem Antisemiten, seine Ängste im Keim zu ersticken, indem er sich davon überzeugt, daß ihm sein Platz an der Sonne von jeher reserviert war, daß er auf ihn wartete, und daß er das angestammte Recht hat, ihn einzunehmen.
Der Antisemitismus ist, kurz gesagt, die Angst, Mensch zu sein. Der Antisemit will ein unerbittlicher Felsen, ein reißender Sturzbach, ein verheerender Blitz – alles, nur kein Mensch sein.« (BJ 134 f.)

Die Fülle von Einzelzügen, der Irrationalismus, das Überlegenheitsgefühl, die Mystik von Blut und Boden, der pervertierte Freiheitsbegriff, der Manichäismus von Gut und Böse, der Sadismus usw. werden von Sartre somit auf einige wenige Prinzipien zurückgeführt: auf die Angst vor der eigenen Willensfreiheit, auf die Angst vor der Einsamkeit, auf die Angst vor der Verantwortung, auf die Angst davor, sein Ich in sich selbst zu suchen, die Urangst vor dem Ich, auf die Angst vor der inneren Wahrheit. Blickt man von hier aus noch einmal auf Luciens Metamorphose zurück, wird deutlich, dass diese »Verwandlung« die Geschichte einer Wahl ist, freilich einer verfehlten Wahl. Lucien wählt sich – als jemanden, der in der Angst der anderen er selbst ist, als »Chef unter den Franzosen«. Unter diesem Aspekt finden alle Einzelzüge ihre Stelle im Ganzen.

Sartres *Betrachtungen* decken sich in vielen Punkten mit den Untersuchungen anderer Autoren[9]; die Reduzierung der verschiedenen Komponenten auf die oben genannten Prinzipien, im Kern auf die »Urangst vor dem Ich«, wirft jedoch eine Reihe von Fragen auf, die Sartre in seinem Hauptwerk *Das Sein und das Nichts* zu beantworten versucht hat. Müssen wir bei dieser Urangst vor dem Ich Halt machen; ist sie ein letztes, unerklärliches Faktum, das als Erklärungsprinzip fungiert, selbst aber als gegeben hingenommen werden muss? Oder kann man auch hier noch weiterfragen?

5. Der Mensch ist eine nutzlose Passion: *Das Sein und das Nichts. Versuch einer phänomenologischen Ontologie*

Alle bislang behandelten Texte kreisen um die Frage der Rechtfertigung der Existenz: wie man seinem Leben einen Sinn gibt, wie man sein Dasein begründet. Um Sartre selbst, um Roquentin und Anny oder den Autodidakten, um Lucien zu verstehen, muss ich wissen, wie sie sich selbst entworfen haben, welches ihre Möglichkeiten waren, ob sie ihre eigensten Möglichkeiten verwirklicht oder nur eine uneigentliche, unwahrhaftige, schwindelhafte Existenz geführt haben. Das Verstehen ist nur die andere Seite des Entwurfs. Alle Begriffe, die die Existenzanalyse bereitstellt, um das Sich-selbst-Entwerfen eines Menschen zu schildern, sind gleichzeitig die Instrumente, die dem Verstehen des anderen dienen können. In *Das Sein und das Nichts* laufen alle diese Fäden zusammen; dieses Buch befasst sich gleichzeitig mit der Frage nach der Rechtfertigung der menschlichen Existenz und bietet die Grundlegung einer existenzialistischen Hermeneutik. Die Mittel, die ein Mensch hat, um sich selbst zu begreifen, unterscheiden sich nicht von den Mitteln, den anderen zu verstehen. Man sollte sich deshalb bei der Lektüre von *Das Sein und das Nichts* immer bewusst sein, dass die Darstellung gezwungen ist, in einer Abfolge darzustellen, was eigentlich zusammengehört. Sartre beginnt zwar mit dem Individuum, aber das Für-sich-sein kann natürlich niemals als außerhalb der Gesellschaft gedacht werden. So bietet die Analyse des Für-sich-seins zwar die Seite des Entwurfs seiner selbst, aber erst, wenn wir das Für-andere-sein erreichen, dient dieselbe Analyse auch dazu, den Anderen zu verstehen.

Man kann sagen, dass das ganze riesenhafte Werk *Das Sein und das Nichts* diesem einzigen Problem, der »Angst, ein Mensch zu sein«, gewidmet ist, das wir aus dem Antisemitismus-Essay kennen oder, mit dem Titel eines bekannten Buchs von Erich Fromm, der »Angst vor der Freiheit«: »Der Antisemit will ein unerbittlicher Felsen, ein reißender Sturzbach, ein verheerender Blitz – alles, nur kein Mensch sein.« Entkleidet man diesen Satz seiner Metaphorik, so sagt er: Der Antisemit zieht es vor, eine bestimmte Art von Ding statt ein Mensch zu sein. Kann man ein Ding sein wollen?

Probleme der Interpretation

Das Sein und das Nichts ist nicht nur ein sehr umfangreiches Buch, sondern gehört sicher zu den am schwersten zu verstehenden Werken der gesamten philosophischen Literatur. Der nun folgenden Auseinandersetzung mit dem Text mag deshalb ein Hinweis vorangestellt werden. Das Wort »Sein« und seine Verwandten haben eine Vielfalt von Bedeutungen, obendrein noch unterschiedliche im Griechischen, Deutschen, Französischen und Englischen. Dazu gehören das Sein der Prädikation (»Lucien ist Kellner«), das Sein der Identität (»der Abendstern ist der Morgenstern«), das Sein der Existenz (»Der Tor spricht in seinem Herzen: es ist kein Gott« (Psalm 53,2) (im Deutschen meistens »es gibt«) u.v.a. mehr. Es gibt keinen Grund zu der Annahme, dass alle diese verschiedenen Bedeutungen auf einen einzigen zentralen Sinn zurückgeführt werden können. Die jeweilige Bedeutung ergibt sich vielmehr jeweils aus dem Kontext – wie die mittelalterlichen

Grammatiker sagten, das Wort »sein« ist synkategorematisch. Sehr oft verändert sich der Sinn durch das jeweils mitgemeinte Gegenteil, etwa wenn Sein als Gegensatz zu Denken verstanden wird – der häufigste Gegensatz –, wo es dann so viel meint wie die (materielle) Natur; ganz anders, wenn Sein als Gegensatz zu Schein verstanden wird: Dann bedeutet es vielmehr so etwas wie das Wahre; oder wenn es als Gegensatz zu Sollen verstanden wird: Dann bedeutet es einen – unbefriedigenden – tatsächlichen Zustand des Verhaltens. Oder wenn es als Gegensatz zu Werden verstanden wird: Dann bedeutet es so etwas wie die ständige Gegenwart gegenüber der Veränderung. (Diese Beispiele stammen aus Heideggers Vorlesung »Einführung in die Metaphysik«.) Der englische Philosoph John Austin machte einmal die spöttische Bemerkung: »›Existieren‹ ist natürlich schon an sich sehr problematisch. Das Wort ist ein Verbum, aber es beschreibt nicht etwas, was Dinge immerzu tun, wie z.B. atmen (nur leiser), wie das Ticken einer Uhr, aber auf metaphysische Art. Man muss sich daher wundern, was existieren *ist.*«[10] Dagegen findet sich in Heideggers Nietzsche-Vorlesung die Bemerkung: »Was sagt Nietzsche vom Leben überhaupt? ›Das *Leben*‹ nennt er ›die uns bekannteste Form des Seins‹.« (n. 689)[11] »Sein« selbst gilt ihm nur »als Verallgemeinerung des Begriffs ›*Leben*‹ (*atmen*), ›*beseelt sein*‹, ›*wollen, wirken*‹, ›*werden*‹« (n. 581). »Das ›*Sein*‹ – wir haben keine andere Vorstellung davon als ›*leben*‹. Wie kann also etwas Totes ›sein‹? (n. 582). »Wenn das innerste Wesen des Seins Wille zur Macht ist.« (n. 693).«[12]

Die letztere Deutung, Sein als »Wille zur Macht«, findet Heidegger als Grundbedeutung in der gesamten Geschichte des europäischen Denkens wieder – etwa bei Schelling und Schopenhauer. Er selber hat in seiner Vorlesung »Einführung in die Metaphysik« versucht, auf der Basis der Etymologie und der altgriechischen Seinsvorstellungen eine zentrale Bedeutung von Sein als das aufgehend-verweilende Walten zu identifizieren – wobei er übrigens vor kaum verhüllten phallischen Vorstellungen nicht zurückschreckt: »Das in sich hoch gerichtete Da-stehen, zum Stand kommen und im Stand bleiben verstehen die Griechen als Sein ... Nicht-sein heißt demnach aus der Ständigkeit des Standes heraustreten.« (Martin Heidegger, *Einführung in die Metaphysik*, Tübingen 1958, S. 46)

Gelegentlich wurden die Deutungsprobleme des Begriffs Sein zum Anlass genommen, geradezu von einer »Seinspest« zu reden. An dieser Stelle mögen diese wenigen Hinweise genügen, um auf die Schwierigkeiten aufmerksam zu machen, denen sich der Leser von *Das Sein und das Nichts* gegenübersieht.

An-sich-sein und Für-sich-sein

Gerade die Einleitung, *Auf der Suche nach dem Sein*, ist wohl der schwierigste Teil des Buches. Sie stellt im Wesentlichen eine Auseinandersetzung mit Husserls *Cartesianischen Meditationen* dar, die selber wiederum, wie schon der Titel zeigt, auf Descartes Bezug nehmen.

Im Mittelpunkt der husserlschen Philosophie steht der Begriff der Anschauung. Und auch Sartre selbst betont: »Es gibt keine andere Erkenntnis als eine intuitive.« (SN 324) Dieser Begriff mag deshalb als Ausgangspunkt der erkenntnistheoretischen Erörterung von Sein und Denken dienen.

»[In der als ontologische Seinsverbindung verstandenen Erkenntnis] stellt [...] das Sein, das ich nicht bin, die absolute Fülle des An-sich dar. Und ich bin dagegen das Nichts, die Abwesenheit, die sich von diesem Vollen her zur Existenz bestimmt [...] Die psychologische und empirische Exemplifizierung dieser ursprünglichen Beziehung wird uns durch die Fälle von

Faszination geliefert. In diesen Fällen, die das unmittelbare Faktum des Erkennens darstellen, ist das Erkennende ja absolut nichts als reine Negation, es befindet sich nirgends und gewinnt sich nirgends zurück, es ist nicht; die einzige Qualifikation, die es tragen kann, ist, dass es genau ein solches faszinierendes Objekt nicht ist. In der Faszination gibt es nur noch ein riesiges Objekt in einer verlassenen Welt.« (SN 332)

Wer, etwa bei einem Kinobesuch, von der Handlung auf der Leinwand vor ihm fasziniert ist, trennt nicht zwischen sich und dem Gegenstand, der Gegenstand ist einfach da, und das Ich ist einfach nur der Schauplatz der Ereignisse. Die Faszination ist so etwas wie das Urerlebnis, das die ganze folgende Abhandlung zu entziffern sucht. Sie entspricht der aristotelischen Auffassung: »Die Seele (des Menschen) ist in gewisser Weise das Seiende« (vgl. Heidegger, SuZ 14).

In der Faszination existiert nur ein einziges Objekt, »das ich nicht bin«, ich bin nur das Nichts, die Abwesenheit. Gleichwohl wird eine Analyse der Faszination die beiden Seiten auseinanderhalten, das Objekt und das Subjekt. Worin besteht der Unterschied?

Dinge wie Felsen, Sturzbäche und Blitze, so verschieden sie auch untereinander sein mögen, unterscheiden sich gemeinsam vom Menschen durch die Unfähigkeit, sich zu sich selbst zu verhalten, zu sich selbst eine Distanz einzunehmen. Dies ist nur ein anderer Ausdruck für die Tatsache, dass der Mensch im Gegensatz zu den Dingen durch Bewusstsein charakterisiert ist: Bewusstsein, bewusstes Sein, ist die Fähigkeit, sich selbst von anderem zu unterscheiden. Und dazu wiederum bedarf es der Distanz zu sich selber.

Etwas bewusst zu erleben bedeutet, das Erleben selbst zum Gegenstand machen zu können, nicht mehr unmittelbar im Erlebnis aufzugehen; dieser Verlust an Unmittelbarkeit ist das Bewusstsein. Dinge sind dagegen durch die völlige Identität-mit-sich charakterisiert. Sartre übernimmt für diese beiden Arten des Seins, für das Bewusst-sein und für das Ding-sein, die traditionellen Ausdrücke Für-sich-sein und An-sich-sein – in dem Sinn, in dem auch Husserl sie ständig gebraucht.[13]

In einer ersten Annäherung kann man sich den Sinn dieser beiden Arten oder Typen des Seins verständlich machen, wenn man an die beliebte philosophische Vexierfrage erinnert, ob ein stürzender Baum auch dann ein Geräusch macht, wenn keiner zuhört: War die Welt auch farbig, geräuschvoll und schön, als es noch keine Organismen gab, die sehen, hören und genießen konnten? Schien die Sonne, als die Erde wüst und leer war? Waren die Blüten rot und dufteten sie süß, als es noch keine Bienen oder Schmetterlinge gab, die sich von ihnen betören ließen? Man verspürt bei der Antwort gewiss ein leichtes Zögern. Einerseits möchte man sagen, dass das Wahrnehmen, das Erkennen zu den Dingen nichts hinzutut, es fasst sie so auf, wie sie sind; andererseits ist es der *Sinn* von rot oder süß oder duftend, rot *für* ein Auge, süß *für* eine Zunge, duftend *für* eine Nase zu sein. Mit dem Auftauchen von Organismen ist etwas in der Welt geschehen, die Welt hat sich verändert. Diese Veränderung hat Sartre vor Augen, wenn er den Seinstypus An-sich-sein und den Seinstypus Für-sich-sein unterscheidet. Ohne Beziehung auf ein Bewusstsein – das heißt an sich – sind die Dinge nur das, was sie eben sind. Geht man diesem Seinstypus ein wenig nach, so ist es einleuchtend, dass Sartre ihn als reine Positivität oder reine Seinsfülle bezeichnet. Stellen wir uns die Erde vor der Entstehung bewussten Lebens vor. In welchem Sinn »gab« es Wasser und Felsen, Wind und Sonne, Eis und Schnee, Sand und Farne? Eine solche Aufzählung der verschiedenen Dinge setzt bewusste begriffliche Unterscheidungen voraus (Unterschied von Sonne und Mond, von Eis und Wasser). Unterscheidungen aber setzen ein Bewusstsein voraus, das sagt: dies und nicht jenes. Denkt man das zu Ende, fallen auch zeitliche Bestimmungen wie »früher« oder »später« weg; denn auch die setzen ja ein Gedächtnis, einen Zeugen voraus, der einen Anfangszustand von einem Endzustand unterscheidet. Damit fällt aber auch der Begriff der Veränderung, der Zerstörung, des Anders-seins als usf.

Sartre gibt ein hübsches – auf Heidegger zurückgehendes – Beispiel, die volle Intuition einer »Mondsichel« (*croissant*, zunehmender Mond) (SN 184).

Der zunehmende Mond als das Mangelhafte (das Verfehlte):

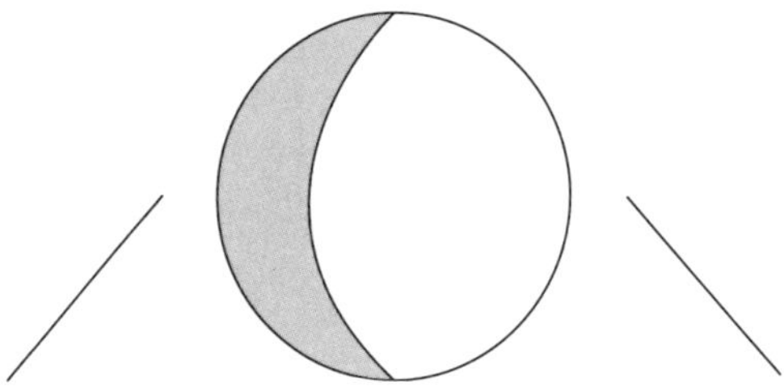

Das Mangelnde — Das Existierende

Der Vollmond als Totalität

»Sage ich zum Beispiel, der Mond sei nicht voll und es mangele ihm ein Viertel, so fälle ich dieses Urteil über die volle Intuition einer Mondsichel (*croissant*).« Die Beschreibung als zunehmender Mond setzt einen Zeugen voraus, der den jetzigen Zustand mit dem künftigen (oder vergangenen) vergleicht. Man muss den jetzigen Zustand überschreiten, sich den zukünftigen Zustand vergegenwärtigen und dann wieder auf den jetzigen Zustand zurückkehren, um zu sagen, es handle sich um eine mangelhafte Sichel. Ohne einen solchen Zeugen ist der Zustand des Mondes nur das, was er ist, er ist nicht zunehmend, er ist nicht »*noch* kein Vollmond«, ihm »fehlt« kein Viertel an der Totalität des Vollmondes, er ist nicht Teil einer Veränderung nach Art des Zunehmens oder Abnehmens und so fort; er ist, was er ist – und das ist alles, was wir darüber sagen können.

Das An-sich-sein ist also veränderungsloses, unterschiedsloses, reines Sein – eben Seinsfülle ohne jede Negation, wie sie durch eine Veränderung oder Zerstörung oder ein Werden und Vergehen bezeichnet wird.

Exkurs: Parmenides über die Natur des Seienden

Sieht man einen Augenblick auf die Geschichte der Philosophie zurück, so erkennt man diesen Typ des Seins wieder: Es ist das unterschiedslose Sein des Parmenides aus seinem Lehrgedicht *Vom Wesen des Seienden*, in dem zum ersten Mal in der Philosophiegeschichte der Gegensatz von Sein und Nicht-Sein thematisiert wird:

> »So komm denn, ich will dir sagen – und du nimm die Rede auf, die du hörst –
> Welche Wege des Suchens allein zu denken sind.
> Der eine, dass (etwas) ist und dass nicht zu sein unmöglich ist,
> ist der Weg der Überzeugung, denn die geht mit der Wahrheit;
> der andere, dass (etwas) nicht ist und dass nicht zu sein richtig ist,
> der, zeige ich, ist ein Pfad, von dem keinerlei Kunde kommt.
> Denn was eben nicht ist, kannst du wohl weder wahrnehmen – denn es ist unausführbar –
> noch aufzeigen.« (Frg. 2)

Was *sein* und *nicht-sein* hier bedeutet, ist umstritten, schon Platon hat sich mit der Frage gequält, was Parmenides gemeint haben könnte. In seinen logischen und grammatischen Untersuchungen im *Sophistes* und im *Theaitet* erörtert er ausführlich seine Ansicht, die er schon früher (*Staat* 476e f.) so ausgeführt hatte:

»Der Erkennende, erkennt er etwas oder nichts? – Ich werde sagen, sagte er, dass er etwas erkennt. – Was ist oder was nicht ist? – Was ist; denn wie könnte etwas, was ja nicht ist, erkannt werden? – Dies also wissen wir zur Genüge, und wenn wir es von noch so vielen Seiten betrachten, dass das vollkommen Seiende auch vollkommen erkennbar ist, das auf keine Weise Seiende aber auch vollkommen unerkennbar. – Vollkommen zur Genüge.«

Ernst Tugendhat kommentiert das mit den Worten: »In neuerem Jargon: aus der Intentionalität des Denkens folgt, dass alles Denken auf etwas und *das heißt* auf Seiendes bezogen ist. Nichtseiendes lässt sich nicht denken.«[14]

Parmenides stellt seine Auffassung vom Sein in Fragment 8 so dar:

»So bleibt einzig noch übrig die Rede von dem Weg,
dass (etwas) ist. An ihm sind viele Kennzeichen,
dass Seiendes ungeworden und unvergänglich ist,
ganz und einheitlich und unerschütterlich und vollendet.
Und es war nicht einmal und wird nicht einmal sein, da es jetzt zugleich ganz *ist*,
eins und zusammenhängend.«
... usf.

Mit dem Auftauchen eines lebendigen Organismus samt seinen Sinnesorganen, seiner Wahrnehmung, seinem Gedächtnis, seinen Erinnerungen, seinem Verstand, seiner Sprache ändert sich dieser Zustand radikal. Jetzt haben die Blüten eine Farbe, jetzt scheint die Sonne, jetzt weht der Wind, jetzt rauscht das Meer, jetzt gibt es Veränderung, Werden und Vergehen; jetzt wird aus Gras Futter *für* die Tiere, jetzt wird die Farbe der Blüte zu einem Zeichen *für* die Biene, jetzt gibt es Vermeidung von Schädlichem und Erstreben von Nützlichem usf. Das SEIN ist in zwei Typen aufgespalten, das An-sich-sein und das Für-sich-sein. Den Seinstypus – oder die Seinsweise – des Für-sich-seins werden wir später genauer charakterisieren; halten wir hier fest, dass mit dem Auftauchen dieses Typus etwas Neues in die Welt gekommen ist, nämlich Negativität, die Fähigkeit zur Unterscheidung, zur Veränderung, zur Vermeidung: das Nein.

Heidegger hat eben dies vor Augen, wenn er sagt: »Seiendes *ist* unabhängig von Erfahrung, Kenntnis und Erfassen, wodurch es erschlossen und bestimmt wird. Sein aber ›ist‹ nur im Verstehen des Seienden, zu dessen Sein so etwas wie Seinsverständnis gehört.« (SuZ 183)

Joseph Catalano führt diesen Hinweis aus:

»[...] *Das Sein und das Nichts* kann als ein konsistenter Versuch beschrieben werden, das zu vermeiden, was er [d.i. Sartre] ... die ›Extreme‹ des Idealismus und Realismus nennt. In [*Das Sein und das Nichts*] hielt Sartre daran fest, dass der Idealismus im Recht ist, wenn er darauf insistiert, dass es keine Welt ohne Menschen geben kann, aber Unrecht hat, wenn er behauptet, dass diese Welt ihren Ursprung im menschlichen Bewusstsein hat. Andererseits ist der Realismus im Recht, wenn er darauf beharrt, dass die Welt unabhängig von der menschlichen Erkenntnis existiert, aber im Unrecht, wenn er behauptet, dass die Welt unabhängig von der menschlichen *Realität* existiert. Sartres Position ist deshalb, dass die Materie innerlich durch die ursprüngliche Tatsache der menschlichen Existenz auf diesem Planeten in eine Welt verwandelt wird. Das heißt, die Welt existiert unabhängig von unserer Erkenntnis, aber nicht unabhängig von unserem Sein. Wenn wir kurz bemerken, dass ›Sein‹ für Sartre auf unsere primäre materielle Lage bezogen ist, können wir sagen, dass die Welt so ist, wie sie ist aufgrund der einzigartigen Materie des menschlichen Organismus.«[15]

Man kann sich das Verständnis dieses Gedankens ein wenig erleichtern, wenn man an den Realitätsbegriff eines anderen, von Sartre sehr geschätzten Phänomenologen denkt, den Schelers. Scheler sieht den Unterschied zwischen Mensch und Tier in der Weltoffenheit des Menschen: in der *existentiellen Entbundenheit vom Organischen*, seiner Freiheit, seiner Ablösbarkeit von dem Druck, der Abhängigkeit vom »Leben« und allem, was zum Leben gehört. Durch das Vermögen, das Scheler in der Tradition der griechischen Philosophie als Geist bezeichnet, ist der Mensch nicht mehr trieb- und umweltgebunden, sondern umweltfrei: *weltoffen*. Der Mensch ist fähig zur Sachlichkeit, weil er sich das Dasein vergegenständlichen kann. Denn nur der Mensch hat die voll ausgeprägte Ding- und Substanzkategorie.

»Der Mensch allein – sofern er Person ist – vermag sich über sich – als Lebewesen – *emporzuschwingen* und von einem Zentrum gleichsam jenseits der raumzeitlichen Welt aus alles, darunter auch sich selbst, zum Gegenstande seiner Erkenntnis zu machen. So ist der Mensch als Geistwesen das sich selber als Lebewesen und der Welt überlegene Wesen. Als solches ist er auch der Ironie und des Humors fähig [das Gegenstück zum *Geist der Ernsthaftigkeit*], die stets eine Erhebung über das eigene Dasein einschließen.« (Max Scheler, *Die Stellung des Menschen im Kosmos*, in: Schriften zur Anthropologie, Stuttgart 1994 (Reclam 9337) unter dem Titel *Der Mensch als mikrokosmischer Repräsentant des Ganzen*, S. 168).

Der Geist dagegen, stellt Scheler fest, ist das einzige Sein, das selbst gegenstands*un*fähig ist – er ist reine pure Aktualität, hat sein Sein nur im freien Vollzug seiner Akte. Das Zentrum des Geistes, die »Person«, ist weder gegenständliches noch dingliches Sein, sondern nur ein stetig selbst sich vollziehendes (wesenhaft bestimmtes) Ordnungsgefüge von Akten.

Scheler bezieht sich ausdrücklich auf Husserls Phänomenologie, wenn er sagt: »Menschsein heißt, der Wirklichkeit ein kräftiges Nein entgegenschleudern.«

Will man wissen, wie der für die Phänomenologie typische Akt des Neinsagens – der *epoché*, der Urteilsenthaltung also – erfolgt, so muss man zunächst wissen, worin unser Wirklichkeitserlebnis eigentlich besteht: Es ist das Erlebnis des Widerstandes der schon erschlossenen Weltsphäre – und diesen Widerstand gibt es nur für unser triebhaftes Leben, für unseren zentralen Lebensdrang (bei Aristoteles die órexis). Das ursprünglichste Wirklichkeitserlebnis als Erlebnis des Widerstandes der Welt geht also allem Bewusstsein, geht aller Vorstellung, aller Wahrnehmung vorher. Auch die aufdringlichste sinnliche Wahrnehmung ist niemals bloß bedingt durch den Reiz und den normalen Vorgang im Nervensystem: Eine triebhafte Zuwendung, sei es Verlangen oder Abscheu [vgl. »Der Ekel«!], muss vorhanden sein, wenn es auch nur zur einfachsten Empfindung kommen soll. Das Nein ist das Außerkraftsetzen jenes Lebensdranges.

Während der Seinstypus An-sich-sein reine Positivität, Identität-mit-sich ist, ist der Seinstypus Für-sich-sein Negativität, Nicht-Identität, fehlende Übereinstimmung mit sich. Man erinnere sich an Luciens Selbstzweifel. Lucien fragt sich: »Wer bin ich?«; er versucht, sich seiner selbst dadurch zu vergewissern, dass er fragt: Was tue ich? Was habe ich? Was bin ich? Die Kategorien Haben, Machen und Sein sind gleichsam das Schleppnetz, in dem er sich einfangen will. Und als er merkt, dass ihm keiner dieser Begriffe die Antwort auf das liefern kann, was er wissen möchte, zieht er den Schluss, er existiere gar nicht. Er ist nicht das, was er sieht, die Hefte, der Schreibtisch, er ist nicht das, was er tut, er ist nicht das, was er hat, er ist nicht das, was er ist – er ist ein guter Schüler, aber da er nicht gerne lernt, ist er nicht wirklich ein guter Schüler. Er ist nicht das, was er war, anmutig, er ist nicht das, was er sein wird, ein Chef. Wer ist Lucien? Er *spielt* nur, Lucien zu sein, glaubte deshalb als Kind auch, die Dinge *spielten* nur zu sein. Das Dilemma, in dem er sich befindet, besteht also darin, dass einerseits die Frage »Wer bin ich?« nur dadurch beantwortet werden kann, dass man sagt, wie man ist, was man tut, was man hat, andererseits jede dieser Antworten ungenügend, ja falsch ist. »Ich gebe an, ich gebe nicht an. Ich weiß nicht, das hat keinen Sinn.« Lucien ist ein Angeber, er ist kein Angeber, er ist, was er nicht ist, und ist nicht, was er ist.

»Eine Rose ist eine Rose ist eine Rose« und in Ewigkeit so weiter: Sie ist, was sie ist, und das ist alles. Aber wer ist Lucien? Was ist Lucien? Lucien ist zunächst einmal jemand, der wissen möchte, wer oder was er ist, er verhält sich zu sich selbst, ihm geht es um sein Sein – und eben das zeichnet ihn vor allen Dingen aus.

Lassen wir es zunächst mit dieser vorläufigen Charakterisierung der beiden Arten des Seins, des An-sich-seins und des Für-sich-seins, bewenden. Die traditionelle Ontologie, wie sie von Aristoteles begründet wurde, hatte diese Unterscheidung ignoriert.

Die traditionelle Ontologie

Aristoteles

Das Sein und das Nichts trägt den Untertitel: »Versuch einer phänomenologischen Ontologie«. Ein solcher Versuch scheint auf den ersten Blick zwei unvereinbare Standpunkte miteinander zu kombinieren, nämlich eine Beschreibung der Seinsstrukturen (Ontologie) und eine Beschreibung der Erscheinungen für ein Bewusstsein. Tatsächlich glaubt Sartre aber (wie übrigens auch Husserl und

Heidegger), mit seinem Versuch einer Verbindung die traditionellen Theorien von ihren jeweiligen Gebrechen heilen zu können.

Betrachten wir zunächst die traditionelle Ontologie. Aristoteles hatte, zweifellos angeregt durch die sokratische Gesprächstechnik (Dialektik), wie er sie aus den platonischen Dialogen kannte, versucht, die logische Struktur der typisch sokratischen Fragen »Was ist Tapferkeit? Was ist Gerechtigkeit? Was ist das Gute?« usf. aufzudecken. Sein Erklärungsversuch orientierte sich an der Art und Weise, wie wir gewöhnlich über Menschen oder Dinge reden. Wir sagen von einem Menschen, dass er ein Mensch ist, dass er so und so groß ist, dass er blass oder braungebrannt ist, dass er kleiner ist als jemand anderes, dass er jetzt auf dem Marktplatz steht und redet, dass er Sandalen an den Füßen hat usf. Ein-Mensch-sein, groß-sein, braungebrannt-sein, größer sein als jemand, jetzt-auf-dem-Markt-sein, in einer bestimmten Stellung sein, tun und leiden, gerecht oder tapfer sein, sind nach seiner Sprechweise verschiedene Arten zu sein, genauer: verschiedene Arten des Seienden.

Wenn wir nun weiter danach fragen, was das eigentlich ist, blass oder gebräunt sein, kommen wir zu bestimmten Arten/Gattungen des Seienden. Blass sein heißt eine bestimmte Beschaffenheit haben, jemanden zu überragen heißt, zu ihm in einem bestimmten Größenverhältnis stehen; wenn wir fragen: Was ist das, blass sein?, dann antworten wir damit, dass wir sagen, es bestehe darin, von einer bestimmten Farbe zu sein, und das-von-einer-Farbe-zu-sein seinerseits bestehe darin, von einer bestimmten Beschaffenheit/Qualität zu sein. Eine Beschaffenheit hat man aber nicht im Verhältnis zu einem anderen. Etwas ist *an sich* blass oder nicht blass; dagegen kann man größer sein nur *im Verhältnis* zu einem anderen; Beschaffenheiten und Beziehungen sind also unterschiedliche Arten von Seiendem.

Aristoteles unterscheidet auf diese Weise zehn Arten von Seiendem, ein Ding sein (usia, traditionell als Substanz oder Wesen übersetzt, Heidegger allerdings übersetzt diesen Begriff mit Sein), von einer Beschaffenheit sein (Qualität), von einer Größe sein (Quantität), auf etwas bezogen sein (Relation), in der Zeit sein (Wann), an einem Ort sein (Wo), in einer bestimmten Lage sein (Lage), Haben, Tun und Leiden. Diese Gattungen von Seiendem nennt er Kategorien.

Man kann sich das in einem Bild so verdeutlichen:

Kategorien

Mensch (usia)

usia (Mensch)
Größe (180 cm)
Qualität (blass, gebildet)
Relation (größer als)
Ort (im Lyzeum)
Zeit (gestern)
Lage (sitzt)
Haben (hat Sandalen)
Tun (liest)
Leiden (hat Schmerzen)

Obwohl sich Aristoteles zweifellos an den üblichen Aussageformen wie »Sokrates ist ein Mensch« oder »Sokrates ist stupsnasig« orientiert, spricht er über Dinge, deren Qualitäten und Quantitäten usf., nicht über Wörter. Eine Standardübersetzung des Anfangs von *Met. Z* lautet: »Das Seiende wird in vielfachen Bedeutungen ausgesagt«. Aber Aristoteles redet nicht über die *Bedeutung* des Wortes »seiend« (das Altgriechische kennt keine Anführungszeichen, das macht es ungeheuer schwer, den Unterschied zwischen Bezeichnung und Bezeichnetem festzuhalten), er redet über seiende Arten oder Arten des Seins. Heidegger hat deshalb in dem für Sartre so wichtigen Aufsatz »Vom Wesen des Grundes« klargestellt, dass Aristoteles hier das Seiende *anspricht*.[16]

In *Met. Z* stellt sich Aristoteles die Frage, warum wir die verschiedenen Arten des Seienden eigentlich mit demselben »Namen«, seiend, ansprechen: Was haben alle diese Arten, Kategorien, des Seienden gemeinsam, dass sie denselben »Namen« tragen? Sind sie homonym, das heißt, haben sie nur zufällig denselben »Namen« (sogenannte »Teekesselchen«)? Oder sind sie synonym, das heißt, gehören sie in dieselbe Gattung (Mensch und Ochse sind beides Lebewesen)? Seine Lösung dieses Problem ist genial: Sie tragen denselben »Namen«, seiend, weil sie in Beziehung auf ein bevorrechtigtes Seiendes stehen, das Einzelding oder Einzelwesen, die Substanz: usia. Sie ist das einzige Selbständige unter allen Kategorien, an dem die anderen Arten des Seienden nur vorkommen. Alle anderen Arten des Seienden sind auf sie hingeordnet (man könnte sie »zentripetal« nennen) und haben gleichsam nur eine sekundäre Existenz. Während also das Sein der Farbe oder der Größe oder der Beziehung immer abhängiges Sein ist, ist das Sein der Substanz selbst ein selbständiges Sein. Diese Subjekte der Prädikation sind Träger von Eigenschaften.[17]

Obwohl man der Kategorienschrift entnehmen kann, dass Aristoteles die verschiedenen Arten des Seienden primär an den Fragen gewinnt, die man über einen Menschen stellen kann, zeigen seine Beispiele eine unterschiedslose Behandlung von Menschen und Dingen; in *Met. Z* 2 führt er als typische Beispiele für die Kategorie der Substanz/Wesen (usia) Körper an und nennt Lebewesen, Pflanzen und ihre Teile, dann Feuer, Wasser, Erde und schließlich den Himmel und seine Teile, Sterne, Mond und Sonne. Seine Ontologie ist lediglich an der Grammatik orientiert und nicht an den unterschiedlichen Seinsweisen der Seienden. Für die

Kategorienlehre des Aristoteles als solche macht es keinen Unterschied, ob wir einen Stein einen Stein nennen oder einen Menschen einen Menschen oder Schriftsteller oder Maler.

Als Paul Klee auf seiner Tunisreise 1914, mit 36 Jahren, schrieb, seine Lehrzeit sei zu Ende, und dann hinzufügte: »Die Farbe hat mich, ich bin Maler«[18], bedeutete dieses »Ich bin Maler« tatsächlich eine Klassifikation in eine Gruppe von Gegenständen oder nicht vielmehr etwas ganz ANDERES, einen Lebensentwurf?

Heidegger

Eben dieser Unterschied zwischen den beiden Seinsarten bildete den Ausgangspunkt für Heideggers Untersuchungen in *Sein und Zeit.* Heidegger hatte sich, lange Zeit vor der Veröffentlichung von *Sein und Zeit* (1927) in seinen Vorlesungen und Seminaren hauptsächlich mit Aristoteles befasst. (Etwa 15 Bände der Gesamtausgabe seiner Werke handeln von Aristoteles – viele tausend Seiten). Er hat immer wieder betont, wie wichtig für ihn Brentanos Aristoteles-Buch *Von der mannigfachen Bedeutung des Seienden nach Aristoteles* war. Dieser Titel bezieht sich darauf, dass Aristoteles nicht nur die Zuordnung eines Prädikats wie »ist ein Mensch« oder »ist groß« usf. in Gestalt der verschiedenen Kategorien, also die Prädikate selbst, sondern auch die *Art und Weise* der Zuordnung untersucht, die so genannten Prädikabilien: Ist die Zuordnung notwendig oder zufällig? Drückt sie eine Definition oder eine Eigenschaft aus? Drückt sie etwas Eigentümliches oder etwas Wesentliches aus? Ist sie wahr oder falsch? Sagt sie eine Möglichkeit oder eine Wirklichkeit aus?[19]

Heideggers ausführliche Untersuchungen über »den Sinn von Sein« in seiner Vorlesung »Einführung in die Metaphysik« richten sich deshalb auch zunächst auf das Verbalsubstantiv »Sein«, also den Infinitiv, der zu dem »ist« und den übrigen finiten Formen gehört. »Die bestimmte und einzelne Verbalform ›ist‹, *die dritte Person des Singular im Indikativ Präsens*, hat hier einen Vorrang.« (70) »Die Begrenzung des Sinnes von Sein hält sich im Umkreis von Gegenwärtigkeit und Anwesenheit, von Bestehen und Bestand, Aufenthalt und Vor-kommen.« (69) In diesem »ist« ist eine Zeitform, nämlich die Gegenwart, besonders ausgeprägt, es fehlt hier deutlich an den Bezügen zu den anderen Zeitformen, Vergangenheit und Zukunft. Das wird der Ausgangspunkt für die Untersuchungen von *Sein und Zeit* sein.

Es ist sicherlich eine große Schwäche in Sartres Buch, dass er der Vielfalt von Bedeutungen des Seinsbegriffs keinerlei explizite Untersuchung widmet. In der Regel begnügt er sich mit der Unterscheidung von Existenz und Essenz (Wesen), die schon Aristoteles zur Grundunterscheidung gemacht hatte.[20]

Was nun unterscheidet das Sein eines Steins und das Sein eines Menschen, die bei Aristoteles beide »usia« – Wesen, Substanz, Sein – heißen?

Der Mensch, eine usia, hat im Unterschied zu Unbelebtem, zu Stein, Stern und Fels, eine Seele (*psyché*), und im Unterschied zu anderen Lebewesen weist seine Seele eine Reihe von Fähigkeiten und Möglichkeiten auf, die weit über das hinausgehen, was Pflanzen und Tiere können. Die Seele wird ebenfalls als usia bezeichnet, und zwar im Sinne der Form (*eidos*) eines physischen Körpers, der der Möglichkeit nach Leben besitzt. In diesem Sinne ist die Seele die Vollendung oder Wirklichkeit (*entelecheia*) eines natürlichen Körpers. »Wirklichkeit« wird nun aber in einem doppelten Sinne gebraucht – genauso, wie z.B. der Begriff »Wissen« in einem doppelten Sinne gebraucht wird, nämlich im Sinne von »Wissen besitzen«, aber auch im Sinne von »Wissen ausüben«. Die Seele ist Entelechie im ersteren Sinne, nämlich Wirklichkeit im Sinne der *Fähigkeit* eines organischen Körpers – seine Seinsmöglichkeit.

Aus dieser allgemeinen Theorie der Beziehung von Seele und Körper folgt, dass Aristoteles den Begriff eines Selbst als eines rein geistigen Wesens, für das sein Körper ebenso Teil der Außenwelt ist wie andere physische Dinge, nicht hatte. Körper und Seele bilden eine Einheit. W. D. Ross erklärt: »Eine Vorstellung wie die des Descartes, dass die Seele die erste Gewissheit ist und die Existenz der Materie eine spätere Schlussfolgerung, wäre Aristoteles völlig absurd vorgekommen.«[21]

Worum ist es dem Menschen zu tun?

Der Mensch als beseeltes Lebewesen besitzt eine spezifische Funktion, sein *ergon*, seine spezifische Leistung, die er durch Handeln, *praxis*, zu erreichen strebt – seine Eudaimonia. Heidegger nennt dieses Ziel gelegentlich die »eigenste Möglichkeit« des Daseins.[22]

Heidegger beruft sich vor allem auf die *Nikomachische Ethik*, den sicher einflussreichsten Grundtext der philosophischen Anthropologie. Aristoteles fragt zunächst nach der eigentümlichen Aufgabe des Menschen, als das, was der Mensch *zu sein* hat:

I. »Wie nämlich für einen Flötenspieler, einen Bildhauer und überhaupt für jeden Künstler und für jeden, der eine Leistung (*ergon*) und ein Handeln (*praxis*) hat, in der Leistung (*ergon*) das Gute und das Rechte liegt, so wird es wohl auch vom Menschen gelten, wenn anders auch ihm eine besondere Leistung (*ergon*) zukommt. Oder sollte es eigentümliche Leistungen und Handlungen des Schreiners oder Schusters geben, nicht aber des Menschen, als ob er zur Untätigkeit geschaffen wäre? Sollte nicht eher so, wie das Auge, die Hand, der Fuß und überhaupt jedes einzelne Körperglied seine besondere Leistung hat, auch der Mensch neben all dem seine besondere Leistung besitzen?«

Da der Mensch mit den anderen Lebewesen viele Eigenschaften teilt, gilt die nächste Frage dem Eigentümlichen (*idion*) des Menschen:

II. »Welche mag sie nun wohl sein? Das Leben offenbar nicht, denn dies besitzen auch die Pflanzen, wir suchen aber das dem Menschen Eigentümliche. Das Leben der Ernährung und des Wachstums ist also auszuscheiden. Es würde darauf das Leben der Wahrnehmung folgen, aber auch dieses ist uns gemeinsam mit dem Pferde und Rinde und allen Tieren überhaupt. Es bleibt also das Leben in der Betätigung des vernunftbegabten Teiles übrig. Dieser findet sich vor teils als ein der Vernunft gehorchender, teils als ein die Vernunft besitzender und ausübender. Da auch dies wiederum in doppeltem Sinne zu verstehen ist, so muß man da an das wirklich tätige Leben denken; denn dieses dürfte doch als das eigentlichere gelten.«

Da nun jede Leistung besser oder schlechter erbracht werden kann, stellt sich die Frage nach der guten Leistung: Wann nennen wir ein menschliches Leben geglückt, wann ist es ein gutes Leben?

III. »Wenn nun die eigentümliche Leistung des Menschen in einer Tätigkeit der Seele besteht, die sich nach der Vernunft oder doch nicht ohne die Vernunft vollzieht, und wenn wir die Leistung eines beliebig Tätigen und eines hervorragend Tätigen derselben Gattung zurechnen (so wie das Spiel des Kitharisten und dasjenige des guten Kitharisten, und so in allen Fällen), so dass wir zur Leistung überhaupt noch das Merkmal hervorragender Tüchtigkeit in ihr beifügen (denn die Leistung des Kitharisten ist das Kitharaspielen, die des hervorragenden Kitharisten aber das gut Spielen), wenn das alles so ist, dann ist das Gute für den Menschen die Tätigkeit der Seele auf Grund ihrer besonderen Befähigung, und wenn es mehrere solche Befähigungen gibt, nach der besten und vollkommensten; und dies außerdem noch ein volles Leben hindurch. Denn eine Schwalbe macht noch keinen Frühling, und auch nicht ein einziger Tag; so macht auch ein einziger Tag oder eine kurze Zeit niemanden glücklich und selig.«

Der Mensch teilt mit den übrigen Lebewesen die Fähigkeit der Ernährung, Wachstum, Wahrnehmung, besitzt aber als einziges Lebewesen logos (Sprache, Denken) und die Fähigkeiten des Handelns und der Wahrheitserkenntnis. Im 6. Buch der *Nikomachichen Ethik* bestimmt Aristoteles diese Fähigkeiten genauer als Wahrnehmung, Begierde (órexis) und Vernunft. Noch später entwirft Aristoteles geradezu die Grundposition des Existenzialismus: 1168 a 1 heißt es, die Ursache davon, dass die Schöpfer ihr Werk mehr lieben als das Werk den Schöpfer, sei »dass das Sein allen Wesen wünschbar und liebenswert ist und dass wir insofern sind, als wir tätig sind, nämlich im Leben und Handeln. Durch seine Tätigkeit ist also der Schöpfer gewissermaßen sein Werk. Er liebt also sein Werk, weil er auch das Sein liebt. Dies ist naturgegeben: denn was er der Möglichkeit nach ist, zeigt das Werk in Wirklichkeit.« (Vgl. 1070 a 17).

Wir finden also bei Aristoteles eine Auffassung vom menschlichen Dasein, dem es in seinem Sein um sein Sein selbst geht, es entwirft sich auf seine Möglichkeiten, weil es sein Sein zu sein hat; sein Sein ist *energeia* (am Werke sein) als Aktivität der Selbsterschaffung, als *entelecheia*, als Projekt, das er entwirft und das er verfehlen kann. Es gelingt ihm in dem Maße, als er sich zum Bürger einer guten Polis macht, in der er sein Wesen hat – das ihm in diesem Sinne eben nicht vorausgeht, sondern das er selbst durch sein Sein schafft – und in der er seine Erfüllung findet.

Der – freie – Mensch existiert um seiner selbst willen, er ist sich Selbstzweck.[23]

Heideggers Daseinsanalyse beruht in wesentlichen Zügen auf seiner Aristoteles-Interpretation. Die beseelte usia des Menschen nennt Heidegger »Dasein«, das er so bestimmt:

»Das Dasein ist ein Seiendes, das nicht nur unter anderem Seienden vorkommt. Es ist vielmehr dadurch ausgezeichnet, dass es diesem Seienden

in seinem Sein *um* dieses Sein selbst geht. Zu dieser Seinsverfassung des Daseins gehört aber dann, dass es in seinem Sein zu diesem Sein ein Seinsverhältnis hat. Und dies wiederum besagt: Dasein versteht sich in irgendeiner Weise und Ausdrücklichkeit in seinem Sein. Diesem Seienden eignet, dass mit und durch sein Sein dieses ihm selbst erschlossen ist. *Seinsverständnis ist selbst eine Seinsbestimmtheit des Daseins.* Die ontische Auszeichnung des Daseins liegt darin, dass es ontologisch ist. [...]
Das Sein selbst, zu dem das Dasein sich so oder so verhalten kann und immer irgendwie verhält, nennen wir *Existenz.* Und weil die Wesensbestimmung dieses Seienden nicht durch die Angabe eines sachhaltigen Was vollzogen werden kann, sein Wesen vielmehr darin liegt, dass es je sein Sein als seiniges zu sein hat, ist der Titel Dasein als reiner Seinsausdruck zur Bezeichnung dieses Seienden gewählt.« (SuZ 12)

Das Dasein wählt sein eigenes Sein oder sein Selbst, ihm ist kein Wesen vorgegeben. Das Dasein versteht sich selbst immer aus seiner Existenz, einer Möglichkeit seiner selbst, es selbst oder nicht es selbst zu sein. Diese Möglichkeit hat das Dasein entweder selbst gewählt oder es ist in sie hineingeraten, geworfen, je schon darin aufgewachsen. »Das Dasein ist als verstehendes Seinkönnen, dem es in solchem Sein um dieses als das je eigene geht«, und die Grundverfassung des Daseins als In-der-Welt-sein ist »Erschlossenheit«.

Man sieht, dass die usia des Menschen sich von der usia eines Dinges vollkommen unterscheidet, und Heidegger schlägt deshalb vor, die Seinsbestimmungen des Menschen als Existenzialien (SuZ 54) statt als Kategorien zu bezeichnen. Das menschliche Leben/Dasein muss durch ganz andere Begriffe bestimmt werden als durch Kategorien; Grundbegriffe wie Sorge (griech. órexis = Strebevermögen), Befindlichkeit, Verstehen und Rede, Zweideutigkeit, Neugier und Gerede. Gewissen, Angst, Entwerfen und Verschwiegenheit usf. gehören in den Bereich der Seele/Existenz, nicht der Dinge.

In einer ersten, an Aristoteles selbst orientierten Darstellung würde das so aussehen:

In-der-Welt-sein

Kategorien

usia (Mensch)
Größe (180 cm)
Qualität (blass, gebildet)
Relation (größer als)
Ort (im Lyzeum)
Zeit (gestern)
Lage (sitzt)
Haben (hat Sandalen)
Tun (liest)
Leiden (hat Schmerzen)

Leib (usia)

Existenzialien

Seele (usia)

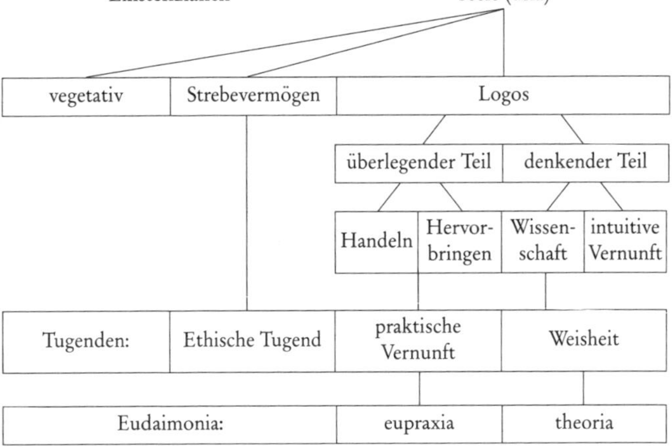

Keine der Kategorien passt auf die Bestimmung der Existenz oder wenn, dann nur in einem gänzlich veränderten Sinne.[24]

Was ist Phänomenologie?

Descartes

Der Aristotelismus war längst unverständlich und – in den Augen seiner Gegner – zu einem Hemmnis der Wissenschaft geworden, als Descartes eine grundlegende Änderung der Perspektive vorschlug.

Der englische Philosoph und Philosophiehistoriker Anthony Kenny hat einmal gesagt, Descartes' Hauptideen ließen sich so knapp ausdrücken, dass man sie »auf eine Postkarte« schreiben könnte – »und doch waren sie so revolutionär, dass sie den Gang der Philosophie auf Jahrhunderte veränderten«. Auf die Postkarte brauchte man nur zwei Sätze zu schreiben: Der Mensch ist ein denkendes Bewusstsein; die Materie ist Ausdehnung und Bewegung. »Alles in seinem System lässt sich anhand dieses Dualismus von Geist und Materie erklären. Wir verdanken es Descartes geradezu, dass für uns Bewusstsein und Materie die beiden großen, einander ausschließenden und nichts übriglassenden Kategorien unserer Welt sind.«[25]

Unbezweifelbar gegeben waren jetzt nicht mehr die Dinge wie für Aristoteles, sondern nur unser Denken von ihnen.[26]

Da dieser Einsatz beim *cogito* sowohl für Husserl wie auch für Sartre von entscheidender Bedeutung ist, soll hier kurz an den Gedankengang der *Meditationen* erinnert werden. Mag ich alles Wissen von der Außenwelt prinzipiell in Frage stellen, so kann ich doch nicht an der Tatsache zweifeln, *dass* ich in diesem Augenblick an der Außenwelt *zweifle*. Und zweifeln verweist auf eine Tätigkeit des Ich. Solange und während ich denke, bin ich mir meiner eigenen Existenz bewusst. Freilich ist diese Gewissheit instantan, sie besteht ja nur für den Augenblick des Denkens. Aber sie genügt, um die Annahme eines bösen Dämons, der mich *stets* täuscht, als unhaltbar zu erweisen. Ganz zweifellos *bin* ich auch, wenn er mich täuscht: »Mag er mich nun täuschen, soviel er kann, das wird er doch nie bewirken können, dass ich nicht sei, solange ich denke, ich sei etwas. Nachdem ich so alles genug und übergenug erwogen habe, muss ich schließlich festhalten, dass der Satz ›Ich bin, ich existiere‹, sooft ich ihn ausspreche oder im Geiste auffasse, notwendig wahr sei.« (2.3) Freilich, solange man an Dinge denkt, die außer einem selbst liegen, hat man keinerlei unmittelbaren Einblick in diese Dinge.

1. Descartes beginnt mit seinem universalen Zweifelsversuch deshalb, weil er nach einer festen Grundlage für das Wissen sucht. Könnte denn nicht alles, was man für seiend und wahr hält, in Wahrheit nichtseiend und falsch sein? Da uns die Sinne gelegentlich täuschen, sollten wir sie grundsätzlich in Zweifel ziehen. Wir könnten auch ständig träumen und folglich etwas für wirklich (*in rerum natura esse*) halten, was gar nicht wahr ist. Vielleicht gibt es ja »gar keine Erde, keinen Himmel, nichts Ausgedehntes, keine Gestalt, keine Größe, keinen Ort«, sondern dies scheint nur so zu sein. Wir müssen also auch unseren Körper sowie die ganze physische Natur in Zweifel ziehen. Schließlich können wir auch unsere Auffassung von einem Gott bezweifeln und die Möglichkeit erwägen, dass alle Meinungen überhaupt falsch sind.

2. Die Freiheit des Geistes besteht in der Möglichkeit der Verneinung, ich kann annehmen, dass nichts existiert, an dessen Dasein auch nur der geringste Zweifel besteht. Aber es ist unmöglich, dass ich während der Zeit des Zweifelns nicht selbst existiere, als Erkennender, als dieses erkennende Ding (*res cogitans*), wenn auch nicht als Körper, denn an dessen Vorhandensein kann ich schließlich ja auch zweifeln. Aber an diesem Ich kann ich nicht zweifeln, selbst wenn ich mich nicht erkenne. Sicher ist also: Ich bin, ich existiere. Früher hatte ich eine gewisse Menge

von Überzeugungen über mich, z. B. stellte ich mir die Seele als feinen Stoff vor. Jetzt, angesichts all der aufgeworfenen Probleme, darf ich allenfalls annehmen, dass das Denken (*cogitatio*, Bewusstsein) von mir als Ich unabtrennbar ist, wenigstens solange ich denke. Ich bin ein denkendes Ding und wahrhaft seiendes Ding (*res vera et vere existens*). Als solches bin ich ein »Ding, das zweifelt, einsieht, bejaht, verneint, will, nicht will, das auch bildlich vorstellt und empfindet«.

3. Nun habe ich bestimmte Vorstellungen (*ideae*) in mir, von denen einige sicher sind (Geometrie, Arithmetik), andere unsicher. Außerdem habe ich Gefühle, Affektionen, Willen. Wie kann ich sicher sein, dass die Vorstellungen/Bilder (3.15), die den wahren äußeren Dingen ähnlich sein sollen (3.6), nicht auf einer Täuschung beruhen? Um dessen sicher zu sein, führt Descartes einen Gottesbeweis, der darauf beruht, dass die Vorstellung eines vollkommenen Wesens (die traditionelle Vorstellung von Gott) nur in den Geist eines Menschen gelangen kann, wenn diese Vorstellung auf einer äußeren Ursache beruht und so in den Geist des Menschen kommt.

4. Nach diesem Beweis weiß ich, dass Gott existiert. Damit ist die Furcht gebannt, ein böser Geist könnte alle Vorstellungen in mir grundsätzlich verfälschen. Denn es ist mit dem Wesen Gottes nicht vereinbar, dass er mich täuscht. Ich finde also in mir die Vorstellung der Vollkommenheit Gottes, die rein positiv ist, ich finde aber auch die Vorstellung der Negation, des Nichts. Woher stammt diese Vorstellung? Irrtum ist nicht reine Negation, das Nichts, sondern Privation, ein Mangel an Vollkommenheit, das Fehlen einer Erkenntnis. Dass wir uns irren können, beruht auf der Freiheit der Willkür von Verstand und Willen, der Wille verleitet uns dazu, falsche Urteile auszusprechen und Nichtseiendes als seiend anzusehen. Die Freiheit der Willkür ist eine Indifferenz, der Irrtum das Hinneigen zu einer Seite ohne genügen-

den Grund, ein Mangel im Erkennen, eine Negation. Der Wille erstreckt sich weiter als der Verstand. Privation ist das Wesen des Irrtums. Daher wird mich *Urteilsenthaltung* vor Irrtum schützen. Da die Falschheit aber nicht vom Nichts kommen kann, muss ich mich an das Evidente halten.

5. Im Bereich der materiellen Dinge, aber auch der Geometrie sind mir viele Vorstellungen evident, z.B. Formen und Wesen des Dreiecks, sie sind *etwas*, nicht *nichts*. Normalerweise trenne ich hier die Existenz (*existentia*) vom Wesen (*essentia*), aber bei Gott lässt sich das nicht durchführen. So erfolgt der zweite Gottesbeweis aus der Vorstellung der Vollkommenheit. Erst dann, nach dem Gottesbeweis (5.15), kann ich mich auf die Evidenz verlassen. Also ist zumindest alle evidente Wahrheit der Geometrie und Mathematik gegeben.

6. In der sechsten Meditation wird der Unterschied von Einbildungskraft (*facultas imaginandi*), die einen Körper voraussetzt, und Verstand erläutert und die Einheit von Körper und Seele nachgewiesen. Die Sinne geben mir Einsicht in den Körper. Die Irrtümer beruhen auf den Sinnen. Aber wir können jetzt beruhigt davon ausgehen, dass die Menschen einen Leib haben. Denn das sicherste Wissen haben wir von Gott, dann von der Natur unseres Geistes und unseres Körpers und endlich von der Natur, der Außenwelt. Damit ist das Ziel erreicht, eine sichere Grundlage für unsere Erkenntnis der Wirklichkeit zu finden.

Denn die Dinge liegen außer einem, und nur durch eine Reihe vermittelnder Faktoren, an deren absoluter Zuverlässigkeit man gerechte Zweifel hegen kann, gelangt man zu einer Vorstellung oder Repräsentation der Dinge. Von den Dingen hat man weiter nichts als diese eigenen Vorstellungen, die von den Dingen selbst himmelweit verschieden sein können. Genau darauf beruht ja auch der Zweifel. Dieser Zweifel geht so weit, dass Descartes sich nicht sicher ist, ob er nicht allein auf der Welt ist. Erst auf dem Umweg über die Gottesbeweise kann er sich der Wahrheit seiner Repräsentationen versichern.

Anthony Kenny merkt zu diesen Ausführungen kritisch an:

»Descartes' Auffassung des Bewusstseins hielt sich viel länger als seine Auffassung von der Materie, ja sie ist im ganzen Westen bei gebildeten Nichtphilosophen immer noch die verbreitetste. Kant unterzog sie einer bohrenden Kritik und in unserem [20.] Jahrhundert wurde sie von Wittgenstein endgültig widerlegt, der zeigte, dass wir uns auch bei unseren privatesten und spirituellsten Gedanken einer Sprache bedienen, die nicht von ihrem öffentlichen und physischen Ausdruck losgelöst werden kann. Die kartesische Dichotomie von Geist und Körper ist letzten Endes unhaltbar.«[27]

Alle Schwierigkeiten dieses Modells folgen aus der Dichotomie von Körper und Seele. Das Bewusstsein erscheint als ein geschlossenes Theater, in dem Vorstellungen stattfinden, ohne dass sicher ist, dass es überhaupt eine Außenwelt gibt, die hier in diesem Theater repräsentiert wird. Diese Probleme führten gegen Ende des 19. Jahrhunderts zu einem radikalen Zweifel an der Nützlichkeit des Bewusstseinsbegriffs selbst. Sartre spielt gelegentlich (SN 19) auf einen berühmten Aufsatz von William James »Does consciousness exist?« an,[28] in dem William James argumentiert, es gebe nicht zwei Substanzen, sondern nur eine, von der Geist und Materie nur verschiedene Aspekte darstellten (neutraler Monismus). Der für Sartre wichtigste Versuch, aus dem cartesianischen Dilemma herauszufinden, ist der auf Franz Brentano zurückgehende Ansatz der Phänomenologie Edmund Husserls: Da Bewusstsein immer Bewusstsein *von* etwas ist, muss mit der Annahme des Bewusstseins auch der Bezugsgegenstand des Bewusstseins gesetzt werden.

Für Husserl (*Ideen*, § 31) bildet der Zweifelsversuch Descartes' den Ausgangspunkt seiner eigenen Überlegungen. Er will zwar die Welt nicht, wie Descartes, negieren »wie ein Sophist« und ihr Dasein nicht bezweifeln »wie ein Skeptiker«. Aber er will »die phänomenologische *epoché*, die Urteilsenthaltung, üben, die ihm »jedes Urteil über räumlich-zeitliches Dasein völlig verschließt« (§ 32).

Husserl beschrieb in seinem berühmten *Encyclopaedia Britannica*-Artikel[29] die Methode der Phänomenologie mit folgenden Worten:

»Die Einstellung des erfahrenden Blickes auf unser Psychisches vollzieht sich notwendig als eine Reflexion, als Umwendung des vordem anders gerichteten Blickes. Jede Erfahrung lässt solche Reflexion zu, aber auch jede sonstige Weise, in der wir mit irgend welchen realen oder idealen Gegenständen beschäftigt sind, etwa denkend oder in der Weise des Gemüts und Willens wertend, strebend. So, geradehin uns bewusst betätigend, sind in unserem Blick ausschließlich die jeweiligen Sachen, Gedanken, Werte, Ziele, Hilfsmittel, nicht aber das psychische Erleben selbst, in dem sie als solche uns bewusst sind. Erst die Reflexion macht es offenbar. Durch sie erfassen wir statt der Sachen schlechthin, der Werte, Zwecke, Nützlichkeiten schlechthin die entsprechenden subjektiven Erlebnisse, in denen sie uns ›bewusst‹ werden, uns in einem allerweitesten Sinne ›erscheinen‹. Sie alle heißen daher auch ›Phänomene‹, ihr allgemeinster Wesenscharakter ist es, zu sein als ›Bewusstsein von‹, ›Erscheinung von‹ – von den jeweiligen Dingen, Gedanken, (Urteilsverhalten, Gründen, Folgen), *von* den Plänen, Entschlüssen, Hoffnungen usw.«

Für Descartes bestand die Ausübung der menschlichen Willensfreiheit in der Fähigkeit der Verneinung: »Jene Indifferenz aber, die ich erfahre, wenn kein Grund mich mehr nach der einen Seite hintreibt als nach der anderen, ist die niedrigste Stufe der Freiheit, sie zeugt nicht für vollkommene Freiheit, sondern lediglich für einen Mangel im Erkennen, d.h. eine Negation.« (Med. 4.8) Es ist also Vorsicht geboten, wenn man nicht klar und deutlich erkennt (Med. 4.12). Eine der Vorsichtsmaßnahmen besteht in der Trennung von Existenz und Essenz:

»Besonders beachtenswert scheint es mir noch, dass sich in mir unzählige Vorstellungen irgendwelcher Dinge befinden, die, auch wenn sie vielleicht nirgendwo außerhalb meiner existierten, doch nicht als nichts angesehen werden können. Zwar denke ich sie mir gewissermaßen willkürlich, doch sind sie nicht von mir ausgedacht, sie haben vielmehr eine eigene, wahre und unveränderliche Natur. So mag, wenn ich mir z.B. ein Dreieck bildhaft vorstelle, vielleicht eine solche Figur nirgends in der Welt außerhalb meines Denkens existieren und überhaupt nie existiert haben. Es gibt aber doch eine bestimmte Natur des Dreiecks, ein Wesen, eine Form (*sive essentia, sive forma*), sie ist unveränderlich und ewig, nicht von mir erdichtet, nicht von meinem Geist abhängig. Dies geht schon daraus hervor, dass sich eine Reihe von Eigenschaften dieses Dreiecks beweisen lassen, wie dass die Summe seiner drei Winkel zwei rechte beträgt, dass seinem größten Winkel die größte Seite gegenüberliegt usw. Ob ich nun will oder nicht – diese Sätze sehe ich jetzt klar ein, auch wenn ich früher nie an sie gedacht hatte, als ich mir ein Dreieck bildhaft vorstellte. Sie können also nicht von mir erdichtet sein.« (Med. 5.5)

Genau solche Beispiele hat Husserl, der ja Mathematiker war, vor Augen, wenn er in den *Ideen zu einer reinen Phänomenologie und phänomenologischen Philosophie* seine Theorie entwickelt. »Die reine oder transzendentale Phänomenologie [wird] nicht als Tatsachenwissenschaft, sondern als Wesenswissenschaft (als eidetische Wissenschaft) begründet werden; als eine Wissenschaft, die ausschließlich Wesenserkenntnisse feststellen will und durchaus keine Tatsachen« (cf. z.B. § 5 und § 9). Das Wort »Wesen« hier ist eben das Wort *essentia* oder *forma* (seinerseits eine Übersetzung des griechischen Begriffs »eidos«, des platonischen-aristotelischen Ausdrucks für *species* oder Form), das Descartes auf das Wesen des Dreiecks anwendet. Bevor man aber zu einer klaren Einsicht in die Struktur dieser Wesen kommt, muss man mehrere Schritte unternehmen. Dreiecke und dergleichen sind, auch wenn sie vielleicht nur im Denken vorkommen, so doch nicht nichts, sie haben vielleicht keine äußere Existenz, aber sie haben gleichwohl ein Wesen, das nicht von mir geschaffen ist, sie sind keine Fiktionen. *Existentia* und *essentia* sind unterschieden. Um zu ihrem Verständnis zu kommen, muss man sich gleichsam zweimal eines Urteils enthalten (*epoché*); erstens des Existenzurteils, diesen Vorgang nennt Husserl »phänomenologische Reduktion«. Die Gegenstände werden also als irreal gesetzt. »Daraufhin aber muss ich die Natur dieser irrealen Wesenheiten klar einsehen, ich muss sie wirklich auf das in ihnen Enthaltene reduzieren«: das nennt Husserl die »eidetische Reduktion«. Die Phänomenologie ist nicht Psychologie, auch wenn sie von Bewusstseinserlebnissen spricht, sie ist Wesenswissenschaft und in diesem Sinne völlig objektiv.

Was Husserl damit meint, lässt sich anhand einiger Ausführungen in den *Ideen* verdeutlichen. Wie Descartes kennt Husserl eine äußere wie eine innere Wahrnehmung (Descartes' geistiges Auge). Gegenstand der Wahrnehmung ist die Welt, »wahrhaftes Sein«; wirkliches Sein, d.i. reales Sein und Sein in der Welt sind hier gleichbedeutend. Die Gegenstände dieser erfahrbaren Welt sind nicht nur individuelle Gegenstände, sondern haben »in sich selbst« ein Wesen: Wesen bezeichnet das im »selbsteigenen Sein eines Individuums als sein Was Vorfindliche«. Jedes solches Was kann aber »in der Idee gesetzt« werden. Und so kann jede individuelle Anschauung in eine »Wesensschauung« umgewandelt werden. Das Erschaute ist dann das entsprechende reine Wesen oder Eidos. Das Wesen (Eidos) ist ein »neuartiger« Gegenstand. So wie das Gegebene der individuellen oder erfahrenden Anschauung ein individueller Gegenstand ist, so das Gegebene der Wesensanschauung ein reines Wesen (§ 3). Jeder Gegenstand kann, vor allem prädikativen Denken, in seiner »leibhaftigen Selbstheit« geschaut werden. Wesen können aber auch fingiert sein. Wesenswissenschaft ist also von Tatsachenwissenschaft völlig verschieden. Diese Wesen sind »die Sachen selbst«, die also keineswegs mit »Natursachen« verwechselt werden dürfen (§ 19). »Das unmittelbare ›Sehen‹, nicht bloß das sinnliche, erfahrende Sehen, sondern das Sehen überhaupt als originäres sehendes Bewusstsein welcher Art auch immer ist die letzte Rechtsquelle aller vernünftigen Behauptungen.« (§ 19) Husserl nennt sich selbst einen platonisierenden Realisten (§ 22), und in der Tat entspricht sein Vorgehen, die eidetische Intuition, genau der Ideenschau, die wir bei Platon vorfinden. Husserl betont, dass Gegenstand hier nur Gegenstand eines Urteils meint, und versucht eine Unterscheidung von Wirklichkeit und realer Wirklichkeit. Aber es ist sicher kein Zufall, dass er als Beispiele gerade hier Beispiele aus der Geometrie und Mathematik nimmt (§ 22, § 25). Es ist schwer vorstellbar, was die Anschauung, die Intuition des »Wesens einer Wirtschaftskrise« oder auch nur des Wesens der Angst oder der Liebe sein könnte.

Halten wir als Ergebnis fest, was Husserl im § 24 sagt: »Am Prinzip aller Prinzipien: dass jede originär gebende Anschauung eine Rechtsquelle der Erkenntnis sei, dass alles, was sich uns in der ›Intuition‹ originär, sozusagen in seiner leibhaften Wirklichkeit, darbietet, einfach hinzunehmen sei, als was es sich gibt, aber auch nur in den Schranken, in denen es sich da gibt, kann uns keine erdenkliche Theorie irre machen.«

In der für ihn charakteristischen einprägsamen Form schildert er das so:

»Ich bin mir einer Welt bewußt, endlos ausgebreitet im Raum, endlos werdend und geworden in der Zeit. Ich bin mir ihrer bewußt, das sagt vor allem: ich finde sie unmittelbar anschaulich vor, ich erfahre sie. Durch Sehen, Tasten, Hören usw., in den verschiedenen Weisen sinnlicher Wahrnehmung sind körperliche Dinge in irgendeiner räumlichen Verteilung für mich einfach da, im wörtlichen oder bildlichen Sinne »vorhanden«, ob ich auf sie besonders achtsam und mit ihnen betrachtend, denkend, fühlend, wollend beschäftigt bin oder nicht. Auch animalische Wesen, etwa Menschen, sind unmittelbar für mich da; ich blicke auf, ich sehe sie, ich höre ihr Herankommen, ich fasse sie bei der Hand, mit ihnen sprechend, verstehe ich unmittelbar, was sie vorstellen und denken, was für Gefühle sich in ihnen regen, was sie wünschen oder wollen. Auch sie sind in meinem Anschauungsfeld als Wirklichkeiten vorhanden, selbst wenn ich nicht auf sie achte. Es ist aber nicht nötig, daß sie, und ebenso sonstige Gegenstände, sich gerade in meinem Wahrnehmungsfelde befinden. Für mich da sind wirkliche Objekte, als bestimmte, mehr oder minder bekannte, in eins mit den aktuell wahrgenommenen, ohne daß sie selbst wahrgenommen, ja selbst anschaulich gegenwärtig sind. Ich kann meine Aufmerksamkeit wandern lassen von dem eben gesehenen und beachteten Schreibtisch aus durch die ungesehenen Teile des Zimmers hinter meinem Rücken zur Veranda, in den Garten, zu den Kindern in der Laube usw., zu all den Objekten, von denen ich gerade ›weiß‹, als da und dort in meiner unmittelbar mitbewußten Umgebung seiend – ein Wissen, das nichts vom begrifflichen Denken hat und sich erst mit der Zuwendung der Aufmerksamkeit und auch da nur partiell und meist sehr unvollkommen in ein klares Anschauen verwandelt.«

Diese natürliche Einstellung gilt es zu ändern. Husserl hat, wie gesagt, hier »den allgemeinen Zweifelsversuch« vor Augen, »den Descartes zu ganz anderem Zwecke, in Absicht auf die Herausstellung einer absolut zweifellosen Seinssphäre durchzuführen unternahm«. Der universelle Zweifelsversuch gehört in das Reich unserer vollkommenen Freiheit: Alles und jedes, wir mögen noch so fest davon überzeugt, ja seiner in adäquater Evidenz versichert sein, können wir zu bezweifeln versuchen.

»Im Zweifelsversuch, der sich an eine Thesis, und wie wir voraussetzen, an eine gewisse und durchgehaltene anschließt, vollzieht sich die ›Ausschaltung‹ in und mit einer Modifikation der Antithesis, nämlich mit der ›Ansetzung‹ des Nichtseins, die also die Mitunterlage des Zweifelsversuches bildet. Bei Descartes prävaliert diese so sehr, daß man sagen kann, sein universeller Zweifelsversuch sei eigentlich ein Versuch universeller Negation. Davon sehen wir hier ab, uns interessiert nicht jede analytische Komponente des Zweifelsversuchs, daher auch nicht seine exakte und voll zureichende Analyse. Wir greifen nur das Phänomen der ›Einklammerung‹ oder ›Ausschaltung‹ heraus, das offenbar nicht an das Phänomen des Zweifelsversuches gebunden, obschon aus ihm besonders leicht herauszulösen ist, vielmehr auch in sonstigen Verflechtungen und nicht minder für sich allein austreten kann. In Beziehung auf jede Thesis können wir und in voller Freiheit diese eigentümliche *epoché* üben, eine gewisse Urteilsenthaltung, die sich mit der unerschütterten und ev. unerschütterlichen, weil evidenten Überzeugung von der Wahrheit verträgt. Die Thesis wird ›außer Aktion gesetzt‹, eingeklammert, sie verwandelt sich in die Modifikation ›eingeklammerte Thesis‹, das Urteil schlechthin in das ›eingeklammerte Urteil‹.« (§ 31)

An die Stelle des cartesianischen Versuchs eines universellen Zweifels setzt Husserl die universelle *epoché*: »Die zum Wesen der natürlichen Einstellung gehörige Generalthesis setzen wir außer Aktion.« (§ 32) Übrig bleibt anstelle der Wirklichkeit nur das Bewusstseinserlebnis und das, was sich in ihm immanent vorfindet. Dieses reine Bewusstsein nennt Husserl »transzendentales Bewusstsein« und die dazugehörige Operation die transzendentale *epoché*. Die Bewusstseinserlebnisse bilden (mit einem Ausdruck von William James) den Erlebnisstrom. Für Husserl heißt das: Jedes Erlebnis des Stromes, das der reflektive Blick zu treffen vermag, hat ein eigenes, intuitiv zu erfassenden Wesen, einen »Inhalt«, der sich in seiner Eigenheit für sich betrachten lässt.

Wenn ich ein Stück Papier vor mir sehe, habe ich ein Bewusstseinserlebnis (*cogitatio*), dessen Gegenstand (das *cogitatum*) das

Papier ist. Das im Wahrnehmungserlebnis gegebene Papier ist selbst aber kein Erlebnis, sondern ein Sein von total verschiedener Seinsart, ein materielles Ding. Auf diesen erblickten Gegenstand richten wir im Falle von Erinnerung, Aufmerksamkeit, Interesse usf. den »geistigen Blick«, der von der aktuellen Wahrnehmung zu seiner potenziellen Wahrnehmung führt. Es gehört also zu jedem aktuellen *cogito*, Bewusstsein von etwas zu sein. Alle Erlebnisse, die diese Wesenseigenschaften haben, nennt Husserl, mit einem Ausdruck, den er von Brentano übernimmt, »intentionale Erlebnisse«. Erlebnisse sind intentional bezogen (§ 36).

Husserl kommt also zu folgendem Ergebnis: Ist ein Erlebnis aktuell in der Weise des *cogito* vollzogen, so »richtet« sich in ihm das Subjekt auf das intentionale Objekt. Zum *cogito* selbst gehört ein ihm immanenter »Blick« auf das Objekt, der andererseits aus dem »Ich« hervorquillt, das also nie fehlen kann. »Dieser Ichblick auf etwas ist, je nach dem Akte, in der Wahrnehmung wahrnehmender, in der Fiktion fingierender, im Gefallen gefallender, im Wollen wollender Blick-auf usf. Das sagt also, dass dieses zum Wesen des *cogito*, des Aktes als solchen gehörige im Blick, im geistigen Auge-Haben, nicht selbst wieder ein eigener Akt ist [...]. (§ 37). In Akten wie diesen kommt es auch zu einer doppelten Weise des Zugewendetseins, wenn im Akt der Freude der Gegenstand das Erfreuliche, im Akt des Wertens der Wert des Objektes zum Gegenstand wird.

Husserl betont die Möglichkeit der Reflexion: »Im *cogito* lebend, haben wir die *cogitatio* nicht selbst bewusst als intentionales Objekt; aber jederzeit kann sie dazu werden, zu ihrem Wesen gehört die prinzipielle Möglichkeit der ›*reflektiven*‹ Blickwendung und natürlich in Form einer neuen *cogitatio*, die sich in der Weise einer schlicht-erfassenden auf sie richtet.« (§ 38).

So ergibt sich also die Möglichkeit einer immanenten und einer transzendenten Wahrnehmung, also die inneren Wahrnehmungen und die auf Gegenstände der Außenwelt gerichteten. Hier wiederholt sich das cartesianische Paradigma: Das Bewusstsein steht einer materiellen Welt gegenüber. »Wie sondert sich nun aus, und kann sich aussondern, das Bewusstsein selbst als ein konkretes Sein in sich und das ihm bewusste, das wahrgenommene Sein als dem Bewusstsein ›gegenüber‹ und als ›anundfürsich‹?« Das sinnlich erfahrene Ding steht dem »wahren Sein« gegenüber, es ist nur Erscheinung. Zum Bewusstsein dagegen gehören die vielfältigen Abschattungen der Erfahrung. Es zeigt sich also ein prinzipieller Unterschied zwischen »Sein als Erlebnis und Sein als Ding« (§ 42), zwischen Immanenz und Transzendenz; der kardinale Unterschied zwischen den zwei Seinsweisen von Bewusstsein und Realität.

»Es ist ein prinzipieller Irrtum zu meinen, es komme die Wahrnehmung (und in ihrer Weise jede andersartige Dinganschauung an das Ding selbst nicht heran. Dieses sei an sich und in seinem Ansichsein uns nicht gegeben. [...] In den unmittelbar anschauenden Akten schauen wir ein ›Selbst‹ an; es bauen sich auf ihren Auffassungen nicht Auffassungen höherer Stufe, es ist also nichts bewusst, wofür das angeschaute als ›Zeichen‹ oder ›Bild‹ fungieren könnte. Und eben darum heißt es unmittelbar angeschaut als ›selbst‹.« (§ 43)

Transzendentes Sein überhaupt, verstanden als Sein für ein Ich, kann nur zur Gegebenheit kommen durch Erscheinung. In der Wahrnehmung dagegen ist etwas als »Absolutes« gegeben. Die Seinsart des Erlebnisses ist, in der Weise der Reflexion prinzipiell wahrnehmbar zu sein.

Wir werden in der Besprechung der Einleitung von *SN* sehen, in welchem hohen Maße Sartre sich diese Vorstellungen von Husserl zu eigen gemacht hat. Allerdings hat er auch versucht, sich der Problematik dieser Position zu entziehen. Denn gerade die Einklammerung der Realität führt zu einem solipsistischen Ich, das völlig in sein Bewusstsein eingeschlossen ist. Wie kann es unter diesen Umständen aber selbst existieren?

Husserl scheint für diese Gefahr völlig blind. Das zeigt sich in einem Einerseits-Andererseits: Für ihn ist klar, dass es die Erfahrung ist, die den Dingen ihren Sinn vorschreibt. Man dürfe sich durch die Rede von der Transzendenz des Dinges gegenüber dem Bewusstsein oder von seinem An-sich-sein nicht täuschen lassen. Im Wesen jeder Transzendenz liege zwar die Möglichkeit des Nicht-Seins. Aber das Sein des Bewusstseins, jedes Erlebnisstromes überhaupt, würde durch eine Vernichtung der Dingwelt zwar notwendig modifiziert, aber in seiner eigenen Existenz nicht berührt. »Kein reales Sein, kein solches, das sich bewusstseinsmäßig durch Erscheinungen darstellt und ausweist, ist für das Sein des Bewusstseins selbst (im weitesten Sinne des Erlebnisstromes) notwendig.«

Und so kommt es zu einem Einerseits-Andererseits:

> »Das immanente Sein ist also zweifellos in dem Sinne absolutes Sein, dass es prinzipiell *nulla re indiget ad existendum.*
> Andererseits ist die Welt der transzendenten ›res‹ durchaus auf Bewusstsein und zwar nicht auf logisch erdachtes, sondern aktuelles angewiesen.«

Husserl stellt fest: »Wir sehen also, dass Bewusstsein (Erlebnis) und reales Sein nichts weniger als gleichgeordnete Seinsarten sind, die friedlich nebeneinander wohnen, sich gelegentlich auf einander beziehen oder mit einander verknüpfen [...] Zwischen Bewusstsein und Realität gähnt ein wahrer Abgrund des Sinnes.«

»Bewusstsein, in Reinheit betrachtet, muss also als ein für sich geschlossener Seinszusammenhang gelten, ein Zusammenhang absoluten Seins, in den nichts hinein dringen und aus dem nichts entschlüpfen kann.«

Andererseits ist die ganze räumlich-zeitliche Welt, der sich Mensch und menschliches Ich als untergeordnete Einzelrealitäten zurechnen, ihrem Sinne nach bloß intentionales Sein, also ein solches, das den bloßen sekundären, relativen Sinn eines Seins für das Bewusstsein hat. »Es ist ein Sein, das das Bewusstsein in seinen Erfahrungen setzt, das prinzipiell nur als Identisches von einstimmig motivierten Erscheinungsmannigfaltigkeiten anschaubar und bestimmbar – darüber hinaus aber ein Nichts ist.« (§ 49) Die Existenz einer Natur kann Existenz von Bewusstsein nicht bedingen, da sie sich ja selbst als Bewusstseinskorrelat herausstellt; sie ist nur als sich in geregelten Bewusstseinszusammenhängen konstituierend.

Dieses Einerseits-Andererseits löst Husserl nicht auf, und Sartres Vorgehen lässt sich nur auf der Basis einer Auseinandersetzung mit Husserls *Ideen* und den *Cartesianischen Meditationen* verstehen. Die Einwände, die er im Verlauf der Darlegungen in *Das Sein und das Nichts* erhebt, brauchen hier noch nicht erörtert zu werden. Eine wichtige Kritik an Husserl, die Kritik an Husserls Ichbegriff, hatte er schon sehr früh, in *Die Transzendenz des Ego*, vorgetragen. Seit Descartes' Zweifelsversuch geisterte das körperlose erkennende Ich, die *res cogitans*, durch die philosophische Literatur – als eine Art Bewohner des Bewusstseins, der die Einheit des Bewusstseins garantiert und die Leistungen der Synthese vollzieht. Alle diese Vorstellungen hält Sartre für völlig verfehlt und unterscheidet deshalb das empirische Ego, die wirkliche, körperliche Person als einen in der empirischen Welt vorkommenden Gegenstand, radikal von dem Selbst, das in der *cogitatio* besteht. Wir werden sehen, dass das Ich durch seine Tätigkeit charakterisiert ist, ohne eine Art von Gegenständlichkeit zu gewinnen.

Sartre setzt die Husserlsche Phänomenologie als bekannt voraus, sucht aber seine eigene davon abweichende Position immer wieder zu verdeutlichen. Denn ohne Zweifel bringt »die transzendentale Phänomenologie« dieselben Probleme mit sich wie der descartes'sche Ansatz. Für Descartes waren aufgrund der Innerlichkeit des Ich die Gedanken gleichsam Bilder von Dingen (3.5), die er Ideen nannte und die den Dingen außerhalb seiner ähnlich waren. Er hatte das Bild von Innenwelt und Außenwelt vor Augen, wenn er Repräsentationen der Außenwelt im Innern ansetzte. »Die cartesianische Erkenntnistheorie, die sich am Vorstellungsbegriff orientiert, vertritt also die These, dass unser Bewusstsein es ursprünglich mit singulären und unverbundenen mentalen Gegenständen zu tun hat und diese inneren Gegenstände sind unsere Vorstellungen, aus denen unsere Erfahrungswelt besteht.«[30] Erkennen wird als Sehen interpretiert, als Schau von Ideen, die immanent sind. Es ist auffällig, dass Husserl, der doch von William James den »Bewusstseinsstrom« übernahm, von dem Pragmatismus James' überhaupt keine Kenntnis nimmt.

Zur Einleitung: Auf der Suche nach dem Sein

I Die Idee des Phänomens

Sartre hält Husserls Phänomenologie für einen großen Fortschritt gegenüber der Kantischen Tradition, weil sie den Gegensatz zwischen dem Kantischen Ding an sich und seiner Erscheinung überwunden habe (cf. *Ideen*, § 40). Die Erscheinung hat das ganze Sein des Existierenden an sich gezogen. Das Sein des Erscheinenden ist genau das, als was es erscheint. Das Phänomen ist selbst das Absolute. Es enthüllt sich, wie es ist. Die Erscheinung ist das Wesen wie seine Existenz.

Aber damit sind nicht alle Dualismen überwunden. Die Phänomenologie hat die Realität des Dinges durch die Objektivität des Phänomens ersetzt, die allerdings zu einem infiniten Regress führt, denn wir werden uns der Dinge nur in ihren unendlichen Abschattungen bewusst. War früher die Erscheinung das Negative, das, was *nicht* das Sein ist, so ist sie jetzt das, was da *ist* und was das Ich *nicht ist*, also *nicht* mein Produkt. Sie hat ihr eigenes Sein; war sie früher ein Negativum (das, was *nicht* das Sein ist), so hat sie jetzt ihr eigenes Sein, da die Erscheinung jetzt nicht länger zwischen dem wahren Wesen und dem Subjekt steht.

Daraus ergibt sich aber ein Problem: »Wenn das Wesen der Erscheinung ein ›*Erscheinen*‹ ist, das sich keinem *Sein* mehr entgegensetzt, gibt es ein legitimes Problem des *Seins dieses Erscheinens*.«

II Das Seinsphänomen (le phénomène d'être) und das Sein des Phänomens (l'être du phénomène)

Das Verständnis dieses außerordentlich schwierigen Kapitels sollte durch die obige Darstellung der Phänomenologie Husserls erleichtert worden sein.

Mit dem Auftreten des Bewusstseins – sei es naturhistorisch oder als Erscheinung im Leben eines Organismus – tritt etwas Neues in die Welt: das Für-anderes-sein. Für das Bewusstsein wird das Sein zum Phänomen: d. h. zum Objekt des Bewusstseins. Die Phänomene werden begrifflich bestimmt, sie sind *etwas* und haben ein *Wesen*. Aber sie lassen sich denken als außerhalb jeder Beziehung auf das Bewusstsein, sie wären dann pure Existenz. Auf diese Weise würde das Sein als An-sich-sein gedacht. Wenn wir vom Seinsphänomen reden, setzen wir also voraus, dass darin die Existenz erscheint als das begrifflich – noch – Unbestimmte.

Der ganze Abschnitt II ist eine Auseinandersetzung mit Husserls *Cartesianischen Meditationen*, I. §7 und 8.

»Hier machen wir nun, Descartes folgend, die große Umwendung, die, in rechter Weise vollzogen, zur transzendentalen Subjektivität führt: die Wendung zum *ego cogito* als dem apodiktisch gewissen und letzten Urteilsboden, auf den jede radikale Philosophie zu begründen ist.
Überlegen wir. Als radikal meditierende Philosophen haben wir weder jetzt eine für uns geltende Wissenschaft noch eine für uns seiende Welt. Statt schlechthin seiend, das ist uns in natürlicher Weise im Seinsglauben der Erfahrung geltend, ist sie uns nur ein bloßer Seinsanspruch. Das betrifft auch die umweltliche Existenz aller anderen Iche, so daß wir rechtmäßig eigentlich nicht mehr im kommunikativen Plural sprechen dürfen. Die anderen Menschen und die Tiere sind für mich ja nur Erfahrungsgegebenheiten vermöge der sinnlichen Erfahrung ihrer körperlichen Leiber, deren Gültigkeit, als mit in Frage stehend, ich mich nicht bedienen darf. Mit den Anderen verliere ich natürlich auch die ganzen Gebilde der Sozialität und der Kultur. Kurzum, nicht nur die körperliche Natur, sondern die ganze konkrete Lebensumwelt ist nunmehr für mich statt seiend nur Seinsphänomen.
[...] Die in diesem reflektierenden Leben erfahrene Welt bleibt dabei in gewisser Weise für mich weiter und genau mit dem ihr jeweilig zugehörigen Gehalt erfahrene wie vorher. Sie erscheint weiter, wie sie vordem erschien, nur daß ich als philosophisch Reflektierender nicht mehr den natürlichen Seinsglauben der Welterfahrung in Vollzug, in Geltung halte, indes er doch noch mit da ist und vom aufmerkenden Blick mit erfaßt ist. Ebenso verhält es sich mit allen sonstigen Meinungen, die über die welterfahrenden hinaus meinem Lebensstrom zugehören, mit meinen unanschaulichen Vorstellungen, Urteilen, Werthaltungen, Entschließungen, Zweck- und Mittelsetzungen usw. und insbesondere den in ihnen in der natürlichen, unreflektierten, unphilosophischen Einstellung des Lebens

notwendig betätigten Stellungnahmen – sofern eben diese die Welt überall voraussetzen, also einen Seinsglauben hinsichtlich der Welt in sich beschließen. Auch hier bedeutet das Sich-enthalten, Außergeltungsetzen der Stellungnahmen von seiten des philosophisch reflektierenden Ich nicht ihr Verschwinden aus seinem Erfahrungsfeld. Die betreffenden konkreten Erlebnisse sind ja, sagen wir wieder, das, worauf der aufmerkende Blick gerichtet ist, nur daß das aufmerkende Ich als philosophierendes in bezug auf das Angeschaute Enthaltung übt. Auch alles, was in dergleichen Erlebnissen als Gemeintes im Geltungsbewußtsein war, das betreffende Urteil, die betreffende Theorie, die betreffenden Werte, Zwecke usw., bleibt ganz und gar erhalten – nur in der Geltungsmodifikation ›bloße Phänomene‹.«

(1) Das Phänomen ist nichts anderes als *das, was* sich manifestiert, das manifestierte Sein der Natur, und dieser Seinsboden ist das natürliche Sein der Welt, von dem ich reden kann (Husserl, § 8). Für Husserl existiert aber die Welt im ersten Schritt der Reduktion, der phänomenologischen Reduktion, nur mehr im Seinsglauben, ihr Sein ist ein bloßer Seinsanspruch – Sartre nennt das im Folgenden den Ruf nach Sein. Das Seinsphänomen besteht darin, dass das Subjekt sich auf Objekte des Bewusstseins bezieht. Man hat ein gewisses präreflexives (vor-personales) Verständnis vom Sein, auch ohne die Objektivierung durch Sprache und Begriffe, etwa im Ekel oder der Melancholie, in der Langeweile oder in Verlangen und Abscheu – man denke an den Kastanienbaum. Es muss also ein Seinsphänomen geben, eine Seinserscheinung, die als solche beschreibbar ist.

(2) Wenn nun die Ontologie in der Beschreibung dieses Seinsphänomens besteht, stellt sich die Frage: Ist das so erreichte Seinsphänomen mit dem Sein der Phänomene identisch?

(3) Das Wort »Sein« hat hier wie oben eine doppelte Bedeutung, es kann das Wesen (frz. *essence*), aber auch die Existenz bezeichnen. Die Frage nach dem Sein der Phänomene ist also dop-

peldeutig, sie kann auf ihr Wesen gehen (was sind sie?), aber auch auf ihre Existenz (existieren sie?)

(4) Anscheinend gibt es keine Schwierigkeit: Husserl hat in der Methode der eidetischen Reduktion gezeigt, wie man das konkrete Phänomen auf sein Sein (*essence*), d.h. sein Wesen hin überschreiten kann.

(5) Aber der Übergang vom einzelnen Objekt, etwa einem Tisch, zum Wesen, der Gattung, ist ein Übergang von Homogenem zu Homogenem. Man kann nach Art oder Gattung fragen, z.B. was ist das Wesen des Tisches? Oder des Dreiecks? Oder eines Tons? usf.

(6) Ist aber der Übergang von den Existierenden (Dingen) – den objektiven Phänomenen, den Dingen, die existieren – zum Seinsphänomen, der Übergang zum Sein, dasselbe wie der Übergang zum Wesen? Heißt das Existierende auf das Seinsphänomen zu überschreiten es auf sein Sein hin zu überschreiten, wie man das einzelne Rot auf sein Wesen hin überschreitet?

(7) Ganz offensichtlich ist das nicht der Fall, denn Existenz ist keine Gattung (vgl. Aristoteles, *Analytik* 92b 13f.). Die Überschreitung auf das Sein im Sinne der Existenz hin ist nichts anderes als ein Seinsanspruch, der Seinsglaube der Welterfahrung. Das Dass-Sein, die Existenz, ist keine Eigenschaft von Dingen, sondern wie bei Husserl nur der Ruf nach Sein im Seinsglauben, d.h. die vorausgesetzte natürliche Welt. Das Wassein der Dinge, ihr Wesen, ist beschreibbar, das Dass-Sein ist eine Voraussetzung, eine Bedingung der Enthüllung.[31]

Sartre nennt dieses Sein der Existenz die Realität.

Man muss dies als den Angel- und Drehpunkt der sartreschen Ontologie ansehen: Existenz ist der Punkt, wo »der Spaten sich umbiegt«: Für Husserl und Heidegger ist der Übergang vom Sein zum Wesen ein Übergang von Homogenem zu Homogenem; die Voraussetzung dafür ist aber die Existenz: »Das Sein ist einfach die Bedingung jeder Enthüllung.« Das Sein des Phänomens ist nicht selbst ein Phänomen, es hat nicht den phänomenalen Charakter des Wesens – später hören wir, dass es transphänomenal ist.

III Das präreflexive Cogito und das Sein des percipere

Im Gegensatz zu Husserl betont Sartre deshalb die *Transzendenz* des Bewusstseins: die Gegenstände sind nicht *im* Bewusstsein, sie sind nicht der *Inhalt* des Bewusstseins, sondern sie sind die Gegenstände in der Welt. Sartre fand den eigentlichen Ausgangspunkt für seine Überlegungen in dem Konkreten des In-der-Welt-seins, dem zentralen Begriff von Heideggers *Sein und Zeit.*

Gewöhnlich betrachtet man das Bewusstsein im Zusammenhang mit der *Erkenntnis* der gegenständlichen Welt als die subjektive Seite eines Ganzen, des erkannten Gegenstandes oder der erkannten Objektivität. Aber jede Theorie der Erkenntnis setzt eine Metaphysik voraus, d.h. Überlegungen darüber, was das ist, das da erkennt oder erkannt wird. Der Idealismus geht vom Primat des Erkennens aus, der Realismus dagegen behauptet den Primat der gegenständlichen Welt, der Objekte. Sartre sucht eine Position jenseits dieser einseitigen Metaphysiken. Seine »phänomenologische Ontologie« ist dazu bestimmt, die *seienden* Grundlagen des Erkennenden und des Erkannten ausfindig zu machen. Denn das Bewusstsein geht über das Bewusstsein eines Objekts hinaus, es ist nicht mit dem Objekt identisch, genau wie ein Objekt nicht in seinem Wahrgenommenwerden aufgeht. Das Bewusstsein setzt ein Sein des Erkennenden voraus, das mehr ist als das Bewusstsein eines bestimmten Objekts; und das Objekt setzt ein Sein des Gegenstandes voraus, das mehr ist als Gegenstand eines bestimmten Bewusstseinsaktes.

Beginnen wir mit der subjektiven Seite, dem Bewusstsein.

Bewusstsein hat zwei mögliche Gegenstandsbereiche: Es gibt Bewusstsein der äußeren, öffentlich zugänglichen Welt, das eigentliche Gegenstandsbewusstsein; und es gibt Bewusstsein unserer »Innenwelt«, das heißt von Vorgängen, die anderen nicht zugänglich sind. Manchmal sind dies direkte körperliche Erfahrungen wie Schmerzen, Hitze, Durst, manchmal »seelische« oder »geistige« Erfahrungen wie Heimweh oder Erinnerungen. Worin besteht nun das Bewusstsein als bewusst-sein, als bewusstes Sein?

Zunächst einmal bedeutet sich einer äußeren Sache oder eines inneren Ereignisses bewusst zu sein nicht, dass wir uns dessen *bewusst* sind, *dass* wir uns der äußeren oder inneren Welt bewusst sind – das wäre die Verwechslung von Bewusstsein und Reflexion. Das heißt, wir sind uns einer Situation in der Weise bewusst, dass wir »ganz bei der Sache« sind, aber zwischen Bewusstsein und Sache in diesem Augenblick nicht trennen. Ich zähle Äpfel, aber ich bin mir in diesem Augenblick nicht bewusst, dass Zählen eine bewusste Handlung ist, die ich an den Dingen vornehme. Oder ich habe einen Schmerz, ohne dass ich zwischen Schmerz und Schmerzbewusstsein trennen könnte. Kurz – es gibt eine unreflektierte Weise des Bewusstseins, in der das Bewusstsein funktioniert: Das ist das Bewusstsein, das ich bin, nicht das Bewusstsein, das ich habe. Ich bin »ganz Ohr«, ich bin mein Heimweh usw. Sartre nennt diese Weise des (funktionierenden, transitiven) Bewusstseins »präreflexiv«, und um deutlich zu machen, dass dieses Bewusstsein sich dabei nicht selbst zum Gegenstand macht, sich selbst nicht »setzt«, das heißt nicht Bewusstsein seiner selbst *als* Bewusstsein ist, schreibt er: Bewusstsein (von) sich, im Gegensatz zum gegenstandssetzenden Bewusstsein, sei es von sich selbst (Reflexion) oder von einem äußeren Gegenstand. (Wenn nicht die Gefahr bestünde, dass daraus Missverständnisse entstünden, würde man dieses Bewusstsein (von) sich einfach mit dem – philosophischen, nicht umgangssprachlichen! – Begriff ›Selbstbewusstsein‹ wiedergeben können.) Aus der Tatsache, dass wir, im Falle des transitiven Bewusstseins, »bei der Sache« sind, ergibt sich auch, dass die Sache keineswegs »im Bewusstsein«, Inhalt des Bewusstseins, ist; die Sache selbst ist vielmehr bewusstseinstranszendent, ein »Zentrum der Undurchschaubarkeit« für uns. Umgekehrt ist das Bewusstsein reine Durchsichtigkeit (*translucidité*) für den Gegenstand. Die Sache ist in der Welt, und wir verhalten uns zu ihr erkennend oder handelnd oder gleichgültig.

Dieses präreflexive Denken, dieses Bewusstsein, das zwar tätig ist, sich selbst aber dabei nicht zum Gegenstand macht, ist also ein erkennendes Sein, insofern es *ist.* »Das Bewusst-sein ist die transphänomenale Seinsdimension des Subjekts.« Das Bewusstsein ist das erkennende Sein (Husserls Noesis). Das Seinsgesetz des Bewusstseins ist, *bewusst-zu-sein.* Wir sind also wieder bei dem *cogitare* oder der *cogitatio* angelangt. Das *ego* des *ego cogito* ist die Voraussetzung des Wahrnehmens, und das *ego* ist *cogitatio* (vgl. Schelers *actualitas* und W. James: »Die Bewusstseinsvorgänge selbst sind die denkenden Subjekte.« *Psychologie,* Kap. XII). Wir müssen die Seinsdimension des Bewusstseins, des erkennenden Seins, besser zu verstehen suchen. Wir wissen, dass für Husserl das Bewusstsein immer Bewusstsein von etwas ist, es hat intentionale – transzendente – Objekte, aber es hat keinen Inhalt. William James (ihm schloss sich Bertrand Russell an; ähnlich Ernst Mach und Richard Avenarius) hatte den Versuch gemacht, mit Hilfe des Begriffs der neutralen Objekte den Inhalt des Bewusstseins in zwei Reihen, mal als Dinge, mal als psychische Elemente, anzusehen. Sartre verzichtet auf die Vorstellung eines Inhalts des Bewusstseins ganz und gar: »Ein Tisch ist nicht im Bewusstsein, nicht einmal als Vorstellung. Ein Tisch ist im Raum, neben dem Fenster usf.« Der erste Schritt einer Philosophie muss also darin bestehen, die Dinge aus dem Bewusstsein zu verbannen und dessen wahres Verhältnis zur Welt wieder herzustellen, dass nämlich »das Bewusstsein setzendes Bewusstsein *von* der Welt ist«.

Das hat aber zur Voraussetzung, dass das Bewusstsein immer zugleich Selbstbewusstsein ist. Es muss wissen, dass es Bewusstsein von sich selbst als diese Erkenntnis seiend ist. Dies ist kein Akt der Reflexion, das erste Bewusstsein ist präreflexiv. Es ist die Bedingung des cartesianischen *cogito*. Diese Überlegung hat offensichtlich die hier undiskutierte Voraussetzung, dass unmittelbares Bewusstsein Sehen, Wahrnehmen von etwas ist, nicht dagegen ein propositionaler Akt: Wer etwas wahrnimmt, ist auf einen Gegenstand bezogen, muss aber nicht urteilen, dass es der und der Gegenstand ist. Er muss auch nicht urteilen, dass es ein Wahrnehmungsakt ist, er *hat* ihn einfach (vgl. Husserl, *Ideen*, § 77). Man denke etwa an die oben erwähnte Faszination beim Ansehen eines Films: Man ist reines Bewusstsein, ohne Reflexion darauf, dass man Bewusstsein ist, obwohl man auf die Frage, wer es ist, der da bewusst ist, selbstverständlich mit »Ich« antworten würde. Jedes objektsetzende Bewusstsein ist gleichzeitig nichtsetzendes Bewusstsein von sich selbst. Jede bewusste Existenz existiert als Bewusstsein zu existieren. Wir sind hier wieder bei Descartes: Im Bewusstsein zu denken versichere ich mich meiner Existenz.

Das Bewusstsein (von) sich ist der einzige mögliche Existenzmodus für ein Bewusstsein von etwas. Das Sein der Intention ist immer nur als Bewusstsein (von) sich denkbar; ebenso Lust oder Schmerz. Lust und Schmerz sind, wie Husserl (*Ideen*, § 37) zeigte, Qualifikationen der Intentionalität, nicht Qualifikationen des Bewusstseins. Lust ist Lustbewusstsein. Lust ist also keine Vorstellung. Das Bewusstsein ist in diesem Sinne ein unteilbares, unauflösliches Sein. Es ist reine Transluzidität, Durchsichtigkeit.

Der Verzicht auf den Primat der Erkenntnis hat zum Sein des Erkennenden geführt, und wir sind zum Absoluten gekommen (vgl. Husserl *Ideen* § 49). Das Bewusstsein ist aber keine Substanz, es ist eine operative Intention. Mit einem heideggerschen Ausdruck: Diese operativen Intentionen sind »erschlossen-erschließend«. Das Bewusstsein ist also durch und durch Existenz und durch und durch Bewusstsein. Es existiert durch sich selbst. Wir haben mit dem Verzicht auf den Primat der Erkenntnis das Sein des Erkennenden entdeckt und sind auf das Absolute gestoßen, ein Absolutes der Existenz, nicht der Erkenntnis.

Das Absolute ist das Subjekt der konkretesten Erfahrung; es *ist* diese Erfahrung, ein nicht-substanzielles Absolutes, keine *res cogitans*, sondern die *cogitatio*.

Es bildet die Basis jeder Erkenntnis, ist aber selbst nicht etwas Erkanntes. Es ist, wie Sartre sagt, der »transphänomenale Grund« der Erkenntnis, ein Grund also, der selber nicht Phänomen, Erscheinung für das Bewusstsein wird. Aber auch als diese seiende Voraussetzung *ist* das präreflexive *cogito Bewusstsein*, d.h. Aktivität, Spontaneität. Als Aktivität, als Bewusstsein durch und durch, kann dieses präreflexive Denken aber nicht Wirkung von etwas Äußerlichem sein, sonst wäre es, soweit es Wirkung ist, passiv. Das präreflexive Denken bestimmt sich also aus sich selbst, es ist Ursache seiner selbst (*causa sui*): Es begründet sich selbst. (Genau genommen ist sogar diese Formulierung falsch, denn es kann ja nicht Ursache seiner selbst sein, weil es sich dann selbst vorausgehen müsste. Aber es kann kein Nichts an Bewusstsein vor dem Bewusstsein geben.)

IV Das Sein des percipi

Betrachten wir nun die objektive Seite des Erkenntnisganzen. Auf sie verweist schon der Begriff des Bewusstseins selbst; denn

Bewusstsein ist wesentlich »intentional«, es ist objektbezogen. Bewusstsein ist immer Bewusstsein von etwas, und dieses »etwas« muss »bewusstseinstranszendent« sein, sonst wäre Bewusstsein nur Bewusstsein von sich selbst. Woher rührte dann aber die Undurchschaubarkeit des Gegenstandes? Wie könnte das Bewusstsein entdeckend sein? »Wenn man sagt, das Bewusstsein ist Bewusstsein von etwas, so bedeutet das, dass es für das Bewusstsein kein Sein gibt außerhalb dieser präzisen Obligation, offenbarende unmittelbare Intuition von etwas zu sein, das heißt von einem transzendenten Sein.« (SN 35f.)

V Der ontologische Beweis

So kommt Sartre zu der ersten Formel des Bewusstseins: »Das Bewusstsein ist ein Sein, dem es in seinem Sein um sein Sein geht, insofern dieses Sein ein Anderes-sein als es selbst impliziert.« (SN 37) Sartre nennt diese Überlegungen den »ontologischen Beweis«: »Das Bewusstsein entsteht als auf ein Sein *gerichtet*, das nicht es selbst ist.« (SN 35)

So wie die Erkenntnis ein »transphänomenales Sein« voraussetzt, auf dem sie beruht – das Sein des Erkennenden, das Sartre als das *präreflexive cogito* identifiziert hat –, so setzt also auch das erkannte Objekt ein transphänomenales Sein voraus, auf dem es beruht. Das *erkannte Objekt*, das diese beiden Seiten *voraussetzt*, ist das Phänomen. Man darf darunter nicht verstehen: *nur* ein Phänomen, so, als ob es dahinter noch ein Wesen gäbe, das nicht erschiene oder niemals Erscheinung werden könnte. Alles, was das Ding ist, tritt auch in Erscheinung, wenn auch vielleicht nur im Laufe unendlich vieler Abschattungen/Beobachtungen. »Phänomen« soll einfach nur bedeuten, dass wir, die Erkennenden, es im Erkennen nicht mit Gegenständen an sich, sondern mit Gegenständen für uns zu tun haben, und dass alles, was wir von ihnen wissen können, sich in einer Beziehung auf uns enthüllen muss. Ob dieses Ding dort als Hindernis oder als Versteck, als weit entfernt oder nah, als groß oder klein usw. entdeckt wird, ergibt sich aus dem jeweiligen Entwurf meiner selbst auf den Umgang mit diesem Ding hin: Erscheinungen haben *Sinn* für mich, sie erscheinen mir *als* etwas.

Der ontologische Beweis sichert die Bewusstseinsunabhängigkeit des Seins der Phänomene, oder andersherum: Die Phänomene (für das Bewusstsein) erwachsen auf einem transphänomenalen Grund. Sartre hatte deshalb ja auch unterschieden zwischen dem Seinsphänomen (*phénomène d'être*), das heißt der Erscheinung jenes transphänomenalen Seins, das uns unmittelbar im Ekel, der Langeweile usw. offenbar wird, der puren, nackten Existenz also, und dem Sein des Phänomens (*l'être du phénomène*), dem in Begriffen ausgelegten, dem Intellekt zugänglichen, bedeutungsvollen Sein der Phänomene, ihrem Wesen (*essence*).

VI Das Sein an sich

Das transphänomenale Sein ist das Sein an sich. Was ist dieses An-sich-sein?

1. Das Sein ist an sich, es ist nur es selbst. Es ist opak, weil es nur von sich selbst erfüllt ist.

2. Das Sein ist das, was es ist. Damit wird es von dem Sein des Bewusstseins unterschieden, das immer Bewusstsein (von) sich ist, also in einer Beziehung zu sich selbst steht. Dadurch ist die Seinsregion des An-sich-seins von der des Für-sich-seins unterschieden, das das *zu sein hat, was es ist.* Das An-sich hat kein Geheimnis, es ist massiv. Es ist volle Positivität, kennt keine Alterität. Es entgeht der Zeitlichkeit.

3. Das An-sich-sein ist. Es ist nicht möglich oder unmöglich, es ist von nichts abzuleiten: kurzum, es ist *zu viel* [de trop], überflüssig.

Man könnte sich das so veranschaulichen:

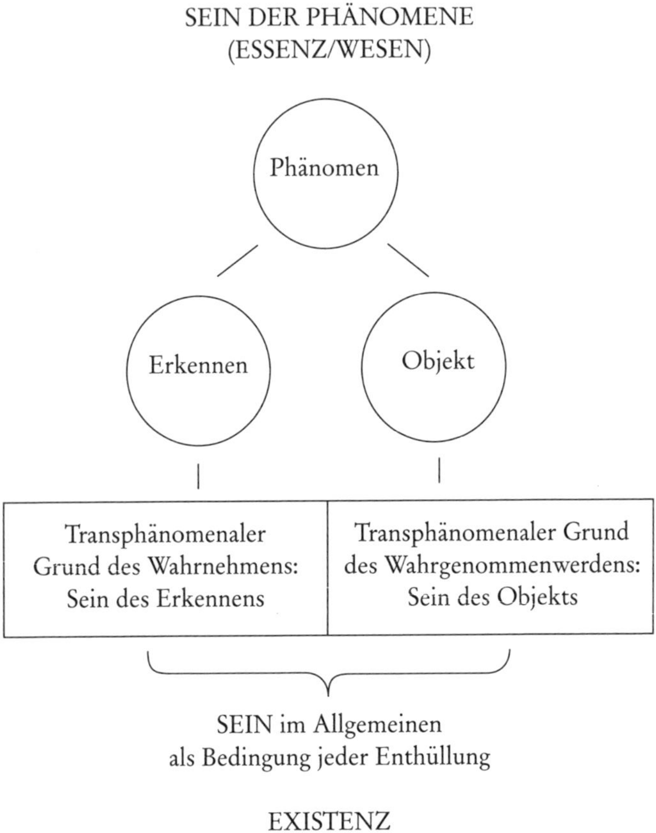

Das Phänomen ist die Einheit von erkennendem Bewusstsein und erkanntem Objekt. Es hat damit eine transphänomenale Grundlage, einmal im Sein des Bewusstseins, das andere Mal im Sein des Objekts.

Bewusstsein und Phänomen sind aufeinander bezogen, das Bewusstsein als intentional ist ein Ruf nach Sein und das Phänomen als Erscheinung ist Sein für ein Bewusstsein. Sie bilden also eine ursprüngliche synthetische Einheit, den Menschen-in-der-Welt: das Konkrete oder eine Ganzheit.

Das transphänomenale Sein des Bewusstseins nennt Sartre das Für-sich-sein, das transphänomenale Sein des Objekts das An-sich-sein. Das sind die beiden Arten des Seins oder Seinsweisen, wie das SEIN IM ALLGEMEINEN (SN 397) erscheint. Das Thema von *Das Sein und das Nichts* besteht in der Verbindung dieser beiden Arten des Seins.

»Was ist der tiefe *Sinn* dieser beiden Seinstypen? Aus welchen Gründen gehören beide dem *Sein* im Allgemeinen zu? Was ist der Sinn des Seins, insofern es diese beiden radikal getrennten Seinsregionen in sich enthält? Wenn es sowohl dem Idealismus als auch dem Realismus misslingt, die Bezüge zu erklären, die diese beiden *de jure* nicht kommunizierbaren Regionen *de facto* vereinigen, welche andere Lösung kann man diesem Problem geben? Und wieso kann das Sein des Phänomens transphänomenal sein? Als Versuch, diese Fragen zu beantworten, haben wir das vorliegende Buch geschrieben.« (SN 44 f.)

Das so charakterisierte Programm klingt nicht eben attraktiv. Aber sobald man sich einmal klarmacht, dass die beiden Seinstypen, von denen hier die Rede ist, nichts anderes bezeichnen als das Verhältnis des Menschen, des Für-sich-seins, zur Welt, oder umgekehrt, dass das Konkrete die synthetische Totalität ist, von der das Bewusstsein wie auch das Phänomen lediglich Momente bilden, taucht hinter der abstrakten Formulierung eine sehr viel anschaulichere Problemstellung auf. »Das Konkrete ist der Mensch in der Welt mit jener spezifischen Vereinigung des Menschen mit der Welt, die zum Beispiel Heidegger ›In-der-Welt-sein‹ nennt.« (SN 50) Und jetzt lässt sich die Fragestellung sehr viel anschaulicher so formulieren: »1. Was ist das synthetische Verhältnis, das wir ›In-der-Welt-sein‹ nennen? 2. Was müssen der Mensch und die Welt sein, damit das Verhältnis zwischen ihnen möglich ist?«

Sartre verspricht, mehrere dieser Verhaltensweise zu untersuchen, bis er zu dem tiefen Sinn der Beziehung »Mensch – Welt« vorgedrungen ist. Als Leitfaden seiner Untersuchung soll ein ganz spezifisches Verhalten dienen, die Fragehaltung.

Zum ersten Teil: Das Problem des Nichts

Angst und Freiheit

Wohl keiner hat einfacher und klarer ausgedrückt, was Freiheit ist, als Schopenhauer:

> »Was heißt Freiheit? Dieser Begriff ist, genau betrachtet, ein negativer. Wir denken durch ihn nur die Abwesenheit alles Hindernden und Hemmenden: dieses hingegen muss, als Kraft äußernd, ein Positives sein. Der möglichen Beschaffenheit dieses Hemmenden entsprechend hat der Begriff drei sehr verschiedene Unterarten: physische, intellektuelle und moralische Freiheit.«[32]

Die *physische* Freiheit ist die Abwesenheit aller äußeren Hindernisse, die die Entfaltung des eigenen Willens hemmen; die Beispiele dafür reichen vom freien Himmel bis zur politischen Freiheit. Ganz allgemein also heißt physische Freiheit: aus seinem Willen handeln können. *Intellektuell* frei ist der Mensch, dessen Handlungen das reine Resultat der Reaktion seines Willens auf Motive sind, die in der Außenwelt vorliegen. Der Intellekt ist das Medium der Motive, und intellektuell frei kann der Mensch nur sein, wenn dieses Medium die Motive unverfälscht und regelrecht an den Willen gelangen lässt (wenn der Mensch zurechnungsfähig ist). Da nun der populäre Begriff der Freiheit, die physische Freiheit, so viel bedeutet wie »dem eigenen Willen folgen«, scheitert die Anwendung dieses Begriffs auf den Willen selbst: Denn dann hieße ein freier Wille ein Wille, der sich selbst gemäß ist – was sich von selbst versteht, aber nichts sagt. Um also diesen empirischen Begriff der Freiheit dennoch auf den Willen anwenden zu können, fasste man ihn abstrakter, »indem man durch den Begriff der Freiheit nur im allgemeinen die Abwesenheit aller Notwendigkeit dachte«. Schopenhauer hält demgegenüber auch hier an der Gültigkeit des »Satzes vom zureichenden Grunde« fest: Den angeborenen individuellen Charakter vorausgesetzt, wirken die Motive mit Notwendigkeit auf die Handlungen; also ist der Wille nicht frei. »Mit einem Wort: der Mensch tut allezeit nur, was er will und tut es doch notwendig. Das liegt aber daran, dass er schon ist, was er will: denn aus dem, was er ist, folgt notwendig alles, was er jedesmal tut.«[33]

Es wäre äußerst lehrreich, Schopenhauers Bestreitung der Willensfreiheit, der moralischen Freiheit, genauer mit Sartres Philosophie zu konfrontieren, denn es gibt vielleicht nichts, gegen das Sartres Philosophie so entschieden und durchgängig ankämpft wie gegen den Determinismus. Es ist naheliegend, gegen die Bestreitung der Willensfreiheit bei Schopenhauer zwei Einwände vorzubringen. Zum einen argumentiert Schopenhauer von der geschehenen Handlung aus: die Tatsache, dass eine Handlung geschehen ist, beweise, dass ein Motiv das andere überwogen habe. Also, schließt er, sei die Handlung notwendig eingetreten. Handlung und notwendig erfolgte Handlung sind für ihn dasselbe. Aber besteht die Freiheit nicht gerade in und bis zu dem Abwägen des Gewichtes der Motive? Motive wirken ja nicht kausal auf das Handeln – das wäre eine para-mechanische Vorstellung vom menschlichen Geist –, sondern müssen erst als Motive gewählt, das heißt bewertet werden. Der andere Einwand betrifft die Voraussetzung des angeborenen individuellen Charakters: Hier setzt Sartre – mit Alfred Adler – an, wenn er von einem »Urentwurf« ausgeht. Der Charakter ist nicht die Voraussetzung des Handelns, sondern das Ergebnis. Alle Komponenten einer Handlung erfahren offensichtlich eine neue Bewertung, wenn man sie im Rahmen dieser Vorstellung sieht.

Sartre folgt in seiner Auffassung der Freiheit vielmehr Kant. Wenn wir den Menschen als ein handelndes Wesen ansehen, dann sind in der Idee der Handlung Sinnstrukturen vorausgesetzt, die das Handeln von bloßer Reaktion oder bloßem Verhalten unterscheiden. Es kommt darauf an, den in dieser Unterscheidung vorausgesetzten Sinn von Freiheit herauszufinden. Wenn man den Begriff der Handlung nicht ohne die Annahme eines freien Willens denken kann, dann hätte die Bestreitung des freien Willens die Unanwendbarkeit des Begriffs der Handlung zur Folge – dann hätte noch nie ein Mensch wirklich gehandelt, sondern immer nur reagiert.

Aber wie hätte es ein Begriff, der überhaupt keine Verwendung hat, jemals zu solchen Ehren bringen können? Und was würde sonst noch alles in Mitleidenschaft gezogen werden, wenn wir den freien Willen bestritten: Gut und Böse, Lob und Tadel, Recht und Unrecht! Es kann also nicht sinnvoll sein, sich einen Begriff von Freiheit zu machen, der bei seiner Anwendung auf den Willen versagt, sondern die Aufgabe besteht umgekehrt darin, herauszufinden, was wir voraussetzen, wenn wir Menschen als freie, handelnde, verantwortliche Wesen bezeichnen. Welchen Sinn verbinden wir mit der Vorstellung vom Menschen als handelndem Wesen?

Handeln ist seiner Struktur nach intentional, es ist auf einen Zweck hin gerichtet, um einem empfundenen Mangel abzuhelfen. In seiner einfachsten Form ist es also in die Kette Anlass – Intention – Handlung – Zweck eingebettet. Erst im Rahmen eines Handlungsentwurfs, einer Erwartung und dergleichen kann es so etwas geben wie eine erfüllte Erwartung – die Handlung ist vollendet – oder eine enttäuschte Erwartung – aus der Absicht ist nichts geworden. Erst im Rahmen der mit einer Handlung zusammenhängenden Verhaltensweisen gegenüber der Objektivität gibt es so etwas wie Wissen und Unwissen, Erfüllung oder Enttäuschung, Wahrheit und Falschheit von Behauptungen. In der Erwartungs- oder Fragehaltung also erscheint das »nicht«, die Verneinung, als etwas Objektives, Transzendentes in der Welt – man denke an das Fehlenkönnen von Monsieur Simonnot oder auch an den kleinen Schlager »*Some of these days you'll miss me, honey*«. Nur für eine menschliche Erwartung gibt es so etwas wie Veränderung, Zerstörung, Andersheit, Abstoßung, Reue usw., also objektive *négatités*, Negatitäten. Erst durch die menschliche-Realität erfolgt der Einbruch des Negativen in die positive Fülle des Seins. Nur weil wir einen Zustand vor einem anderen bevorzugen, gibt es Zerstörung – an sich wäre das Zerstörte ein ebenso positiver Zustand wie das Heile. Nur weil wir – als Zeugen – Zustände vergleichend festhalten, gibt es Veränderungen.

Sartre setzt bei der Form seiner Untersuchung selber an. Er hat eine Frage nach dem Verhältnis der beiden Seinstypen gestellt. Jede Frage setzt prinzipiell voraus, dass es eine negative Antwort geben könnte. Die erste Untersuchung gilt demgemäß dem Problem, woher das Negative ins Sein kommt. Analysieren wir das Frageverhalten genauer. Wir versetzen uns im Zustand des Fragens in einen gleichsam neutralen Zustand hinsichtlich des Ergebnisses: Es kann eintreten oder nicht eintreten. Das Gegebene wird also zu einer Vorstellung, die zwischen dem Sein und dem Nichts hin und her schwingt (Freud spricht vom Denken als Probehandeln). In dieser Haltung – und das ist entscheidend – löst man sich aber aus dem Griff des Gegebenen, man macht einen Schritt rückwärts. Man kann also das, was eine Frage oder eine Erwartung ist, überhaupt gar nicht verstehen, wenn man nicht die darin enthaltene Loslösung von den Kausalreihen anerkennt, die das Sein konstituieren und die nichts anderes als Sein erzeugen können. Das (nur positive) Sein kann nur positives Sein erzeugen: Das ist der Determinismus. Aber eine Frage ist nur verständlich, wenn wenigstens die Möglichkeit einer negativen Antwort besteht.

»Eine reale Ursache bringt ja reale Wirkung hervor und das verursachte Sein ist durch die Ursache ganz und gar in die Positivität engagiert: in dem Maß, wie es in seinem Sein von der Ursache abhängt, kann es darin nicht den kleinsten Keim vom Nichts geben; insofern der Fragende gegenüber dem Befragten so etwas wie einen nichtenden Abstand einnehmen können muss, entgeht er der Kausalordnung der Welt, löst er sich vom Leim des Seins. Das bedeutet, dass er durch eine zweifache Nichtungsbewegung das Befragte sich selbst gegenüber nichtet, indem er es in einen *neutralen* Zustand zwischen dem Sein und dem Nicht-Sein versetzt – und dass er sich selbst gegenüber dem Befragten nichtet, indem er sich vom Sein losreißt, um die Möglichkeit eines Nicht-Seins aus sich hervorgehen lassen zu können. So ist mit der Frage eine gewisse Dosis Negatität in die Welt eingeführt: wir sehen, wie das Nichts [*le néant*] die Welt irisiert und auf den Dingen schimmert. Aber gleichzeitig geht die Frage von einem Fragenden aus, der sich selbst in seinem Sein als fragend motiviert, indem er vom Sein abhebt. Sie ist also ihrer Definition nach ein menschlicher Prozess. Der Mensch bietet sich, wenigstens in diesem Fall, als ein Sein dar, das das Nichts in der Welt aufbrechen lässt, insofern es sich selbst zu diesem Zwecke mit Nicht-sein affiziert.« (SN 81 f.)

Die menschliche-Realität ist fähig, sich aus dem Zusammenhang mit dem Seienden herauszulösen, sie kann ein Nichts, ein Nein, ein Nicht aus sich hervorbringen. (Das französische Wort *néant* bedeutet so viel wie Nichtigkeit (*importance nulle*), *le sentiment de son néant* ist das Gefühl der Nichtigkeit, Hoffnungen oder Pläne können »zunichte werden (*reduire à néant*)«. Davon unterscheidet sich *rien* als unbewusstes Nichts: *c'est tout ou rien*, alles oder nichts.) Und genau diese Möglichkeit macht die menschliche Freiheit aus.

Wir können hier einen ersten Versuch machen, die Bedeutung dieses zunächst etwas verwirrenden Begriffs des Nichts aufzuhellen.

Das präreflexive *cogito*, jene Durchsichtigkeit des Bewusstseins, die es ihm ermöglicht, ganz bei der Sache zu sein, ist nicht eins mit dem Objekt. Es ist selbst etwas, das über das Objekt hinausgeht, aber es ist kein selbständiges Wesen mit eigenen Gesetzen usf.: Kein Bewohner des Bewusstseins wie bei Descartes, es ist also weder formal als ein leeres Einigungsprinzip vorhanden wie bei Kant noch material präsent als Zentrum von Begierden und Handlungen wie etwa bei den französischen Moralisten (La Rochefoucauld). All das würde ja seine *translucidité* hindern. Das Ich ist vielmehr der Welt zugehörig, ein empirisches Ego, transzendent. Also ist das Bewusstsein das konkrete Nichts; es ist von seinem Objekt durch ein Nichts getrennt. Dieses Nichts ist kein Ding, es ist die Struktur, mit seinem Objekt nicht identisch zu sein und sich deshalb aus der Kausalität des positiven Seins lösen zu können. Das Bewusstsein ist die Fähigkeit, sich selbst in Frage zu stellen und dadurch aus der vollkommenen Identität mit sich herauszugleiten. In der Frage löst sich der Fragende vom Sein. Dieser Bruch der Kausalkette ist das Nichts im Menschen und die Quelle des Nichts in der Welt.

Zunächst heißt das nur, dass der Mensch im Denken frei ist; denn der »nichtende Schritt nach rückwärts« (»nichten« [(se) néantiser)], ein ursprünglich von Heidegger erfundenes Wort, um das »Nicht-Existieren« des Nichts zu bezeichnen, wird von Sartre in mehrfachem Sinne gebraucht, um das Eindringen des Nichts in das Sein zu charakterisieren) bedeutet ja zunächst nur, das Gegebene in Vorstellungen zu verwandeln. Wie wir gesehen haben, lässt sich das nicht nach dem Schema Ursache-Wirkung verstehen; den »nichtenden Schritt nach rückwärts« muss das Bewusstsein von sich aus tun, es ist Ursache seiner selbst. Auch die Art und Weise, wie der Bewusstseinsstrom sich fortwälzt, ist nicht nach der Ursache-Wirkung-Relation zu begreifen:

»[...] insofern ich fortwährend Negatitäten benutze, um die Existierenden zu isolieren oder zu bestimmen, das heißt, um sie zu denken, ist die Sukzession meiner ›Bewusstseine‹ ein ununterbrochenes Ablösen der Wirkung von der Ursache, da jeder nichtende Prozess verlangt, seinen Ursprung nur von sich selbst herzuleiten.« (SN 88)

Ein Gedanke ist nicht die Ursache des nächsten Gedankens, vielmehr ist jeder Gedanke nur wieder eine neue Entscheidung darüber, woran er anknüpft. Der vorhergehende Zustand kann mich zwar motivieren, aber ich muss mich entscheiden, ob ich ihn als Motiv auffassen will oder nicht. Das bewusste Sein konstituiert sich also in bezug auf seine Vergangenheit selbst als von dieser Vergangenheit geschieden durch ein Nichts: »Ständig lebt sich das Bewusstsein selbst als Nichtung seines vergangenen Seins.« (SN 90)

Diese Überlegungen stellen den ersten und vielleicht wichtigsten Schritt auf dem Weg zu einer umfassenden Theorie der Freiheit dar.[34] Eine Analyse der in der Idee der Handlung enthaltenen Sinnstrukturen zeigt, dass wir uns in den Vorstellungen, die wir uns in den Entwürfen machen, von dem »Leim des Seins« lösen und damit die Kette der Determination unterbrechen.

Die Frage als Verhalten hat uns auf die Negation geführt und diese auf das Nichts als ihren Ursprung. Dieses Nichts kann nicht außerweltlich sein, es muss innerhalb des Seins gegeben sein. Durch welches Sein kommt das Nichts zu den Dingen? Nicht durch das An-sich-sein, das nur positiv ist. Sartre verwendet hier eine Formulierung, die zuerst schwer verständlich erscheint: Das Sein, durch das das Nichts zur Welt kommt, ist ein Sein, dem es in seinem Sein um das Nichts seines Seins geht: Das Sein, durch das das Nichts zur Welt kommt, muss sein eigenes Nichts sein.

Der Fragende muss von seinen Repräsentationen, seinen Vorstellungen abrücken können: Er muss sich von den Kausalreihen lösen können. Der Mensch ist das Sein, durch das das Nichts zur Welt kommt. Aber was muss der Mensch sein, damit durch ihn das Nichts zum Sein kommt?

Er muss Freiheit haben. Das Sein des Menschen ist Frei-sein. Die menschliche-Realität ist ein Losreißen von sich selbst. Denken wir noch einmal an das Fragen zurück: Fragen ist ein zeitliches Verhalten. Im Fragen gibt es ein Abrücken des Bewusstseins von dem als subjektives Phänomen erfassten Bild. Mein Bewusstsein ist stets ein Bruch in den Sukzessionen meiner Bewusstseinsinhalte, eine Ablösung der Wirkung von der Ursache; es gibt einen Spalt, durch den eine Negation eindringen kann. Dieser Schnitt ist das Nichts.

Sartre betont vor allem die Zeitlichkeit des menschlichen Daseins. Der Bewusstseinsstrom ist kontinuierlich, zwischen den Zuständen des Bewusstsein ist nichts; der eine geht in den anderen über, ohne dass etwas zwischen sie träte.[35] Nun ist die Bedingung dafür, dass die menschliche-Realität die Welt negieren kann, dass sie das Nichts [*néant*] in sich trägt als das nichts [*rien*], durch das ihre Gegenwart von ihrer Vergangenheit getrennt ist. Dieses Nichts ist eine Leistung des Bewusstseins; das bewusste Sein muss sich von der Vergangenheit lösen durch einen Schnitt, durch eine Bewusstseinsstruktur, die es ist. Die Freiheit ist das menschliche Sein, das seine Vergangenheit aus dem Spiel bringt, indem es sein eigenes Nichts absondert. Das Bewusstsein lebt als Nichtung seines vergangenen Seins. Mit anderen Worten: Einheit der Erfahrung ist nur möglich, wenn es eine Distanz des Bewusstseins von sich selbst gibt.

Zunächst gilt es, sich ein genaueres Bild von den Bewusstseinsprozessen zu machen, in denen sich das nichtende Bewusstsein als Nichtungsbewusstsein erfährt. Gibt es eine solche Erfahrung? Sartre sieht sie in der Angst, die er terminologisch von der Furcht unterscheidet. Furcht ist »Furcht der Wesen [*êtres*] vor der Welt [...] und die Angst Angst vor mir. Das Schwindelgefühl ist Angst, insofern ich davor schaudere, nicht etwa in den Abgrund zu fallen, sondern mich hinabzustürzen.« (SN 91) Nach diesen definitorischen Festlegungen gibt Sartre – in Anlehnung an Kierkegaard[36] – eine phänomenologische Deutung des Schwindelgefühls, d. h. eine Deutung des Sinnes einer Erscheinung:

»Was bedeutet Angst in den verschiedenen Beispielen, die ich angeführt habe? Nehmen wir das Beispiel des Schwindels. Schwindel kündigt sich durch Furcht an: ich bin auf einem schmalen Pfad ohne Geländer, der an einem Abgrund entlang führt. Der Abgrund bietet sich mir als etwas zu *Vermeidendes* dar, er ist eine Lebensgefahr. Zugleich erfasse ich eine gewisse Anzahl von Ursachen, die sich aus dem allgemeinen Determinismus ergeben und diese Lebensgefahr in Realität verwandeln können: ich kann auf einem Stein ausgleiten und in den Abgrund stürzen, die lockere Erde des Pfades kann unter meinen Schritten nachgeben. Über diese verschiedenen Befürchtungen bin ich mir selbst als ein Ding gegeben, bin ich in bezug auf diese Möglichkeiten passiv, sie kommen von draußen zu mir, insofern ich *auch* ein Gegenstand der Welt bin, der der allgemeinen Anziehungskraft unterworfen ist, sind es nicht *meine* Möglichkeiten. In diesem Augenblick erscheint die *Furcht*, durch die ich mich von der Situation her selbst erfasse, als zerstörbares Transzendentes mitten unter Transzendenten, als Gegenstand, der den Ursprung seines künftigen Verschwindens nicht an sich hat.« (SN 93 ff.)

Dies ist die erste Phase der Erfahrung: Das Gefühl der Furcht enthüllt mir erstens objektive Eigenschaften der Dinge sowie zweitens objektive Eigenschaften meiner selbst als eines Dinges unter Dingen; gefährdet bin ich hier als Körper, als Objekt, nicht aber als Subjekt; die Möglichkeiten sind nicht meine, das heißt von mir gewählte oder wählbare, Möglichkeiten, sondern physikalische Wahrscheinlichkeiten.

»Die Reaktion wird reflexiver Art sein: ich werde auf die Steine des Weges ›achten‹, ich werde mich möglichst weit vom Rand des Pfades entfernt halten. Ich realisiere mich als mit allen seinen Kräften die bedrohliche Situation abwehrend, ich entwerfe vor mir eine gewisse Anzahl künftiger Verhaltensweisen, die die Gefahren der Welt von mir fernhalten sollen. Diese Verhaltensweisen sind *meine* Möglichkeiten. Ich entgehe der Furcht, gerade weil ich mich auf eine Ebene stelle, wo *meine* eigenen Möglichkeiten sich an die Stelle transzendenter Wahrscheinlichkeiten setzen, wo die menschliche Aktivität keinen Platz hatte.« (SN 93)

In der zweiten Phase bewirkt das Gefühl der Furcht die Reflexion; ich beginne, die Situation unter dem Gesichtspunkt neu zu bestimmen, was *ich tun kann*. Damit entgehe ich der Furcht: Das Nachdenken als »Probehandeln« tritt an die Stelle des Gefühls, der Emotion. Ich löse mich vom »Leim des Seins«.

»Aber diese Verhaltensweisen erscheinen mir, eben weil sie meine Möglichkeiten sind, nicht als durch fremde Ursachen bestimmt. Nicht nur ist es nicht völlig gewiss, dass sie wirksam sein werden, sondern es ist vor allem nicht völlig gewiss, dass sie angenommen werden, denn sie haben durch sich nicht genügend Existenz; in Abwandlung des Ausdrucks von Berkeley könnte man sagen, ihr ›Sein ist ein Angenommen werden‹ und ihre ›Seinsmöglichkeit ist nur ein Angenommen werden Müssen‹. Deshalb ist ihre Möglichkeit notwendig durch die Möglichkeit kontradiktorischer Verhaltensweisen (auf die Steine im Weg *nicht* achten, rennen, an etwas anderes denken) und die Möglichkeit konträrer Verhaltensweisen bedingt (mich in den Abgrund stürzen). Das Mögliche, das ich zu *meinem* konkreten Möglichen mache, kann als mein Mögliches nur erscheinen, indem es sich vom Hintergrund der Gesamtheit der logischen Möglichkeiten, die die Situation enthält, abhebt. Aber auch diese abgewiesenen Möglichkeiten haben ihrerseits kein anderes Sein als ihr ›Angenommen-werden‹, ich selbst erhalte sie im Sein, und umgekehrt ist ihr gegenwärtiges Nichtsein ein ›Nicht-Angenommen-werden-müssen‹. Keine äußere Ursache wird sie beseitigen. Ich selbst bin die permanente Quelle ihres Nicht-seins, ich engagiere mich in sie; um *mein* Mögliches erscheinen zu lassen, setze ich die anderen Möglichkeiten, um sie zu nichten.« (SN 93)

Hier tritt die *Freiheit der Vorstellungen* zutage: Die erwogenen Verhaltensweisen sind *meine* Möglichkeiten – und damit nicht von außen bestimmt, sondern von mir entworfen. Möglichkeiten existieren nur als gedachte Möglichkeiten, sie werden von mir im Sein gehalten oder haben ein von mir entliehenes Sein. Aber sie sind auch einander widersprechende Möglichkeiten: Das heißt ja gerade »Möglichkeit«, dass es Handlungsalternativen gibt. Ich erwäge sie auf dem Hintergrund, sie *nicht* zu wählen, das Entgegengesetzte zu tun. Nichts hindert mich ja, Verhaltensweisen zu wählen, die letztlich dazu beitragen, mich hinabzustürzen.

»Das würde keine Angst hervorbringen, wenn ich mich selbst in meinen Bezügen zu diesen Möglichkeiten als eine ihre Wirkungen hervorbringende Ursache erfassen könnte. In diesem Fall wäre die als mein Mögliches definierte Wirkung genau bestimmt. Aber sie hörte dann auf, *möglich* zu sein, sie würde einfach zukünftig. Wenn ich also Angst und Schwindel vermeiden wollte, müsste ich nur die Motive (Selbsterhaltungstrieb, vorherige Furcht usw.), die mich die betreffende Situation zurückweisen lassen, als etwas betrachten können, was für mein vorheriges Verhalten in derselben Weise *bestimmend* ist, wie die Anwesenheit einer gegebenen Masse an einem bestimmten Punkt für die durch andere Massen beschriebenen Bahnen bestimmend ist: ich müsste also in mir einen strengen psychologischen Determinismus erfassen. Aber ich ängstige mich gerade deshalb, weil meine Verhaltensweisen nur *mögliche* sind, und das bedeutet genau, dass ich, während ich eine Gesamtheit von Motiven zur Abwehr dieser Situation konstituiere, im gleichen Augenblick diese Motive als nicht wirksam genug erfasse.« (SN 94)

Die vierte Phase, die Angst, entsteht genau aus dem Bewusstsein heraus, dass ich nicht determiniert bin; mein Selbsterhaltungstrieb, meine frühere Furcht bestimmen mich nicht auf kausale Weise. Motive sind keine Ursachen. Ich determiniere mich nicht selbst: meine Motive wie der Selbsterhaltungstrieb sind nur Möglichkeiten, die ich wählen kann, aber nicht muss.

»Im selben Augenblick, wo ich mich selbst als *Schaudern* vor dem Abgrund erfasse, habe ich Bewusstsein von diesem Schaudern als für mein mögliches Verhalten *nicht bestimmend*. Einerseits ruft dieses Schaudern ein Vorsichtsverhalten hervor, es ist an ihm selbst Entwurf dieses Verhaltens, und andererseits setzt es die späteren Entwicklungen dieses Verhaltens nur als mögliche, eben weil ich es nicht als *Ursache* dieser späteren Entwicklungen erfasse, sondern als Forderung, Ruf usw. usw.« (SN 95)

In der fünften Phase ruft der Schauder, das Bewusstsein, dass ich nicht durch mich selbst determiniert bin, vorsichtiges Verhalten hervor. Er ist die zweite Reflexion, die ein bestimmtes späteres Verhalten fordert, aber nicht determiniert.

Fassen wir noch einmal zusammen: Sofern ich mich als Sache oder als Ding in der Welt auffassen kann, fürchte ich mich als jemand, der von außen in Gefahr ist. Daraufhin setzt die Reaktion ein, die reflexiver Natur ist: Ich erwäge meine Möglichkeiten, der Gefahr zu entrinnen; aber weil diese Verhaltensweisen meine Möglichkeiten sind, bin ich in Angst, ob ich sie durchhalte; wer weiß, vielleicht entschließe ich mich, mich hinabzustürzen. Ich ängstige mich, weil ich nicht durch meine Motive determiniert bin. Die Furcht richtet sich also auf mich als determiniertes Ding in der Welt; die Reflexion liefert mich einer undeterminierten Zukunft aus, indem sie mir meine Möglichkeiten vor Augen führt; und gerade diese machen deutlich, dass nichts mich zwingen kann, diese Verhaltensweise durchzuhalten.

»Wir haben gesehen, dass das Seinsbewusstsein das Sein des Bewusstseins ist. Es handelt sich hier also nicht um eine Betrachtung, die ich nach einem schon konstituierten Schaudern anstellen könnte: eben das Sein des Schauderns ist es, sich selbst zu erscheinen als etwas, was *nicht die Ursache* des Verhaltens ist, das es hervorruft. Kurz, um die Furcht zu vermeiden, die mir eine transzendente, genau bestimmte Zukunft darbietet, flüchte ich mich in die Reflexion, aber diese hat mir nur eine unbestimmte Zukunft zu bieten.« (SN 95)

Die Furcht, wie ein Ding herabzustürzen, führte zur Reflexion: Was kann ich tun? Die Reflexion führte zur Erfassung meiner Möglichkeiten als nicht determinierend. Die Zukunft ist offen.

»Das besagt, dass ich, indem ich ein bestimmtes Verhalten als *möglich* konstituiere, und gerade weil es *mein* Mögliches ist, mir darüber klar werde, dass *nichts* mich zwingen kann, dieses Verhalten anzunehmen.« (SN 95)

Damit beginnt die Einsicht in die zeitliche Struktur des Bewusstseins. Die Möglichkeiten, die ich habe, sind auf die Zukunft bezogen. Aber meine Vergangenheit zwingt mich nicht, bestimmte Möglichkeiten zu wählen: Meine Vergangenheit determiniert mich nicht.

»Trotzdem bin ich durchaus dort hinten in der Zukunft, ist es durchaus sie, zu der ich gleich an der Biegung des Pfads mit allen meinen Kräften hinstrebe, und in diesem Sinn besteht bereits ein Bezug zwischen meinem künftigen und meinem gegenwärtigen Sein. Aber in diesen Bezug ist ein Nichts hineingeglitten: ich bin nicht der, der ich sein werde.« (SN 95)

Das Nichts, das zwischen das Ich, das ich jetzt bin, und das Ich, das ich sein werde, hineingeglitten ist, ist die Freiheit, mich zu entscheiden, mich zu wählen.

»Zunächst bin ich es nicht, weil Zeit mich davon trennt. Ferner weil das, was ich bin, nicht der Grund dessen ist, was ich sein werde. Schließlich weil überhaupt kein aktuell Existierendes genau das bestimmen kann, was ich sein werde. Da ich jedoch schon das bin, was ich sein werde (sonst wäre ich nicht interessiert, dieser oder jener zu sein), *bin ich derjenige, der ich sein werde, nach dem Modus, es nicht zu sein.*« (SN 95)

Das Sein des Für-sich-seins hat eine ganz besondere Struktur, die in der traditionellen Ontologie, die sich am Sein des An-sich-seins orientierte, nicht erfasst wurde. Das An-sich-sein war reine Positivität, eine Identität mit sich. Aber sobald man über das Sein des Für-sich-seins nachdenkt, sieht man, dass es das Wesentliche des Für-sich-seins ist, ek-statisch zu sein, das heißt eine zeitliche Struktur zu haben. Es ist das Wesentliche des Ich, in jedem gegenwärtigen Augenblick eine Vergangenheit zu haben, *seine Vergangenheit zu sein*, und sich auf die Zukunft hin zu entwerfen – *seine Zukunft zu sein.* Diese Kontinuität gehört zu meinem Sein, meinem Entwurf von mir selbst, zu den Möglichkeiten, die ich *bin.* Aber die Kontinuität ist keine kausal bestimmte, determinierte Kette. Nichts zwingt mich, der zu werden, der ich einmal sein werde.

»Über mein Schaudern werde ich auf die Zukunft hin getragen, und es nichtet sich, insofern es die Zukunft als möglich konstituiert. Das Bewusstsein, seine eigene Zukunft nach dem Modus des Nicht-seins zu sein, ist genau das, was wir *Angst* nennen. Und gerade die Nichtung des Schauderns als *Motiv*, die eine Verstärkung des Schauderns als *Zustand* zur Folge hat, hat als positives Gegenstück die Erscheinung der anderen Verhaltensweisen (besonders derjenigen, die darin besteht, sich in den Abgrund zu stürzen) als *meine möglichen* Möglichkeiten. Wenn *nichts* mich zwingt, mein Leben zu retten, hindert mich *nichts*, mich in den Abgrund zu stürzen. Das entscheidende Verhalten wird aus einem Ich hervorgehen, das ich noch nicht bin.« (SN 96)

Das Schaudern ist nicht kausales Motiv (in diesem Sinne nichtet es sich) für ein bestimmtes Verhalten; als Zustand lässt es meine Möglichkeiten hervortreten: Ich kann mich herabstürzen. Damit ist die Angst erklärt.

»So hängt das Ich, das ich bin, an ihm selbst von dem Ich ab, das ich noch nicht bin, und zwar genau in dem Maß, wie das Ich, das ich noch nicht bin, nicht von dem Ich abhängt, das ich bin. Und der Schwindel erscheint als das Erfassen dieser Abhängigkeit. Ich nähere mich dem Abgrund, und ich bin es, den meine Blicke in seiner Tiefe suchen. Von diesem Augenblick an spiele ich mit meinen Möglichkeiten.« (SN 96)

Denken ist Probehandeln: Es spielt mögliche Situationen durch und lässt dadurch neue Möglichkeiten erscheinen, aber nur symbolisch.

»Indem meine Augen den Abgrund von oben nach unten durchlaufen, mimen sie meinen möglichen Sturz und realisieren ihn symbolisch; zugleich lässt das Selbstmordverhalten, weil es ›mein mögliches‹ Mögliches wird, seinerseits mögliche Motive erscheinen, es anzunehmen (der Selbstmord würde die Angst beenden). Glücklicherweise bieten sich diese Motive ihrerseits, lediglich weil sie Motive eines Möglichen sind, als unwirksam, als nicht-bestimmend dar: sie können ebensowenig den Selbstmord *hervorbringen*, wie mein Schaudern vor dem Sturz mich *bestimmen* kann, ihn zu vermeiden. Diese Gegen-Angst beendet im allgemeinen die Angst, indem sie sie in Unentschlossenheit verwandelt. Die Unentschlossenheit ruft ihrerseits die Entschlossenheit hervor: man entfernt sich plötzlich vom Rand des Abgrunds und setzt seinen Weg fort.« (SN 96)

Das Probehandeln beendet den im Schauder erreichten Zustand: Durch einen Gegenentwurf kommt es zunächst zu einem Abwägen der verschiedenen Möglichkeiten und somit zu einer Unentschlossenheit. Schließlich überwiegen bestimmte Möglichkeiten, und es kommt zur Entschlossenheit des Handelns.

Sartre hat hier auf eine äußerst subtile und überraschende Weise eine Deutung des bekannten Schwindelgefühls gegeben, das viele Menschen erfasst, die in einen Abgrund schauen. An diesem Beispiel wird auch klar, warum die Angst diese bevorrechtigte Rolle in der Erfahrung des Bewusstseins spielt: Die Angst ist in ihrer Wesensstruktur Freiheitsbewusstsein. In ihr wird deutlich, dass nichts mich zwingt, auf ein Motiv eine bestimmte Handlung folgen zu lassen. Ganz im Gegenteil: Dem Bewusstsein obliegt es, dem Motiv erst Bedeutung zu verleihen.

So wie das Schwindelgefühl eine Angst vor der Zukunft ist, gibt es auch eine Angst vor der Vergangenheit, in der ich die totale Unwirksamkeit vergangener Entschlüsse erfahre:

»Er [der Entschluss] ist zwar da, aber erstarrt, wirkungslos, *überschritten* gerade durch die Tatsache, dass ich Bewusstsein von ihm habe. Er ist noch *Ich*, insofern ich über den Zeitstrom meine Identität mit mir selbst fortwährend realisiere, aber er ist nicht mehr *Ich*, weil er *für* mein Bewusstsein ist. Ich entgehe ihm, er verfehlt den Auftrag, den ich ihm gegeben hatte. Da noch *bin* ich er nach dem Modus des Nicht-seins.« (SN 98)

Es ist nicht die Lust, Paradoxien aufzuhäufen, die Sartre zu dieser Sprechweise bringt. Die Eigenart des menschlichen Bewusstseins als zeitlichen, nicht determinierten Bewusstseinsstromes zwingt dazu. Die Freiheit, die sich in der Angst bekundet, ist durch die fortwährende Verpflichtung gekennzeichnet, »das *Ich*, von dem das freie Sein bezeichnet wird, wieder hervorzubringen« (SN 101), und zwar »in Situation«, d.h. als Ich, das auf die jeweilige Situation reagiert und ihr angemessen ist.

Von hier aus wird erst die Überlegung verständlich, die wir oben als das Herzstück des Existenzialismus kennen gelernt haben: dass die Existenz der Essenz, dem Wesen, »vorangeht«. Mit der erneuten synthetischen Wahrnehmung einer Situation muss auch das Ich neu erdacht werden, das diese Situation richtig einzuschätzen weiß, das »in Situation« ist. Dieses Ich »mit seinem apriorischen und historischen Inhalt ist das *Wesen* des Menschen. Und die Angst als Manifestation der Freiheit gegenüber von sich bedeutet, dass der Mensch immer durch ein Nichts [*néant*] von seinem Wesen getrennt ist.« (SN 101) Das heißt, gerade weil ich der Mensch noch nicht bin, der ich sein werde, kann ich nicht wissen, ob der Mensch, der ich gewesen bin, mich in eine bestimmte Richtung hin lenken oder beeinflussen wird. Mein Wesen, das, was ich gewesen bin, ergibt sich erst aus dem Ich, als welches ich mich jeweils »in Situation« erfinde. Es ist also in keiner Weise vorherbestimmt, es ist immer – bis zu meinem Tode – »in Aufschub«. Ich *bin* meine freie Wahl und erschaffe somit erst mein Wesen oder den Sinn, den mein Leben für mich hat. In diesem Begriff des Wesens steckt also eine doppelte Richtung: Einerseits ist es der Entwurf, den man von sich macht und durch den man sich bestimmt – mein zukünftiges Wesen; und andererseits ist das Wesen das, was man gewesen ist, die Vergangenheit. Wenn Sartre also sagt, dass die Existenz der Essenz vorangehe, so heißt das, dass der Mensch das ist, was er tut, was er aus sich macht.

»Und hier erscheint die Angst als Erfassen des Selbst, insofern es fortwährender Modus des Losreißens von dem, was ist, existiert; mehr noch: insofern es sich als solches existieren macht. Denn wir können niemals ein ›Erlebnis‹ als eine lebende Konsequenz dieser *Natur*, die die unsere ist, erfassen. Der Strom unseres Bewusstseins konstituiert diese Natur nach und nach, aber sie bleibt immer hinter uns und sucht uns heim als der permanente Gegenstand unseres retrospektiven Verstehens. Insofern diese Natur eine Forderung ist, ohne eine Zuflucht zu sein, wird sie als beängstigend erfasst.
In der Angst ängstigt sich die Freiheit vor sich selbst, insofern sie immer von *nichts* weder angestachelt noch behindert wird.« (SN 102)

Hier wird deutlich, dass die Angst nicht nur Freiheitsbewusstsein ist, sondern dass es auch eine Angst vor der Freiheit gibt. In der Angst ängstigt sich die Freiheit vor sich selbst: Denn die Freiheit kann ihre »nichtende Gewalt« in jedem Augenblick ausüben, ich kann damit meine Möglichkeiten verfehlen, auf die hin ich mich entworfen habe. Angst entsteht durch die Erkenntnis, dass ich es bin, der den Dingen ihre Bedeutung, ihren Sinn verleiht; ich bin es, der Werten überhaupt so etwas wie Gültigkeit gibt, ihre Anerkennung. Dafür aber kann es keine Rechtfertigung geben, denn das, was rechtfertigte, müsste ja ebenfalls als Wert anerkannt sein. Hier ist die Freiheit also ganz auf sich gestellt.

»Allein und in der Angst tauche ich gegenüber dem einzigen und ersten Entwurf auf, der mein Sein konstituiert, alle Barrieren, alle Geländer zerbrechen, genichtet durch das Bewusstsein von meiner Freiheit: bei keinem Wert finde ich und kann ich Zuflucht finden vor der Tatsache, dass ich es bin, der die Werte am Sein erhält; nichts kann mich gegen mich selbst sichern, abgeschnitten von der Welt und meinem Wesen durch dieses Nichts, das ich *bin*, habe ich den Sinn der Welt und meines Wesens zu realisieren: ich entscheide darüber, allein, unlegitimierbar und ohne Entschuldigung.« (SN 108)

Natürlich darf man diese Erfahrung der Freiheit in der Angst nicht so auffassen, als sei sie ein uns ständig umtreibendes Gefühl. Es gibt unzählige Wege, vor dieser Angst zu fliehen oder sie gar nicht erst an sich herankommen zu lassen. Normalerweise befinden wir uns »in Situation«, das heißt, wir stecken tief in unseren Unternehmungen und erkennen uns selbst erst aus dem heraus, was wir tun. Wir entdecken uns in einer Welt, die Forderungen an uns stellt, wir entdecken uns mitten in Entwürfen, die sich »auf dem Weg der Verwirklichung« befinden. Alles dieses leitet sich von einem vorangehenden ersten Entwurf meiner selbst her, der »wie die Wahl meiner selbst in der Welt« ist. (107) Der »Geist der Ernsthaftigkeit« (*esprit de sérieux*)[37] beherrscht das alltägliche Leben, in dem Werte, Forderungen, der ganze Sinn der Welt verdinglicht gegeben sind. Dadurch wird so etwas wie die »ethische Angst« (106) ausgeschlossen, die Angst davor, ohne Rechtfertigung die Werte begründen zu müssen. Es gibt eine Flucht vor der Angst in den Determinismus, sei es in der Form der Annahme einer menschlichen Natur (der psychologische Determinismus), sei es in der Art der Verdinglichung des eigenen Wesens: Ich versichere dann, dass ich mein Wesen bin in der Seinsweise des An-sich, ich verhalte mich zu mir selbst wie ein Anderer, verdingliche also mein Ich selbst zu einem kleinen »Gott«, der in mir wohnt und seine Freiheit wie eine Eigenschaft besitzt.

Bösgläubigkeit [mauvaise foi]

Die häufigste Art der Flucht ist jedoch der Selbstbetrug, den Sartre »*mauvaise foi*« nennt, das Gegenstück zum »guten Glauben«, in dem man etwas tut, – »böser Glaube« wäre also die exakte, wenn auch nicht gerade schöne Übersetzung.[38] In der Regel wird *mauvaise foi* heute mit »Unaufrichtigkeit« wiedergegeben.

Ein Beispiel von »Bösgläubigkeit« bieten Luciens Abenteuer mit Bergère oder Mauds Verhältnis zu Lucien. Sartre gibt in *Das Sein und das Nichts* folgendes Beispiel:

»Da ist zum Beispiel eine Frau, die zu einer ersten Verabredung gegangen ist. Sie kennt die Absichten, die der Mann, der mit ihr spricht, ihr gegenüber hegt, ganz genau. Sie weiß auch, dass sie früher oder später eine Entscheidung treffen muss. Aber sie will deren Dringlichkeit nicht spüren: sie hält sich allein an das, was die Haltung ihres Partners an Respekt und Diskretion bietet. Sie erfasst dieses Verhalten nicht als einen Versuch, das zu realisieren, was man ›die ersten Annäherungen‹ nennt, das heißt, sie will die Möglichkeiten zeitlicher Entwicklung nicht sehen, die dieses Verhalten aufweist: sie schränkt dieses Benehmen auf das ein, was es in der Gegenwart ist, sie will in den Sätzen, die man an sie richtet, nichts anderes hören als ihren expliziten Sinn; wenn man zu ihr sagt: ›Ich bewundere Sie so sehr‹, so entschärft sie diesen Satz um seinen sexuellen Hintergrund, sie legt dem Reden und dem Verhalten ihres Gesprächspartners unmittelbare Bedeutungen bei, die sie als objektive Eigenschaften betrachtet. Der Mann, der mit ihr spricht, erscheint ihr ehrlich und respektvoll, so wie der Tisch rund oder viereckig, wie die Tapete blau oder grau ist. Und die somit der Person, der sie zuhört, beigelegten Eigenschaften sind so in einer verdinglichten [*choisiste*] Permanenz erstarrt, die nichts anderes ist als die Projektion ihrer strikten Gegenwart in den zeitlichen Ablauf.« (SN 133)

Menschliche »Eigenschaften« sind ihrer Struktur nach etwas ganz anderes als dingliche Eigenschaften. Grammatisch mag sich »Dieser Tisch ist rund« nicht von »Dieser Mann ist ehrlich« unterscheiden, ihrer logischen Struktur nach sind die beiden Sätze jedoch völlig verschieden. Menschliche Eigenschaften sind nicht starr, sondern beruhen auf Entscheidungen, sie haben eine zeitliche Struktur. Ein Mensch »ist« nicht aufrichtig und respektvoll wie ein Ding rund oder grau ist, sondern er verhält sich so »in Situation«.

»Sie ahnt ja nicht, was sie wünscht: sie ist zutiefst empfänglich für die Begierde, die sie erregt, aber diese rohe und nackte Begierde würde sie erniedrigen und ihr Abscheu einflößen. Trotzdem würde sie nichts Reizvolles an einem Respekt finden, der einzig und allein Respekt wäre. Zu ihrer Befriedigung bedarf es eines Gefühls, das sich ganz an ihre *Person* wendet, das heißt an ihre volle Freiheit, und das eine Anerkennung ihrer Freiheit ist. Aber gleichzeitig muss dieses Gefühl ganz und gar Begierde sein, das heißt, es muss sich an ihren Körper als Objekt wenden. Diesmal weigert sie sich also, die Begierde als das zu erfassen, was sie ist, sie gibt ihr nicht einmal einen Namen, sie erkennt sie nur in dem Maß an, wie sie [die Begierde] sich auf die Bewunderung, die Achtung, den Respekt hin transzendiert und gänzlich in den gehobeneren Formen aufgeht, die sie hervorbringt, so dass sie darin nur noch als eine Art Wärme und Dichte erscheint.« (SN 133)

Die Frau empfindet sich als Objekt, Ding, *und* als Subjekt, Person, als Körper *und* als Seele, als An-sich *und* als Für-sich. Der Respekt richtet sich auf sie als Subjekt, als Freiheit. Aber sie gesteht sich nicht ein, dass sie auch als an-sich-seiend, als Ding in der Welt begehrt sein will.

»Aber jetzt ergreift man ihre Hand. Diese Handlung ihres Gesprächspartners droht die Situation zu verändern, indem sie eine unmittelbare Entscheidung herbeiruft: diese Hand preisgeben heißt von sich aus dem Flirt zustimmen, sich engagieren. Sie zurückziehen heißt diese unklare und unstabile Harmonie zerstören, die den Reiz der Stunde ausmacht. Es kommt darauf an, den Augenblick der Entscheidung soweit wie möglich hinauszuschieben. Man weiß, was nun geschieht: die junge Frau gibt ihre Hand preis, aber *sie merkt nicht*, dass sie sie preisgibt. Sie merkt es nicht, weil es sich zufällig so fügt, dass sie in diesem Augenblick ganz Geist ist. Sie reißt ihren Gesprächspartner zu den höchsten Regionen der Gefühlsspekulation mit, sie spricht vom Leben, von ihrem Leben, sie zeigt sich unter ihrem wesentlichen Aspekt: eine Person, ein Bewusstsein. Und inzwischen ist die Scheidung von Körper und Seele vollbracht; die Hand ruht inert zwischen den warmen Händen ihres Partners: weder zustimmend noch widerstrebend – ein Ding.« (SN 133)

Die Unwahrhaftigkeit liegt hier darin, dass man einen widersprüchlichen, »metastabilen« Begriff bildet, nämlich sich und den Anderen zugleich als Sache und als Freiheit zu betrachten. Ein solcher Begriff gestattet es einem, die zweifache Eigenschaft des menschlichen Seins, Faktizität und Transzendenz, nicht zu koordinieren, sondern je nach Bedarf eine von ihnen in den Vordergrund zu stellen. Die Frau betrachtet ihren Partner und sich sowohl als Dinge, denen etwas zustößt – das heißt als Faktizität –, wie auch als freie, sich selbst transzendierende, sich selbst entwerfende Wesen. Eine solche Betrachtungsweise ist also ein freiwilliger, bewusster Verzicht auf den Gebrauch von Freiheit und Verantwortung.

Die Unaufrichtigkeit ist eine Kunst, widersprüchliche Begriffe zu bilden; der auf diese Weise erzeugte Basisbegriff benutzt die doppelte Eigenschaft des menschlichen Seins, Faktizität und Transzendenz zu sein. Die Unaufrichtigkeit behauptet deren Identität unter Wahrung ihrer Unterschiede: Die Faktizität wird als Transzendenz behauptet und umgekehrt. Der Körper (die physische Anwesenheit) *ist* der Geist. Alle diese Urteile zielen darauf ab festzustellen, dass ich nicht das bin, was ich bin, und das bin, was ich nicht bin. Was ich wirklich bin, ist meine Transzendenz. Durch die Transzendenz entgehe ich allem, was ich bin. Doch die für die Unaufrichtigkeit notwendige Zweideutigkeit kommt daher, dass man hier behauptet, ich sei meine Transzendenz nach dem Seinsmodus des Dings. Es ist die in Faktizität verwandelte Transzendenz, die als Quelle einer Unzahl von Entschuldigungen dient.

Transzendenz-Faktizität ist also ein metastabiler Begriff. Die junge Frau macht Gebrauch von ihrem Innerweltlichsein: Sie betrachtet sich als inerten Gegenstand, um sich ihres In-der-Weltseins zu entledigen. Andere metastabile Begriffe sind zum Beispiel die Vermischungssynthesen der Zeitlichkeit: Man bleibt bei einer Periode seines Lebens stehen und weigert sich, die späteren Veränderungen in Betracht zu ziehen: Ich bin das, was ich gewesen bin, und ich bin nicht das, was ich gewesen bin; man besteht auf seiner Neuerschaffung, sagt sich von Vorwürfen los, welche die Vergangenheit betreffen. In all diesen Begriffen geht es darum, die menschliche-Realität als ein Sein zu konstituieren, das das ist, was es nicht ist, und das nicht das ist, was es ist.

Es gibt eine andere Art des »bösen Glaubens«, sich für die anderen zu einem »Ding« zu machen. Der Kaffeehauskellner, der seine »Rolle« als Kellner spielt, macht sich damit für andere zum »Kellnerding«, das er zu sein hat und doch nicht ist: Man kann eine Rolle nur spielen in der Weise, das zu sein, was man nicht ist.

»Beobachten wir einen Kellner im Café. Er hat lebhafte und eifrige Bewegungen, etwas allzu präzise, etwas allzu schnelle, er kommt mit einem etwas zu lebhaften Schritt auf die Gäste zu, er verbeugt sich mit etwas zuviel Beflissenheit, seine Stimme, seine Blicke drücken ein Interesse aus, das etwas zuviel Aufmerksamkeit für die Bestellung des Gastes enthält, nun kommt er endlich zurück und versucht, mit seinem Gang die unbeugsame Strenge irgendeines Automaten zu imitieren, während er gleichzeitig sein Tablett mit einer Art Seiltänzerkühnheit trägt, indem er es in einem ständig labilen und ständig gestörten Gleichgewicht hält, das er mit einer leichten Bewegung des Arms und der Hand ständig wiederherstellt. Sein ganzes Verhalten wirkt auf uns wie ein Spiel. Er bemüht sich, seine Bewegungen ineinander übergehen zu lassen, als wären sie Mechanismen, die einander steuern, seine Mimik und sogar seine Stimme wirken wie Mechanismen; er legt sich die Geschmeidigkeit und erbarmungslose Schnelligkeit der Dinge bei. Er spielt, es macht ihm Spaß. Aber was spielt er? Man braucht ihn nicht lange zu beobachten, um sich darüber klar zu werden: er spielt Kellner *sein*.« (SN 140)

Damit die Unaufrichtigkeit uns auch nur für einen Augenblick täuschen kann, muss das Identitätsprinzip nur »regional« sein, es darf kein konstitutives Prinzip der menschlichen Realität sein.

Ehrlichkeit zum Beispiel ist das Ideal, für sich selbst nur das zu sein, was man ist. Aber das ist genau die Definition des An-sich, das Identitätsprinzip. Hier wird das Sein der Dinge als Ideal gesetzt. Das Identitätsprinzip ist aber nicht universal. Aber wenn der Mensch Seinsbewusstsein ist, wie kann er sein, was er ist? Was sind wir dann, wenn wir diesem Seinsideal folgen? Wenn wir die ständige Verpflichtung haben, uns das sein zu machen, was wir sind?

Das Verhalten des Kellners wirkt wie ein Spiel. Er legt sich die Schnelligkeit von Dingen bei. Er *spielt* Kellner *sein*, um seine Stellung zu realisieren. Er will weiter nichts sein als Kellner, er will ganz Kellner sein – ein Kellner-Ding. Er ist dann in das eingesperrt, was er ist. Aber von innen her kann der Kellner nicht das sein, was er ist, so wie das Glas Glas ist: Er kann sich reflexive Urteile über seine Stellung bilden. Seine Stellung hat eine Bedeutung: Sie ist eine Verpflichtung. Er kennt die Rechte, die damit verbunden sind. Derartige Urteile verweisen auf das Transzendente, auf abstrakte Möglichkeiten; aber dieses Rechtssubjekt *habe ich zu sein*, ich *bin* es nicht. Das Rechtssubjekt ist nur eine Vorstellung. Aber gerade wenn ich es mir vorstelle, bin ich es nicht, ich bin von ihm getrennt wie das Objekt vom Subjekt, getrennt durch nichts (ich bin es nicht), ich kann es nicht sein, sondern nur spielen. Dadurch affiziere ich dieses Subjekt mit dem Nichts. Ich versuche, ein An-sich-sein des Kellners zu realisieren, als ob es nicht meine freie Wahl wäre. Ich halte diese Rolle in der Existenz und transzendiere sie dadurch. Ich bin ein Jenseits meiner Stellung. Aber ich *bin* Kellner, nur freilich nicht nach dem Modus des An-sich-seins. Ich bin es nach dem Modus, das zu sein, was ich nicht bin. Ich bin nie irgendeine meiner Handlungen oder Verhaltensweisen. In-der-Welt-sein ist nicht Innerweltlich-sein, weder *bin* ich hier noch *bin* ich hier *nicht* in der Weise, wie die Streichholzschachtel auf dem Tisch *ist*.

Man erinnert sich an Sartres Beschreibung des Antisemiten: »Er ist ein Mensch, der Angst hat ...«. Von den Überlegungen aus, die sich an die Angst als Bewusstsein der Freiheit knüpfen, wird verständlich, welche Bedeutung es hat, dass der Antisemit ein »unerbittlicher Felsen, ein reißender Sturzbach, ein verheerender Blitz – alles, nur kein Mensch sein will«. In der Wahl seiner selbst als eines Dinges entgeht er der Verantwortung dafür, der Welt, den Werten, den Dingen einen Sinn zu geben. Die Angst, ein Mensch zu sein, ist in der Tat mit der Struktur unseres Bewusstseins verknüpft; man kann versuchen, ihr zu entkommen, indem man sich in den »bösen Glauben« stürzt – das ist das Thema von *Das Sein und das Nichts* – oder indem man sich zu einer »radikalen Umkehr« entschließt und dem »Geist der Ernsthaftigkeit« abschwört.[39] Es muss deutlich betont werden, dass Sartre »die Möglichkeit einer Erlösungs- und Heilsmoral« nicht ausschließt[40]; nur ist dies nicht das Thema von *Das Sein und das Nichts*! Vielmehr sind hier die unwahrhaftigen Verhaltensweisen, die »mauvaise foi«, der Gegenstand.

Zum zweiten Teil: Das Für-sich-sein

Zu Beginn des zweiten Teils greift Sartre noch einmal auf die Struktur des Für-sich-seins zurück, auf das Selbstbewusstsein als das Sein, das nicht ist, was es ist, und ist, was es nicht ist. Im Folgenden wird er dann diese Struktur als die Zeitlichkeit des menschlichen Daseins enthüllen und erst dann auf die materiellen Bedingungen, den Leib, die Gesellschaft, die Natur zu sprechen kommen. Auch hier bilden wieder James' Ausführungen über den Bewusstseinsstrom und das Selbst (*Psychologie*, Kap. XI und XII) eine bei der Lektüre sehr nützliche Folie.

Der erste Schritt besteht darin, zu zeigen, dass das Für-sich eine Dekompression des An-sich ist: An-sich-sein und Für-sich-sein sind grundsätzlich unterschieden.

Was haben die Erörterungen bisher gezeigt? »Die Negation hat uns auf die Freiheit verwiesen, diese auf die Bösgläubigkeit und die Bösgläubigkeit auf das Sein des Bewusstseins als Bedingung ihrer Möglichkeit.« (SN 163) Sartre kehrt deshalb noch einmal zum präreflexiven Bewusstsein zurück, denn das war der Ausgangspunkt für die Befragung der »Seinstotalität«, des menschlichen Daseins im Ganzen.

Man erinnere sich noch einmal an Heideggers Interpretation der aristotelischen Ethik. Für Aristoteles besteht das *ergon* des Menschen darin, sich selbst zu verwirklichen, indem er nach seiner Eudaimonia strebt. Es geht ihm in seinem Sein um sein Sein, denn er ist sein eigener Herr, also frei, er ist sein eigener Zweck. Sein Sein, seine usia, ist *energeia*, Tätigkeit, das gute Leben ist Tätigkeit, eine *praxis*, die ihr eigenes Ziel ist. Die menschliche-Realität – das Dasein – ist als Totalität zu fassen, auf die hin sie sich in ihrem zeitlichen Sein bewegt: in einem ganzen Leben (*en bio teleio*).

Heidegger nimmt diesen Gedanken in dem Begriff der Ganzheit des Selbstseins auf (SuZ 231 ff.). In dem Entwurf seiner selbst kann sich der Mensch verfehlen oder sein eigentliches Sein erreichen.

Sartre hat in dem vorangehenden Kapitel gezeigt, dass das Für-sich-sein/Selbstsein in sich eine Distanz aufweist, die man als Anwesenheit bei sich fassen kann. Das bedeutet, dass das Sein des Bewusstseins nicht mit sich selbst in einer vollständigen Adäquation koinzidiert (SN 164); eine solche Übereinstimmung wäre die Struktur des An-sich-seins, die Fülle ohne jeden Riss. Als bewusstes Sein dagegen ist das Selbst das, was es nicht ist, und nicht das, was es ist – es ist eine Seinsdekompression. Die Struktur des Selbstbewusstseins – des Bewusstseins (von) sich – ist die Distanz zu sich selbst. Sartre verweist hier noch einmal auf die Selbsterfahrung des Bewusstseins. Zwar sind Bewusstseinszustände wie etwa der Glaube (Sartre denkt hier vielleicht an so etwas wie den Seinsglauben bei Husserl) das, was sie sind, in Einheit mit ihrem Bewusstsein. Aber wie jede Reflexion der Bewusstseinserlebnisse zeigt, handelt es sich hier um ein »Verweisungsspiel«, das Reflektierte ist von der Reflexion verschieden – Spiegelung und Gespiegeltes sind jeweils das, was sie nicht sind. Das präreflexive Bewusstsein ist also Bewusstsein von sich (*soi* = selbst), aber eben ohne den Unterschied, den erst die Reflexion zeigt. »Dieses Negative, das Nichts an Sein und zugleich Nichtungsvermögen ist, ist das *Nichts* [néant]. Nirgends können wir es in seiner solchen Reinheit fassen. [...] Das Sein des Bewusstseins als Bewusstsein ist, *in Distanz von sich* als Anwesenheit bei sich zu existieren, und diese Nulldistanz, die das Sein in seinem Sein trägt, ist das Nichts (Néant).« (SN 171). Das Sein des Bewusstseins ist ein Sein, das nicht ist, was es ist, und ist, was es nicht ist. Das Subjekt ist von sich selbst getrennt. Aber, das ist der entscheidende Punkt, es ist seine eigene Seinsdekompression. Damit fasst Sartre noch einmal die ganze lange und komplizierte Geschichte zusammen, die den Inhalt des ersten Teils gebildet hat.

Das Selbst kann kein An-sich (*en soi*) sein, denn dies ist identisches Sein ohne ein »Sich« (*soi*) – ohne eine Relation zu sich selbst. Das Sich/Selbst (*soi*) dagegen verweist auf eine Distanz zu sich, einen Bezug des Selbst (*soi*) zu sich selbst. Das Sich/Selbst (*soi*) stellt somit eine ideale Distanz in der Immanenz dar, eine Weise, nicht seine eigene Koinzidenz zu sein (SN 169). Das Seinsgesetz des Für-sich als ontologische Grundlage des Bewusstseins ist, es selbst zu sein in Form der Anwesenheit bei sich. Das bedeutet aber eine Distanz zu sich. Man könnte also ganz abstrakt sagen, dass die menschliche Realität das Sein ist, »insofern es in seinem Sein und für sein Sein einziger Grund des Nichts innerhalb des Seins ist« (SN 172). Damit ist folgender Konflikt gegeben: Damit das Bewusstsein seine Erfahrungen vereinheitlichen kann, bedarf es der Einheit des Bewusstseins: des Selbst. Aber das Selbst ist, als Anwesenheit bei sich, immer in Distanz von sich. Dieser Widerspruch zwischen Koinzidenz und Distanz ist die Quelle seiner Bemühungen – und seines Scheiterns.

II Die Faktizität des Für-sich

Der zweite Schritt besteht darin zu zeigen, dass die Faktizität des Für-sich zu seiner Grundlosigkeit, seiner Überflüssigkeit führt. Es kann die Anwesenheit bei der Welt nicht rechtfertigen.

Diese Distanz zu sich selbst ist die Struktur des Für-sich-seins. Das Für-sich *findet sich vor*: »Das Für-sich *ist*.« Hier gibt es also ein Faktum, ein An-sich. Menschen werden an einem bestimmten Ort, von bestimmten Eltern, in einem bestimmten Land, zu einem bestimmten Zeitpunkt geboren. Das ist die Faktizität des Daseins. Und darauf beruht die Kontingenz des Bewusstseins, des *cogito*. Das Selbst mag »um seinetwillen« da sein, aber es ist immer an die Faktizität gebunden, es ist immer »in Situation«. Es erfasst sich also nicht als sein eigener Grund, es hat das Gefühl der Unvollkommenheit. Wenn es dem Bewusstsein in seinem Sein um sein eigenes Sein geht, wenn es um seiner selbst willen existiert, wenn es sich zu verwirklichen sucht, dann bleibt es doch immer dadurch eingeschränkt, dass es seine Ganzheit, seine Totalität unter nicht selbst geschaffenen Bedingungen zu erreichen sucht. Es ist kontingent. Das Für-sich-sein kann sich nur in Situationen selbst verwirklichen, die es nicht selbst geschaffen hat.

> »Wenn ich Kellner bin, kann das nur nach dem Modus ein, es nicht zu sein. Und das ist wahr: könnte ich Kellner sein, so würde ich mich plötzlich als ein kontingenter Identitätsblock konstituieren [...] Damit ich jedoch den Verpflichtungen, die mein Beruf mit sich bringt, frei einen Sinn geben kann, muss gewissermaßen innerhalb des Für-sich als dauernd schwindende Totalität das An-sich-sein als schwindende Kontingenz meiner *Situation* gegeben sein. Das geht aus der Tatsache hervor, dass ich zwar Kellner *sein spielen* muss, um es zu sein, aber noch so sehr Diplomat oder Matrose spielen kann: ich werde es nicht sein. Dieses unfassbare *Faktum* meiner Lage, dieser unspürbare Unterschied, der die realisierende Komödie von der bloßen Komödie trennt, bewirkt, dass das Für-sich, obwohl es den Sinn seiner Situation wählt und sich selbst als Grund seiner selbst in einer Situation konstituiert, seine Position *nicht wählt*.« (SN 178f.)

Das heißt, das Bewusstsein hat das Bewusstsein seiner Freiheit, aber auch seiner Grundlosigkeit (*gratuité*): Es ist zu viel (*de trop*), überflüssig. Es erfasst sich als für nichts da seiend. Es ist eine nutzlose Passion. (SN 1052)

III Das Für-sich und das Sein des Wertes

Der dritte Schritt besteht darin, das unvollkommene Selbst als Seinsmangel [*décalage ou manque d'être*] zu thematisieren. Das Selbst sucht diesen seinen Seinsmangel aufzuheben und seine Totalität/Ganzheit zu verwirklichen. Auf diese Weise sucht es das Überschreiten auf eine Koinzidenz mit sich selbst hin. Der Sinn des menschlichen Seins ist aber das verfehlte An-sich: Das Ich ist nicht, was es ist, und ist nicht, was es ist.

Das Für-sich erfährt sich als unvollkommen: Es hat sich nicht selbst begründet. Um die Vollkommenheit zu erreichen, müsste es sich als genau das bestimmen, was es wäre, wenn es in Übereinstimmung mit sich wäre. Es ist aber von Natur aus das, was es nicht ist, und nicht das, was es ist. Indem es die Aufhebung der Unvollkommenheit anstrebt, sucht es also die Koinzidenz mit sich selbst. Es verwickelt sich damit in einen Widerspruch: »Für das Für-sich als solches beansprucht das Für-sich das An-sich-sein« (SN 190). Das aber sind unvereinbare Ziele. Die menschliche Realität ist dauerndes Überschreiten auf eine Koinzidenz mit sich, die niemals gegeben ist. (SN 189)

Nehmen wir das faktische Selbstbewusstsein als den Ausgangspunkt seiner Selbstverwirklichung. Es ist die Aufgabe (das *ergon*) seines Daseins, sich selbst zu verwirklichen, es ist Sache des freien Wesens, sich selbst als seinen Zweck zu schaffen. Es entwirft sich also auf sein Sein. Für Aristoteles ist sein Ziel die Eudaimonia, das geglückte Leben als Zeichen der Übereinstimmung mit sich selbst. Jedes Dasein wählt sein Leben (*bios*), und dies zu erreichen macht sein Glück aus. Dieses Ziel ist das Gute, das es anstrebt – bei Sartre: der Wert.

Aus dieser Diskussionsphase stammt das oben verwendete Bild vom zunehmenden Mond: Das Bild des Mondes als Totalität ist ein Überschreiten auf das Mangelnde hin. Es ist auf diese Weise ein Bild des menschlichen Seins. Der Versuch des Für-sich, sich zu verwirklichen, besteht darin, das Selbst, das es nicht ist, mit dem Selbst, das es ist, in Übereinstimmung zu bringen. Eine solche Übereinstimmung wäre aber das, was das An-sich-sein ausmacht: Ein vollendetes Selbst wäre ein Ding und damit kein Selbst mehr. Oder anders herum: Das präreflexive Selbst ist ein Selbst nur in Form des Selbstmangels. Die Selbstverwirklichung folgt also einem widersprüchlichen Ideal: Es würde heißen, für das Für-sich den Zustand des An-sich anzustreben, damit aber genau das aufzuheben, was das Wesen des Für-sich ausmacht.

»Was das Für-sich verfehlt, ist das Sich (*soi*) – oder Sich-Selbst (*soi-même*) als das An-sich.« (SN 188)

Die Übereinstimmung mit sich kann also nur als ein Ziel, nicht als eine Wirklichkeit existieren: Das Gute ist ein Wert und das Sein des Wertes ist eben, (noch) nicht zu sein. Das Gute, das das Selbst erstrebt, kann nicht *realisiert*, sondern nur erstrebt werden: »Der Wert ist jenseits des Seins.« (SN 191) »Der Sinn des Wertes ist, das zu sein, auf das hin ein Sein sein Sein überschreitet, jede valorisierte Handlung ist Losreißen von ihrem Sein in Richtung auf ...« (SN 195) Dieses Sich-losreißen kann nur darin bestehen, seine Möglichkeiten zu verwirklichen, das Leben zu wählen, auf das hin man strebt, bei Aristoteles etwa eine der verschiedenen Lebensformen, die den verschiedenen Seelenteilen entsprechen – das Leben des Genusses, das praktische Leben oder das Leben des Geistes.

Es ist nicht schwer, hinter dem Für-sich, das für sich das An-sich erstrebt, das verdinglichte Bewusstsein des Antisemiten zu erkennen, von dem unsere Überlegungen ausgingen. Die menschliche-Realität ist »von Natur aus unglückliches Bewusstsein« (SN 191). Ein Mensch, der sich auf diese Weise zu einem Ding zu machen sucht, ist »vollkommen leblos, bestenfalls tot«.[41]

Haben diese unglaublich abstrakten Überlegungen eigentlich eine Grundlage in der wirklichen, konkreten Realität des menschlichen Daseins?

Goethe lässt Faust einen Pakt mit Mephisto schließen, in dem er seine Seele dem Teufel überlassen will für den Fall, dass er zum Augenblick sagt: »Verweile doch, du bist so schön.« Bekanntlich geht dieser Pakt auf eine Stelle in Rousseaus *Träumereien* zurück, wo Rousseau den Gemütszustand schildert, in dem er sich nach seiner »Steinigung« in Môtiers befand. Dort schreibt er:

»Alles auf Erden ist in stetigem Fluss. Nichts behält eine feste, bleibende Gestalt und unsere Emotionen, die sich an die Dinge der Außenwelt heften ändern sich und erlöschen notwendigerweise mit ihnen. Sie hinken uns entweder hinterher oder eilen uns voraus, rufen entweder das Vergangene wach, das nicht mehr ist, oder künden eine Zukunft, die oft ge-

nug nicht sein wird; im Jetzt aber findet das Herz nirgendwo einen Halt. Daher sind uns hienieden nur vergängliche Freuden beschieden; dauerhaftes Glück jedoch hat, so glaube ich, noch nie ein Mensch kennengelernt. Selbst die ungestümsten Wonnen bescheren uns kaum einmal einen Augenblick, in dem unser Herz aufrichtig sagen könnte: *Ich wollte, dieser Augenblick währte ewig*. Und mit welcher Berechtigung nennen wir einen flüchtigen Zustand Glück, der uns doch nie recht befriedigt und erfüllt? Stets lässt er Wünsche übrig: entweder wir betrauern etwas, das vorbei ist, oder wir ersehnen etwas, das noch zu geschehen hätte.
Angenommen aber, unsere Seele erreichte eine solide Ruhelage, in der sie, ihr gesamtes Wesen konzentrierend, ganz zu sich käme: dann müsste sie Vergangenheit und Zukunft gar nicht bemühen; Zeit zählte für sie nicht, denn dauernd wäre Gegenwart, ohne dass sich diese Dauer freilich bemerkbar machte, ohne dass irgendwo sich ein Vorher und ein Nachher abzeichnete, und ohne dass Gefühle entstünden wie Entbehrung oder Genuss, Freude oder Kummer, Verlangen oder Furcht. Wir hätten einzig das Gefühl zu existieren, dieses aber würde unsere Seele ganz erfüllen. Wer sich in solchem Zustand befindet, kann sich, solange er währt, glücklich nennen. Und es wäre dies nicht jenes unvollkommene, armselige, bedingte Glück, das die Freuden des Lebens bieten, sondern ein reichliches, makelloses, vollkommenes Glück, das in der Seele keine Lücke hinterließe, die man noch zu schließen begehrte. In eben dem Zustand nun war ich auf der Petersinsel oft. Meine einsamen Träumereien bescherten ihn mir, wenn ich im Boot lag und mich treiben ließ, wenn ich bei schwerem Wetter am Seeufer saß, aber auch, wenn ich an einem malerischen Flüsschen oder einem Bach weilte, der über Kies dahinmurmelte.«

Faust wünscht eher, vom Teufel geholt zu werden, als diese Art Glück zu genießen:

»Werd' ich zum Augenblicke sagen
Verweile doch! du bist so schön!
Dann magst du mich in Fesseln schlagen,
Dann will ich gern zugrunde gehn!«

Zum dritten Teil: Das Für-Andere

Die menschliche-Realität, das menschliche Dasein ist in einem ursprünglichen Sinn sozial oder ein Für-Andere-sein. Der Andere tritt nicht sozusagen additiv zu der in sich ruhenden, für sich seienden Wirklichkeit des Einzelnen hinzu, vielmehr gibt es ein ursprüngliches Mit-dem-Anderen-verkoppelt-Sein. Sartre analysiert dieses Verhältnis von Für-sich und Für-Andere am Beispiel der Scham – keinem beliebigen Beispiel, wie man sehen wird. Auch der Sündenfallmythos setzt die Scham an den Anfang der eigentlichen Menschwerdung.

1. Im Schamgefühl schäme ich mich dessen, was ich bin.

2. Ich schäme mich vor jemandem; d.h., in der Reflexion über mich selbst finde ich das Urteil eines Anderen vor, der sich zwischen mich und mich selbst schiebt und es mir auf diese Weise ermöglicht, über mich selbst wie über einen Gegenstand zu urteilen.

3. Ich erkenne dieses Urteil als Ausdruck dessen an, was ich bin. Ich akzeptiere, dass ich bin, wie der Andere mich sieht.

4. Der Andere als Zeuge legt mich auf einen neuen Seinstyp fest, der aus dem Für-sich-sein nicht herleitbar ist: auf das unmittelbare, unreflektierte Sein-für-Andere, für das ich dennoch verantwortlich bin.

Das Schamgefühl ist also einerseits ein nicht-setzendes Bewusstsein (von) sich selbst, ein »Erlebnis« im Sinne einer strukturierten Erfahrung des Bewusstseins, andererseits aber kein reines Reflexionsphänomen, denn es ist angewiesen auf die Gegenwart anderer. Es offenbart mir ein Sein, das *mein* Sein ohne mein Für-mich-sein ist. Ich brauche den Anderen, damit ich alle Strukturen meines Seins erfassen kann. Der Andere taucht als der notwendige Mittler zwischen mir als Für-mich-sein und mir selbst als Gegenstand auf. Durch den Anderen werde ich mir selbst anschaulich. (Die auffällige Ähnlichkeit dieser Theorie mit der von G.H. Mead, den Sartre nicht kannte, rührt von der gemeinsamen Quelle her, Hegels *Phänomenologie des Geistes.*)

Sartre analysiert die in der Scham und anderen »Erlebnissen« enthaltenen Sinnstrukturen des Seins-für-Andere in großer Ausführlichkeit. Ich greife die für unseren Zusammenhang wichtigsten Strukturen auf.

Die Schwierigkeit, mit der sich jede Theorie der Fremdexistenz konfrontiert sieht, entsteht aus der Tatsache, dass mir der Andere primär als ein Objekt gegenüberzustehen scheint: »Die Frau, die ich auf mich zukommen sehe, der Mann, der auf der Straße vorübergeht, der Bettler, den ich von meinem Fenster aus singen höre, sind für mich *Gegenstände,* daran besteht kein Zweifel.« (SN 457) Ebenso unzweifelhaft ist »die leibhaftige Anwesenheit« anderer. Eine Theorie, die mit dem Anderen als Gegenstand, als Objekt beginnt, macht ihn zu einem Objekt der Erkenntnis, das, wie das Objekt jeder Erkenntnis, nur eine Hypothese bleibt. Von hier aus lässt sich also die unzweifelhafte Existenz des Anderen als Person nicht verstehen; das ursprüngliche Mit-dem-Anderen-verkoppelt-Sein wäre nicht denkbar, wenn der Andere zunächst nur wie ein Objekt unter Objekten in meiner Wahrnehmung auftauchte. Aber wenn wir als ursprüngliches Verhältnis die Beziehung zum Anderen als Subjekt annehmen, entzieht er sich als Subjekt gerade meiner – vergegenständlichenden – Erkenntnis. Wie kommt man aus diesem Dilemma heraus? Wir können das Problem so präzisieren: »Gibt es in der alltäglichen Wirklichkeit eine ursprüngliche Beziehung zum Anderen, die ständig anvisiert werden und sich mir folglich entdecken kann, außerhalb jeder Bezugnahme auf ein religiöses oder mystisches Unerkennbares?« (SN 485) Was bedeutet es, einen Menschen als Objekt und trotzdem auch als Menschen, als Subjekt zu erfassen? Was will man sagen, wenn man von einem Objekt sagt, es sei ein Mensch?

Objekte werden von mir zu instrumentellen Komplexen gruppiert und synthetisiert; ich bin als Subjekt das Zentrum einer auf mich hin ausgerichteten, im Rahmen meiner Entwürfe gedeuteten Welt. Subjekt sein heißt Zentrum einer Welt von Objekten sein, die ich »sein lasse«, die Phänomene für mich sind. Einen Menschen als Objekt wahrzunehmen würde bedeuten, ihn auf dieselbe Weise in meine Welt einzuordnen wie alle anderen Dinge, ihn denselben Kategorien zu unterwerfen wie Dinge, ihn auf mich auszurichten. Aber dieses Objekt als Menschen wahrzunehmen beinhaltet die Erfahrung, dass dieser Mensch selbst Zentrum einer Welt ist, dass ich in seinem Mikrokosmos nur am Rande auftauche, dass die Welt auf ihn hin ausgerichtet, meine Welt dagegen dezentriert ist. Die Welt enthält plötzlich einen Sinn, der nicht der meine ist. Der Andere als Objekt-Mensch sieht, was ich sehe, und ich weiß, dass er die Welt so auf sich ausrichtet wie ich die meine auf mich. Daraus ergibt sich auch, dass meine Beziehung zum Anderen als Subjekt auf die ständige Möglichkeit zurückgeführt werden kann, dass ich von ihm gesehen werde, dass ich mithin in seinem Mikrokosmos als Objekt auftauche. Durch den Blick, den er auf mich richtet, erfahre ich ihn als Subjekt, nicht als Objekt (was so weit geht, dass ich im Erblicktwerden zwar seinen Blick, nicht jedoch seine Augen wahrnehme). Ich bin im Erblicktwerden gegenständlich geworden – was sich nur aus der Tatsache erklären lässt, dass der Andere Subjekt ist. Für ein Objekt wäre ich so wenig gegenständlich, wie ich es für mich selbst bin, denn Gegenstände sind ja gerade das, was ich nicht bin. Für mich selbst dagegen bin ich immer nur, was ich nicht bin, und nicht das, was ich bin. Ich kann also mein Gegenstand-Sein nur dank dieses irreduziblen Faktums, dass ich vom Anderen gesehen werde, erfahren. Der Blick ist jene alltägliche Erfahrung, in der ich dem Anderen als Subjekt begegne. Der Blick hat das Eigentümliche, mich auf mich selbst als Objekt zu verweisen, er ist das Mittelglied zwischen mir als Subjekt und mir als Objekt.

»Nehmen wir an, ich sei aus Eifersucht, aus Neugier, aus Verdorbenheit so weit gekommen, mein Ohr an eine Tür zu legen, durch ein Schlüsselloch zu gucken. Ich bin allein und auf der Ebene des nicht-thetischen Bewußtseins (von) mir. Das bedeutet zunächst, daß es kein *Ich* gibt, das mein Bewußtsein bewohnt. Also nichts, worauf ich meine Handlungen beziehen könnte, um sie zu qualifizieren. Sie werden keineswegs *erkannt*, sondern *ich bin sie*, und allein deshalb tragen sie ihre totale Rechtfertigung in sich selbst. Ich bin reines Bewußtsein *von den* Dingen, und die Dinge, im Zirkel meiner Selbstheit befangen, bieten mir ihre Potentialitäten als Antwort meines nicht-thetischen Bewußtseins (von) meinen eigenen Möglichkeiten dar. Das bedeutet, daß hinter dieser Tür ein Schauspiel ›zu sehen‹, eine Unterhaltung ›zu hören‹ ist. Die Tür, das Schlüsselloch sind Instrumente und Hindernisse: sie stellen sich als ›mit Vorsicht zu handhaben‹ dar; das Schlüsselloch bietet sich dar als ›aus der Nähe und ein wenig von der Seite zu sehen‹ usw.« (SN 467 f.)

Diese ganze Stelle ist eine sehr klare Darstellung des präreflexiven »cogito«. Hier bin ich ganz bei der Sache; und dass ich es bin, der handelt, ist selbst nicht Gegenstand meines Bewusstseins. Ich bin mir selbst nicht der so und so Handelnde und auch nicht der Träger von Absichten, Gegenstand von Beurteilungen usw. Dennoch *bin ich* alle diese Handlungen; das, was ich bin, drückt sich in diesen Handlungen aus (man vergleiche hiermit die erste Phase der Erfahrung im Beispiel des Schwindelgefühls). Die Dinge enthüllen ihren Sinn als Antwort auf meine Haltung.

»Nun ›tue ich, was ich zu tun habe‹; keine transzendente Sicht verleiht meinen Handlungen den Charakter von etwas *Gegebenem*, über das ein Urteil gefällt werden könnte: mein Bewußtsein klebt an meinen Handlungen, es *ist* meine Handlungen; sie werden nur durch die zu erreichenden Zwecke und durch die zu verwendenden Instrumente geleitet. Meine Haltung zum Beispiel hat gar kein ›Draußen‹, ist reines Inbezugsetzen des Instruments (Schlüsselloch) mit dem zu erreichenden Zweck (zu sehendes Schauspiel), eine bloße Art, mich in der Welt zu verlieren, mich durch die Dinge aufsaugen zu lassen wie die Tinte durch ein Löschblatt, damit sich ein auf einen Zweck hin orientierter Utensilienkomplex synthetisch auf dem Welthintergrund abhebt.« (SN 468)

Soweit hier kein Ich gegeben ist, das handelt, erscheint die Handlung als notwendig ablaufender Prozess ohne Akteur: Die Handlung wird nicht selbst zum Gegenstand einer Beurteilung, sie wird nicht transzendiert.

»Die Ordnung ist umgekehrt wie die Kausalordnung: der zu erreichende Zweck organisiert alle Momente, die ihm vorhergehen; der Zweck rechtfertigt die Mittel, die Mittel existieren nicht für sich selbst und außerhalb des Zwecks. Die Gesamtheit existiert übrigens nur durch Bezug auf einen freien Entwurf meiner Möglichkeiten: gerade die Eifersucht als Möglichkeit, die ich *bin,* organisiert diesen Utensilitätskomplex, indem sie ihn auf sich selbst hin transzendiert.« (SN 468) Sartre betont hier den nichtkausalen, vielmehr teleologischen Charakter der Situation. Ich bin nicht durch meine Eifersucht determiniert, durchs Schlüsselloch zu gucken; sondern weil ich mich als Eifersüchtigen gewählt habe, gibt es überhaupt erst die Situation eines zielgerichteten Handelns. »Aber diese Eifersucht *bin* ich, ich erkenne sie nicht. Nur der weltliche Utensilitätskomplex könnte mich über sie belehren, wenn ich ihn betrachtete, anstatt ihn zu schaffen.« (SN 468) Könnte ich den Blick von außen auf die Situation werfen und mein eigenes Verhalten in Zusammenhang mit den Dingen, der Umgebung und dem Schauspiel betrachten, dann würde ich erkennen, was ich jetzt nur »erlebe« oder nur bin, ohne den Abstand, der das Bewusstsein *von* etwas ist.

»Die Gesamtheit in der Welt mit ihrer doppelten umgekehrten Bestimmtheit – es gibt nur deshalb ein Schauspiel hinter der Tür zu *sehen,* weil ich eifersüchtig bin, aber meine Eifersucht ist nichts außer der bloßen objektiven Tatsache, daß es hinter der Tür ein Schauspiel *zu sehen* gibt – nennen wir *Situation.* Diese Situation spiegelt mir zugleich meine Faktizität und meine Freiheit; anläßlich einer bestimmten objektiven Struktur der mich umgebenden Welt weist sie mir meine Freiheit in Form von frei zu erledigenden Aufgaben zu; es gibt da keinerlei Zwang, weil meine Freiheit an meinen Möglichkeiten nagt und die Potentialitäten der Welt sich korrelativ dazu lediglich anzeigen und anbieten.« (SN 468)

Die Durchdringung von Freiheit und Faktizität zeigt sich in der doppelten Situationsbeschreibung. Das zu sehende Schauspiel ist objektiv – aber eben nur für ein eifersüchtiges Bewusstsein, für das das Schauspiel einen Sinn hat. Und es hat einen Sinn, weil das Bewusstsein sich als eifersüchtiges gewählt hat. Es muss etwas tun – doch das ist kein Zwang, der von außen käme, sondern ein Element seiner Wahl. Ich habe in Freiheit meine Möglichkeiten eingeschränkt auf das Eifersüchtig-Sein; und aus dieser Wahl heraus erscheint mir die Welt als ganz bestimmte.

»Deshalb kann ich mich nicht wirklich als in einer Situation *seiend* definieren: zunächst, weil ich keineswegs setzendes Bewußtsein von mir selbst bin; ferner weil ich mein eigenes Nichts bin. In diesem Sinne – und weil ich ja das bin, was ich nicht bin, und nicht das bin, was ich bin – kann ich mich nicht einmal definieren als wirklich dabei *seiend,* an Türen zu lauschen, ich entgehe dieser vorläufigen Definition meiner selbst durch meine ganze Transzendenz; hier ist, wie wir gesehen haben, der Ursprung der Unaufrichtigkeit; so kann ich mich nicht nur nicht *erkennen,* sondern mein Sein selbst entgeht mir – obwohl ich eben dieses Meinem-Sein-entgehen *bin* –, und ich bin nichts ganz und gar; es gibt nichts *da* als ein reines Nichts, von dem eine objektive, sich von der Welt abhebende bestimmte Gesamtheit, ein reales System, eine Anordnung von Mitteln im Hinblick auf einen Zweck umgeben ist und herausgestellt wird.« (SN 469)

Weil sich hier alles gleichsam objektiv abspielt, weil ich zwar meine Eifersucht *bin*, mich aber nicht als eifersüchtig *erkenne*, kann ich mich selbst auch nicht als eifersüchtig definieren. Was ich bin, entgeht mir. Und insofern ich für mich nichts bin (ich *bin* nicht eifersüchtig, *bin* nicht auf dem Weg, durchs Schlüsselloch zu gucken), gibt es hier weiter nichts als einen objektiven Prozess einer Anordnung von Mitteln im Hinblick auf ein Ziel, ein Schlüsselloch zum Hindurchschauen, ein Schauspiel zu sehen.

»Jetzt habe ich Schritte im Flur gehört: man sieht mich. Was soll das heißen? Das heißt, daß ich in meinem Sein plötzlich getroffen bin und daß wesentliche Modifikationen in meinen Strukturen erscheinen – Modifikationen, die ich durch das reflexive cogito erfassen und begrifflich fixieren kann.« (SN 469)

Der Sinn der subjektiven Reaktionen Scham, Furcht, Stolz. Um die Verweisung meiner auf mich selbst geht es in diesem berühmten Beispiel. Plötzlich sieht sich das Ich, das eben noch ganz von seiner Handlung absorbiert war, beobachtet. Es ist sich selbst gegenwärtig. Diese Erfahrung ist keine Selbstvergewisserung in der Reflexion, vielmehr existiere ich nun »als *Ich* für mein unreflektiertes Bewußtsein« (SN 469). Ich erfahre mich im Blick als Gegenstand in der Welt, nicht als Gegenstand der Reflexion. Das unreflektierte, also Gegenstandsbewusstsein ergreift das Ich nicht direkt, sondern vermittels des Anderen und als Objekt des Anderen. Das bedeutet aber auch, dass ich Bewusstsein von mir habe, insoweit ich mir entgehe; ich weiß nicht, was der Andere sieht, empfindet, denkt. »Die Scham oder der Stolz enthüllen mir den Blick des Anderen und mich selbst am Ziel dieses Blickes, sie lassen mich die Situation eines Erblickten *erleben*, nicht *erkennen*.« (SN 471) Ich *bin* somit in dieser Situation Ich, allerdings eines, das ich nicht erkenne: »Ich bin, jenseits aller Erkenntnis, die ich haben kann, dieses Ich, das ein Anderer erkennt. Und dieses Ich, das ich bin, bin ich in einer Welt, die der Andere mir entfremdet hat.« (SN 471) Das Erleben der Scham ist einerseits das unreflektierte, »anschauliche« Bewusstsein des Ich: das bin ich; es ist andererseits die Erfahrung, dass es der Andere ist, der mich zum Objekt hat, und dass ich deshalb dieses Objekt, das ich bin, gerade nicht erkenne. Und da ich Ich in einer Welt bin, entgeht mir meine Welt ebenfalls. Alle die Utensilitätsdinge um mich herum, die ich um mich zentriert habe, zeigen dem Anderen eine Seite, die mir entgeht.

Meine Scham ist ein Geständnis: Ich bin dieses Sein, das der Andere erkennt. Und das ist außerordentlich beunruhigend. Denn hier wird die Substanz meines eigenen Seins von der unberechenbaren Freiheit des Anderen bestimmt. »Es genügt, daß der Andere mich anblickt, damit ich das bin, was ich bin.« (SN 473) Für mich bin ich Bewusstsein (und damit nicht das, was ich bin, und das, was ich nicht bin); für den Anderen *bin* ich. Für ihn habe ich meine Transzendenz abgeworfen, für ihn habe ich eine Außenseite, für ihn bin ich ein Stück Natur. »Mein Sündenfall ist die Existenz des Anderen« (SN 474), und die Scham ist »die Wahrnehmung meiner selbst als Natur, wenn auch eben diese Natur mir entgeht«. Es ist zwar nicht so, dass ich »spüre, daß ich meine Freiheit verliere und ein *Ding* werde«; aber der Andere entfremdet mir meine eigenen Möglichkeiten, die meine Freiheit ausmachen, indem er sie einschränkt, berechnet, indem er meine Transzendenz transzendiert. Für ihn und durch ihn *bin* ich irgendeiner in seiner Welt. Er überschreitet meine Möglichkeiten auf seine eigenen hin, er belauert mich. Der Andere ist der heimliche Tod meiner Möglichkeiten: »Meine Möglichkeit, mich in dem Winkel zu verstecken, wird das, was der Andere auf seine Möglichkeit hin überschreiten kann, mich zu demaskieren, mich zu identifizieren, mich zu ergreifen. *Für den Anderen* ist sie ein Hindernis und zugleich ein Mittel wie alle Utensilien.« (SN 476) Ich erfasse den Anderen aus meiner Sicht heraus – in der Furcht.

Meine Möglichkeiten werden, außerhalb meiner selbst, für den Anderen zu Wahrscheinlichkeiten, meine Freiheit wird in seinen Augen zu einer Eigenschaft, die ich habe und deren Zeuge er ist. Von daher weiß ich auch von meinen Möglichkeiten als Wahrscheinlichkeiten. Ich bin sie, ich nehme sie auf mich, wie der Andere sie sieht, erkenne sie selbst jedoch nicht. D.h. aber auch, dass plötzlich jede Situation eine Kehrseite bekommt, die mir entgeht. Der Andere gestaltet die Welt um mich herum, er gibt ihr einen Sinn, von dem ich nichts weiß. Die Welt wird undurchschaubar, ich selbst werde zu einem objektiven Bestandteil in ihr. Mein Blick verliert seine Macht, die Anderen zu Objekten zu machen, wenn wir, ich und die Anderen, schon selbst Objekte des Blicks eines Dritten, eines Zeugen, sind. Ich werde zu einem »Blick-Objekt, das heißt ein utensiler Komplex, der mit innerer Finalität ausgestattet ist und sich selbst in einen Zweck-Mittel-Bezug einfügen kann« (SN 480). Ich werde durch den Blick des Anderen in einen öffentlichen Raum und in eine öffentliche Zeit versetzt. Ich bin nicht mehr »Herr der Situation«.

Als dieses raum-zeitliche Objekt in der Welt biete ich mich den Beurteilungen Anderer dar: »Erblickt werden heißt, sich als unerkanntes Objekt von unerkennbaren Beurteilungen, insbesondere von Wert-Beurteilungen erfassen.« (SN 481) Indem ich aus Scham oder Stolz diese Urteile als begründet annehme, erkenne ich die Freiheit des Anderen an, für den ich zum Gegebenen gehöre, das er auf seine Möglichkeiten hin überschreitet. »So konstituiert mich das Gesehenwerden als ein wehrloses Sein für eine Freiheit, die nicht meine Freiheit ist. In diesem Sinn können wir uns als ›Knechte‹ betrachten, insofern wir Anderen erscheinen.« (SN 482) Aber anders als Hegel betont Sartre die Unüberwindbarkeit dieses Knechtschaftsverhältnisses. Es gehört zur dauernden Struktur meines Für-sich-seins, durch den Anderen in Gefahr zu sein, weil ich in meinem Sein von der Freiheit eines Anderen abhängig bin, der mich zu einem Mittel für Zwecke machen kann, die ich nicht kenne.

Soweit hat Sartre nichts anderes getan, als den Sinn jener subjektiven Reaktionen unter dem Blick des Anderen zu explizieren, die »die Furcht sind (Gefühl, angesichts der Freiheit Anderer in Gefahr zu sein), der Stolz oder die Scham (Gefühl, schließlich das zu sein, was ich bin, aber woanders, dort drüben für den Anderen), die Anerkennung meiner Knechtschaft (Gefühl der Entfremdung aller meiner Möglichkeiten)« (SN 482). Sartre hat dabei immer wieder zwei Seiten dieser Erfahrung betont: erstens, dass ich in diesen Reaktionen nicht erkenne, was ich bin, sondern dies, was ich bin, »blindlings« auf mich nehme, und zweitens, dass die Tatsache, dass ich eine »Außenseite« habe – mein Sein im Gegensatz zu meinem Für-mich-sein –, so etwas wie eine öffentliche Welt ermöglicht, in der ich als dieses von mir nicht entdeckte Element enthalten bin. Deshalb sagt Sartre, dass ich den Blick des Anderen als das Auftauchen einer ek-statischen Seinsbeziehung auffasse. Ich existiere darin »außer mir« – Hegel sagt: »Das Selbstbewußtsein ist außer sich gekommen.« Es ist eine Beziehung zwischen dem Ich als Für-sich-sein und dem Ich als Für-Andere-sein: »Durch den Blick des Anderen *erlebe* ich mich als mitten in der Welt erstarrt, als in Gefahr, als unheilbar. Aber ich *weiß* weder, *was für einer* ich bin, noch *welches* mein Platz in der Welt ist, noch welche Seite diese Welt, in der ich bin, dem Anderen zuwendet.« (SN 483) Der Unterschied zwischen Erleben und Erkennen korrespondiert dem Unterschied zwischen Für-sich-sein und Für-Andere-sein: Für mich bin ich, was ich nicht bin, und bin nicht, was ich bin; für Andere bin ich, was ich bin; und alles, was ich von mir weiß oder über mich erkenne, ist das, was ich für Andere bin; was ich erlebe, bin ich nur für mich.

Welchen Sinn hat das Auftauchen des Anderen in seinem und durch seinen Blick? »Im Phänomen des Blicks ist der Andere grundsätzlich das, was nicht Objekt sein kann.« (SN 483) Von ihm geht es gerade aus, dass ich mir als nicht entdeckt preisgegeben werde, dass mir die Welt entgeht; er ist der Sinn und die Richtung dieser Entfremdung. Das unmittelbare Schaudern, das mich befällt, wenn ich mich in einer beschämenden Situation erblickt fühle, zeigt, dass nicht er in *meiner* Welt erscheint, sondern dass ich in einer Welt erblickt werde, in der der Blickende nicht selbst Gegenstand ist. Ich erfahre mich im Erblicktwerden als »eine Transzendenz, *die nicht die meine ist*« (SN 486). Der Andere ist das Sein, durch das ich meine Gegenständlichkeit gewinne. Eine Objektivierung meiner selbst ist nur durch die Subjektivität eines Anderen möglich, der seinerseits qua Subjekt von mir nicht erkannt werden kann. Durch den Blick erfahre ich den Anderen »konkret als freies und bewußtes Subjekt, das macht, daß es eine Welt gibt, indem es sich auf seine eigenen Möglichkeiten hin verzeitlicht« (SN 488). Die unvermittelte Gegenwart dieses Anderen bei mir ist die notwendige Bedingung jedes Gedankens, den ich mir über mich selbst zu machen versuche. Und weil ich von mir selbst nur das wissen kann, was meine Außenseite ist, kann Sartre sagen: »Der Andere ist dieses Ich-selbst, von dem nichts mich trennt, absolut nichts, außer seine reine und totale Freiheit, das heißt die Unbestimmtheit seiner selbst, die allein er für und durch sich zu sein hat.« (SN 488)

Was zeigen diese Analysen, in denen der Andere als Subjekt, als Freiheit, als »Sinn meiner Entfremdung«, als Bedingung meines Seins, als Transzendenz auftaucht? Sie zeigen, dass der Andere sich mir als »eine konkrete und evidente Anwesenheit darbietet, die ich in keiner Weise von mir ableiten kann und die in keiner Weise in Zweifel gezogen werden kann« (SN 488). Die Gegenwart des Blicks Anderer ist »weder eine Erkenntnis noch eine Projektion meines Seins, noch eine Vereinigungsform« meiner Erfahrungen: »Sie *ist*, und ich kann sie nicht von mir ableiten.« (SN 490)

Der Blick des Anderen kann also nicht »der Sinn meiner Objektivität-für-mich« sein; er erhält seine Bedeutung gerade nicht von mir, sondern ist »konkrete und transzendente Bedingung« meiner Gegenständlichkeit, meines Seins. »Wenn ein Anderer mir eine Beschreibung meines Charakters gibt, ›erkenne‹ ich mich nicht und weiß doch, ›das bin ich‹. Diesen Fremden, den man mir präsentiert, übernehme ich sofort, ohne daß er aufhört, ein Fremder zu sein.« (SN 493) Dieses fremde Ich, das ich bin, ist von mir durch ein unüberwindbares »Nichts« getrennt – durch die fremde Freiheit, die mich mit einer Seite des von mir Nicht-Entdeckten ausstattet. So ist mein Sein Für-Andere »ein Sturz durch die absolute Leere auf die Objektivität hin« (SN 493).

Mein Ich als Objekt des Blicks des Anderen, mein »Objekt-Ich«, ist nicht Erkenntnis, sondern Unbehagen; und der Andere, durch den dieses Ich mir widerfährt, ist Faktum der Gegenwart einer fremden Freiheit. Das »Mir-entrissen-Werden« und das Auftauchen der Freiheit Anderer werden nur zusammen empfunden und erlebt: »Das Faktum des Anderen ist unbestreitbar und trifft mich mitten ins Herz. Ich realisiere es durch das *Unbehagen;* durch es bin ich fortwährend *in Gefahr* in einer Welt, die *diese* Welt ist und die ich dennoch nur ahnen kann; und der Andere erscheint mir nicht als ein Sein, das zunächst konstituiert ist und mir dann begegnet, sondern als ein Sein, das in einem ursprünglichen Seinsbezug zu mir auftaucht und dessen Unbezweifelbarkeit und *faktische Notwendigkeit* die meines eigenen Bewußtseins sind.« (SN 494) Dieses Unbehagen kann sich übrigens auch von der rein körperlichen Gegenwart des Anderen loslösen: Der Träger des Blicks ist der Subjekt-Andere, nicht der Andere als Objekt, als Körper. Man kann sich auch vor einem abwesenden Anderen schämen.

»Wir können jetzt die Natur des Blicks erfassen: es gibt in jedem Blick das Erscheinen eines Objekt-Anderen als konkrete und wahrscheinliche Anwesenheit in meinem Wahrnehmungsfeld, und anläßlich gewisser Haltungen dieses Andern bestimme ich mich selbst dazu, mein ›Erblickt-werden‹ durch Scham, durch Angst usw. zu erfassen. Dieses ›Erblickt-werden‹ bietet sich als die reine Wahrscheinlichkeit dar, daß ich gegenwärtig dieses konkrete *Dieses* bin – eine Wahrscheinlichkeit, die ihren Sinn und eben ihre Wahrscheinlichkeitsnatur nur aus einer fundamentalen Gewißheit gewinnen kann, daß der Andere für mich immer anwesend ist, insofern ich immer *für Andere* bin. Die Erfahrung meiner Lage als eines Menschen, Objekt für *alle* anderen lebenden Menschen, unter Millionen von Blicken in die Arena geworfen und mir selbst millionenmal entgehend, diese Erfahrung realisiere ich konkret anläßlich des Auftauchens eines Objekts in *meinem* Universum, wenn dieses Objekt mir anzeigt, daß ich wahrscheinlich jetzt als *differenziertes Dieses* für ein Bewußtsein Objekt bin. Die Gesamtheit des Phänomens nennen wir *Blick.*« (SN 503 f.)

Das Sein des Für-Andere-seins. Das Für-Andere-sein ist keine ontologische Struktur des Für-sich, wir können es nicht aus dem Für-sich-sein ableiten; es findet sich einfach, dass das Mensch-Sein diese beiden Dimensionen hat, es ist eine »faktische Notwendigkeit«. An anderer Stelle drückt Sartre das so aus: »Man *begegnet* dem Andern, man konstituiert ihn nicht.« (SN 452)

Zunächst verhält sich das Ich zum Anderen genauso ausschließend wie zu einem vorgefundenen Ding, es bestimmt sich selbst als nicht der Andere seiend. (SN 508) Man kann sich das an der Art und Weise veranschaulichen, in der es der Totemismus den einzelnen Mitgliedern einer Gruppe erlaubt, ihre Identität durch das Ausschließen aller anderen zu erlangen; oder am Antisemiten, der sich nur als »Herrenmensch« fühlen kann, weil er sich dem Juden überlegen dünkt. Ohne den Anderen wäre er »mit einem Schlag wieder Hausmeister oder Krämer in einer streng hierarchischen Gesellschaft, wo der Wert, ›echter Franzose‹ zu sein, bedenklich gefallen wäre, weil alle ihn besitzen würden« (BJ 120). Eine solche Selbstunterscheidung vom Anderen ist eine »innere« Negation, weil sie der Beteiligte selbst vollziehen muss – anders als die äußere Negation, wo ein Dritter, ein Zeuge, Unterschiede feststellt. Diese innere Negation ist also ein Sich-Losreißen oder Sich-Freimachen vom Anderen.

Im Verhältnis zweier Blickender ist dieser Prozess nun wechselseitig. Auch der Andere bestimmt sich selbst dadurch, dass er sich von mir losreißt, sich selbst von mir unterscheidet. Von mir aus gesehen ist der Andere also dasjenige Subjekt, das mich durch seinen Blick zu einem Objekt macht, das er von sich unterscheidet, das nicht zu sein er sich veranlasst. Und mich von dem Anderen zu unterscheiden heißt immer, mich von dem Anderen zu unterscheiden, der sich seinerseits von mir unterscheidet, indem er sich veranlasst, nicht ich zu sein. Dieser Prozess der Selbstbestimmung ist eine doppelte Negation: Ich negiere mein Negiertwerden – d.h., ich nehme mein negiertes Ich auf mich. Ich bestimme mich selbst dadurch, dass ich dieses Ich akzeptiere, das der Andere sich zu sein weigert, das der Andere negiert. Konkret bedeutet das: Der Andere hat mich auf ein Bild festgelegt, das er z.B. in einer Situation gewonnen hat, die mich beschämt. In dieser Situation bin ich für ihn der Andere, den er beobachtet und von sich unterscheidet. Ich finde mich insofern als entfremdet, als Objekt vor. Ich kann mich selbst aber vom Anderen nur dadurch unterscheiden, dass ich selbst jener Andere bin, den er von sich unterscheidet. Ich identifiziere mich also mit jenem entfremdeten Ich, das er von sich unterscheidet; ich nehme mein Objekt-sein-für-Andere auf mich.

»Dieses Objekt-Ich ist das Ich, *das ich bin* eben in dem Maß, in dem es mir entgeht, und ich würde es im Gegenteil als meines zurückweisen, wenn es mit mir selbst in reiner Selbstheit übereinstimmen könnte. So ist mein Für-Andere-sein, das heißt mein Objekt-Ich, kein von mir abgetrenntes und in einem fremden Bewußtsein vegetierendes Bild: es ist ein völlig reales Sein, *mein* Sein als Bedingung meiner Selbstheit gegenüber dem Andern und der

Selbstheit des Andern mir gegenüber. Es ist mein *Draußen-sein:* nicht ein erlittenes Sein, das selbst von draußen gekommen wäre, sondern ein als *mein* Draußen übernommenes und anerkanntes Draußen.« (SN 511)

So steht das Für-Andere-sein genau in der Mitte zwischen dem Für-sich und dem An-sich: Der Andere ist nicht dieses Ich, von dem er eine unmittelbare Erkenntnis hat, und ich habe nicht die unmittelbare Erkenntnis von diesem Ich, das ich bin.

Die Übernahme meines entfremdeten Ich ist genau der Punkt des Umschlagens der Beziehung. Indem ich mich auf mich nehme, indem ich mich wieder ergreife, erhalte ich das Bewusstsein (von) mir, insofern ich für die Verneinung des Anderen verantwortlich bin. Ich erobere mich zurück, indem ich den Anderen vergegenständliche, zum Objekt mache, indem ich die Möglichkeiten des Anderen in tote Möglichkeiten verwandle. So reagiere ich auf die Furcht, die Entdeckung meines Objekt-Seins gelegentlich der Erscheinung eines anderen Objekts in meinem Wahrnehmungsfeld, indem ich ihn belauere; oder auf die Scham, das Gefühl, mein Sein draußen zu haben, dadurch, den als Objekt zu ergreifen, der mich als Objekt ergreift. Ich degradiere seine Subjektivität zu der Eigenschaft eines Objekts, zur Innenweltlichkeit des Anderen, die mich nichts angeht. So ist der Stolz etwa eine Reaktion auf die Scham, und zwar eine »unwahrhaftige«, indem ich auf den Anderen als Objekt einzuwirken suche, gleichzeitig jedoch auf seine nur aus Freiheit erfolgende Bewunderung hoffe. »Scham, Furcht und Stolz sind also meine ursprünglichen Reaktionen, sie sind nur die verschiedenen Arten, in denen ich den Andern als unerreichbares Subjekt anerkenne, und sie schließen ein Verstehen meiner Selbstheit in sich ein, das mir zur Motivation dienen kann und muß, den Andern als Objekt zu konstituieren.« (SN 529) Diese Dialektik der Anerkennung ist von zentraler Bedeutung für Sartres Theorie des Verstehens.

Das Verstehen. Im Rahmen der Dialektik der Anerkennung sind die Grundzüge einer Theorie des Verstehens vorgezeichnet. Sartre hat immer wieder betont, wie die Freiheit eines Handelnden aus der Perspektive des Anderen gleichsam ihre Farbe ändert, wie sie in eine Eigenschaft eines Charakters übergeht, zur Wahrscheinlichkeit wird. Indem man sich als sich selbst erfasst – in der doppelten Negation –, bewirkt man, dass der Objekt-Andere inmitten der Welt existiert: »Ich erkenne seine Transzendenz an, aber ich erkenne sie nicht als transzendierende an, sondern als transzendierte.« (SN 521) Ich räume also der Freiheit des Anderen einen Platz in meiner Welt ein, eine Enklave, in der er als das Zentrum seiner Welt erscheinen darf – aber eben eine Enklave inmitten meiner Welt. Ich selbst erfahre mich immer als engagiert, »in Situation«, auf Zwecke hin ausgerichtet; und im Rahmen dieses Engagements tritt mir der Andere als jemand entgegen, der auf seine Zwecke hin ausgerichtet ist. Allerdings erscheint mir seine Freiheit anders als meine, nämlich als »Verwurzelung«; ich erfasse ihn als objektive Einheit von Werkzeugen und Hindernissen inmitten einer Welt, die er für sich selbst nicht denken kann, da er sie erlebt; da er seine Möglichkeiten ist, nicht jedoch erkennt.

»Insofern ich ihn als Objekt erfasse, springt mir dagegen dieses weltmäßige Bild in die Augen: der Andere wird das Instrument, das sich durch seinen Bezug zu allen anderen Instrumenten definiert, er ist eine Ordnung *meiner* Utensilien, die in der Ordnung, die ich diesen Utensilien aufzwinge, eine Enklave ist: den Andern erfassen heißt diese Ordnung-Enklave erfassen und sie zu einer zentralen Abwesenheit oder ›Interiorität‹ in Bezug setzen; heißt diese Abwesenheit definieren als erstarrtes Abfließen der Objekte *meiner Welt* auf ein bestimmtes Objekt *meines* Universums hin.« (SN 522)

Den Anderen als Objekt zu erfassen bedeutet zunächst, ihn als Mittel unter anderen Mitteln zu sehen, freilich als eines mit der besonderen Eigenschaft, selbst Mittelbenutzer zu sein. Die Dinge kehren ihm dieselbe Seite zu wie mir, nämlich ihren Sinn, ihre Zweckmäßigkeit für ihn zu haben und zu zeigen. Dadurch entsteht eine Art Abwesenheit der Dinge für mich, sie sind mir entzogen. Sie sind für ein anderes Bewusstsein.

»Und der Sinn dieses Abfließens wird mir durch diese Objekte selbst geliefert: es ist die Disposition des Hammers und der Nägel, des Meißels und des Marmors – insofern ich diese Disposition überschreite, ohne ihr Grund zu sein –, die den Sinn dieser innerweltlichen Hämorrhagie definiert.« (SN 522 f.) Man mag hier an die Werkstatt eines Bildhauers denken: Alle Werkzeuge liegen für ihn, für seine Tätigkeit bereit. Ich erkenne sie als für diese Tätigkeit sinnvoll. Als für *ihn* sinnvoll erscheinen sie in *meinem* Wahrnehmungsfeld.

»So zeigt mir die Welt den Andern in seiner Totalität und als Totalität an. Zwar bleibt dies Anzeigen doppeldeutig. Aber eben darum, weil ich die Ordnung der Welt auf den Andern hin als undifferenzierte Totalität erfasse, auf deren Hintergrund einige explizite Strukturen erscheinen. Wenn ich alle Utensilienkomplexe explizieren könnte, insofern sie dem Andern zugekehrt sind, das heißt, wenn ich nicht nur die Stelle erfassen könnte, die Hammer und Nägel in diesem Utensilienkomplex einnehmen, sondern auch die Straße, die Stadt, die Nation usw., hätte ich das Sein des Andern explizit und total als Objekt definiert.« (SN 522)

Die Situation, in der sich der Andere befindet, ist die Gesamtheit der Beziehungen, die für ihn Bedeutung haben. Je mehr ich von dem aufdecke, was für ihn die Objektivität ausmacht, umso mehr begreife ich von ihm selbst. »Wenn ich mich über eine Absicht des Andern täusche, so keineswegs deshalb, weil ich seine Bewegung auf eine unerreichbare Subjektivität beziehe: diese Subjektivität an sich und durch sich hat mit der Bewegung keinerlei gemeinsames Maß, denn sie ist Transzendenz für sich, unüberschreitbare Transzendenz. Sondern deshalb, weil ich die ganze Welt um diese Bewegung herum anders organisiere, als sie sich faktisch organisiert.« (SN 523) Über die Absichten des Anderen zu reden oder Vermutungen anzustellen usw. heißt nicht, es mit etwas prinzipiell Unerkennbarem zu tun zu haben; es heißt, über sein Verhalten in seiner – und meiner – Welt zu reden, über den objektiven Sinn, den die Dinge seiner Welt im Rahmen seines Entwurfs haben.

»So ist mir der Andere allein deshalb, weil er mir als Objekt erscheint, grundsätzlich als Totalität gegeben, er erstreckt sich durch die ganze Welt als weltmäßiges Vermögen, diese Welt synthetisch zu organisieren. Nur kann ich eben diese synthetische Organisation ebensowenig explizieren, wie ich die Welt selbst, insofern sie *meine* Welt ist, explizieren kann.« (SN 523) Der Andere als Objekt ist mir also immer als Objekt-in-seiner-Welt gegeben, und die Schwierigkeiten, diese seine Welt, sein Universum explizit zu machen, sind prinzipiell nicht größer als die, meine Welt explizit zu machen. Ich kann seine Welt nicht besser verstehen, als ich die Welt, insofern sie meine ist, überhaupt verstehe.

»Und der Unterschied zwischen dem Subjekt-Andern, das heißt dem Andern, so wie er für-sich ist, und dem Objekt-Andern ist kein Unterschied zwischen dem Ganzen und dem Teil oder dem Verborgenen und dem Enthüllten: denn der Objekt-Andere ist grundsätzlich ein der subjektiven Totalität koextensives Ganzes; nichts ist verborgen, und soweit die Objekte auf andere Objekte verweisen, kann ich meine Erkenntnis des Andern unbegrenzt erweitern, indem ich seine Bezüge zu anderen Utensilien der Welt unbegrenzt expliziere; und das Ideal der *Erkenntnis* des Andern bleibt das erschöpfende Explizieren des Sinns des Abfließens der Welt.« (SN 523 f.) Keineswegs ist der Objekt-Andere nur ein kleiner – gleichsam der sichtbare – Teil eines ansonsten verborgenen Subjekts. Das Subjekt erscheint in seinen Entwürfen, in seiner Welt, und ist darin vollständig erklärbar. »Der grundsätzliche Unterschied zwischen Objekt-Anderem und Subjekt-Anderem kommt allein daher, daß der Subjekt-Andere in keiner Weise als solcher erkannt oder auch nur erfaßt werden kann: es gibt kein Problem der Erkenntnis des Subjekt-Andern, und die Objekte der Welt verweisen nicht auf seine Subjektivität; sie beziehen sich nur auf seine Objektheit in der Welt als – auf meine Selbstheit hin überschrittenen – Sinn des innerweltlichen Abfließens.« (SN 524)

Dieser Unterschied zwischen dem Anderen als einem unbegreiflichen Subjekt, der transzendierenden Transzendenz, also der Freiheit des Subjekts, das für sich frei ist, und dem Anderen als Objekt, als transzendierter Transzendenz, ist für jede Theorie des Fremdverstehens grundlegend. »Nichts ist verborgen« – der Andere kann von mir verstanden und im Idealfall vollständig erkannt werden, weil es gar nicht um seine unerreichbare Subjektivität geht, sondern um die Weise, wie er die Welt um sich gestaltet. Er wird von seinen Zwecken her verstanden, und zwar im Rahmen meiner Zwecke. Der Andere kann nicht anders definiert werden als durch eine »totalitäre Organisation der Welt – und er ist der Schlüssel dieser Organisation. Wenn ich also von der Welt zum Andern zurückkehre, um ihn zu definieren, so nicht deshalb, weil die Welt mich den Andern verstehen ließe, sondern weil der Objekt-Andere nichts anderes ist als ein autonomes, innerweltliches Bezugszentrum *meiner* Welt.« (SN 526) Diesen Gedanken wird Sartre später wieder aufgreifen, wenn er in seiner Schrift *Fragen der Methode* das Verstehen Anderer an die »Untersuchung der verschiedenen Prozesse des Gegenstand-Werdens« knüpft.

Sartre hat hier eine Theorie der Daseinshermeneutik geliefert, die er in seinen Biografien fruchtbar gemacht hat. Es gibt sozusagen kein Geheimnis des Anderen, alles ist offenbar. Es gibt kein verborgenes Inneres, das sich uns grundsätzlich entzöge; denn dem Anderen stehen nur dieselben Möglichkeiten, sich über sich selbst klarzuwerden, zur Verfügung wie jedem anderen: Er muss in der Handlung herausfinden, wer er ist, was er will, welches die Werte sind, die er akzeptiert, in welcher Welt er lebt. Und dies kann jeder andere auch, der sich nur die Mühe macht. Das alte Programm der Hermeneutik, den Anderen besser zu verstehen, als er sich selbst versteht, ist keine Illusion.

Die konkreten Beziehungen zu Anderen. Sartre greift die in den Untersuchungen über den Blick zutage tretenden Strukturen des Fremdverstehens explizit in seinem Entwurf einer existenziellen Psychoanalyse auf. Man darf dabei nicht übersehen, dass »der Blick« nur eine alltägliche, banale Situation ist, in der wir uns unserer Beziehungen zum Anderen ständig bewusst werden. Diese Beziehungen umfassen selbstverständlich mehr als die »abstrakten« Blicke, die uns nicht als körperliche Lebewesen, sondern nur als Erlebende und Erkennende betreffen. Aber in diesen hier entdeckten Beziehungen zwischen mir als Subjekt/Objekt und dem Anderen als Subjekt/Objekt sind schon die konkreten Beziehungen zwischen uns angelegt, die mit uns als leiblichen Wesen zu tun haben. Solche Beziehungen sind die wechselseitigen Versuche, »Herr« über den Anderen zu werden oder sich vom »Knechtsein« zu befreien. Der Konflikt ist der ursprüngliche Sinn des Für-Andere-seins. Denn der Andere besitzt das Geheimnis dessen, was ich bin. »Er macht mich sein und besitzt mich eben dadurch hier, und dieses Besitzen ist nichts anderes als das Bewußtsein, mich zu besitzen.« (SN 638)

In all diesen konkreten Beziehungen wie Liebe, Hass, Gleichgültigkeit usw. ist jedoch ein Widerspruch vorhanden, der sie letztlich scheitern lässt. Sie bestehen in dem Versuch, auf die Freiheit des Anderen einzuwirken und die Freiheit dabei dennoch bestehen zu lassen. Erst auf dieser Ebene finden das Verhältnis von Lucien zu Maud und Bergère oder die Konstellation von Inès, Estelle und Garcin in dem Drama *Bei geschlossenen Türen*, ja noch die Beziehungen zwischen den Figuren des Stücks *Die Eingeschlossenen von Altona* ihre volle Aufklärung.

An dieser Stelle mag die Erinnerung genügen, dass sich Lucien »in den Augen der anderen« sucht: »Den wahren Lucien, das wußte er jetzt, mußte man in den Augen der anderen suchen, im furchtsamen Gehorsam von Pierrette und Guigard, in der hoffnungsvollen Erwartung all dieser Wesen, die für ihn heranwuchsen und reiften [...].« (KCh 176) Aber die Furcht und die Abhängigkeit, in der diese »Knechte« stehen, zeigen, dass die Situation hoffnungslos verzerrt ist. Lucien erfährt sich als »Herr«, als »Chef unter den Franzosen«, mit festen, unwandelbaren »Rechten« – doch er erfährt sich nicht als frei. Er hat »seine« Möglichkeiten aufgegeben zugunsten einer festen Rolle, lange vor seiner Geburt war sein Platz im Leben festgelegt. Lucien wählt ein Leben, in dem er einer Wahl enthoben ist, er wählt die Starre des Felsens.

Zum vierten Teil: Die Freiheit

In ihrem Kern ist Sartres Theorie, wie wir jetzt zusammenfassend sagen können, zentriert um eine Auffassung von der menschlichen Realität als einem Für-sich-sein, dessen Sein Tätigkeit oder Tun ist. Folglich bildet die Untersuchung des menschlichen Handelns den Zielpunkt aller Überlegungen. Traditionelle Theorien des Handelns – wie etwa die oben angeführte Schopenhauers – pflegen die Handlung, den Akt, in eine Reihe von Momenten zu entfalten, die man etwa so anordnen kann:

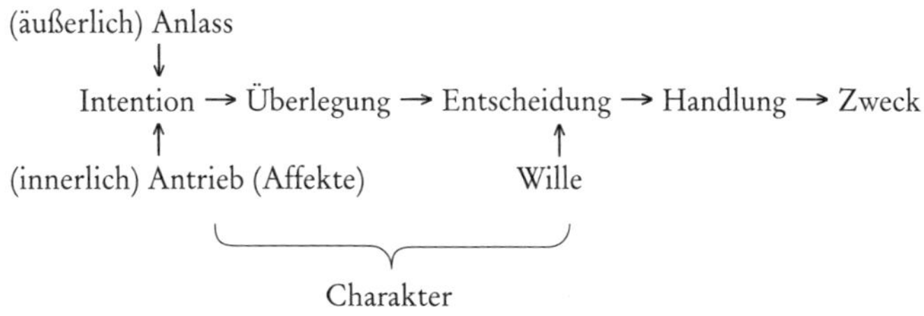

Innerliche Antriebe wie Affekte oder Bedürfnisse und äußerliche Anlässe wirken zusammen auf Überlegungen ein, wie die Handlungsintention am besten zu verwirklichen sei. Ist der Wille oder Entschluss zu handeln zu den intellektuellen Überlegungen hinzugetreten, fällt die Entscheidung in den vom Charakter her erwartbaren Formen. Daraus resultiert dann notwendig die Handlung, die je nach den äußeren Umständen erfolgreich ist oder nicht, d.h., dem beabsichtigten Ergebnis entspricht oder nicht. Gewiss ist die Reihe im Einzelnen veränderbar, das entscheidende Merkmal all dieser Auffassungen ist jedoch gleich: Der Komplex von Anlass, Intention, Handlung und Zweck wird als eine gleichsam lineare Abfolge von Einzelmomenten angesehen, die einander bedingen oder determinieren. Der Streit zwischen Deterministen und Indeterministen ist deshalb auch so fruchtlos, weil sie im Prinzip an diesem Schema festhalten. Die Deterministen verlegen die ursächliche Bestimmung in die Anlässe und Antriebe, die Indeterministen suchen Handlungen ohne Anlässe und ohne Antriebe. Beide verkennen nach Sartre die grundlegende Struktur der Handlung. Die Indeterministen verkennen, dass eine Handlung, um überhaupt als solche gelten zu können, zweckgerichtet sein muss. Ein Zweck ist aber als Zweck nur identifizierbar, wenn er auf einen Anlass bezogen werden kann. Die Deterministen dagegen übersehen, dass Anlässe und Antriebe erst einmal als solche empfunden werden müssen. Sie sind es nicht an sich, sondern nur für ein Bewusstsein, das sie als Anlässe und Antriebe im Rahmen eines Entwurfs setzt, in dem es sich auf Zwecke hin entwirft. Das Für-sich ist überhaupt erst das Sein, durch das es eine Welt gibt. Erst in der Wahl seiner selbst tauchen die Anlässe und Antriebe auf, erst die Handlung entscheidet über sie.

So ergibt sich eine gänzlich andere Struktur der Handlung. Antrieb, Intention, Handlung und Zweck sind ein integriertes Ganzes; sie bilden keine lineare Reihe, sondern einen in sich zurückgehenden Kreis:

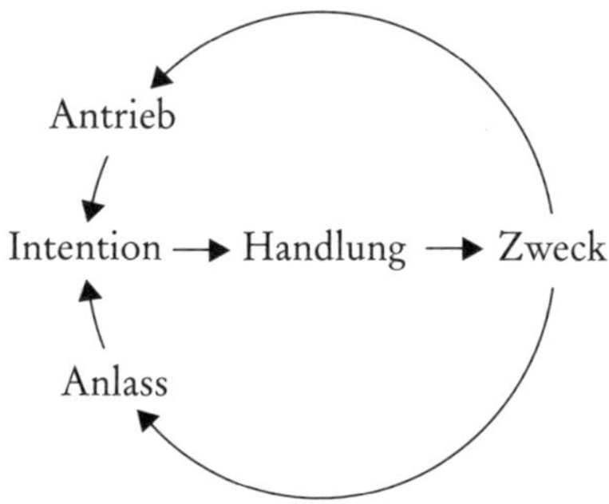

Ich muss mich zunächst auf einen Zweck hin entworfen haben, um den gegebenen Zustand als mangelhaft, als einen zu ändernden zu empfinden. Nur dann treten Anlässe und Antriebe überhaupt auf. Aber worauf hin ich mich entworfen habe, enthüllt sich mir erst in den Akten selbst. Antrieb, Handlung und Zweck sind ein integriertes Ganzes, »die Handlung entscheidet über ihre Zwecke und ihre Antriebe, und die Handlung ist der Ausdruck der Freiheit« (SN 760 f.).

Die Umorientierung auf ein nichtlineares Handlungsmodell verlagert die Frage nach der Freiheit der Handlung auf die Ebene der Wahl seiner selbst; die Freiheit einer einheitlichen Handlung kann nur im Rahmen dieses ursprünglichen Entwurfs seiner selbst beurteilt werden. Der grundlegende Akt der Freiheit »ist Wahl meiner selbst in der Welt und gleichzeitig Entdeckung der Welt« (SN 800). Erst von hier aus gewinnen alle einzelnen oder besonderen Akte ihren Sinn.

Es ist merkwürdig, dass Sartre beinahe dieselbe Formulierung gebraucht wie Schopenhauer: »So haben wir voll und ganz Bewußtsein der Wahl, die wir sind« (SN 803) – und trotzdem das genaue Gegenteil damit zum Ausdruck bringt. Schopenhauer sagte: »Der Mensch tut allezeit nur, was er will, und tut es doch notwendig. Das liegt aber daran, daß er schon ist, was er will: denn aus dem, was er ist, folgt notwendig alles, was er jedesmal tut.«[42] Sartre betont dagegen, dass die Wahl, die wir sind, Ausdruck unserer Freiheit ist. Im Allgemeinen bestätigen zwar unsere einzelnen Handlungen unseren Gesamtentwurf. Aber es gibt die Möglichkeit, sogar diesen zu ändern; wir können andere werden, als wir sind. Wir können unseren ursprünglichen Entwurf in dem Maße ändern, wie wir uns durch unsere Akte über das belehren lassen, was wir gewählt haben. Wir können und wir müssen uns stets von neuem erfinden. Die besondere phänomenologische Methode, diesen Anfangsentwurf deutlich zu machen, nennt Sartre existenzielle Psychoanalyse. An diese Methode knüpfen die späteren methodologischen Überlegungen in *Fragen der Methode* an.

6. *Fragen der Methode*

In einem Interview, das Sartre 1969 der englischen Zeitschrift *new left review* gab, wurde er nach dem Verhältnis seiner früheren Philosophie zu seinen späteren theoretischen Arbeiten gefragt.

»Das entscheidende Problem ist mein Verhältnis zum Marxismus. Ich möchte bestimmte Aspekte meines früheren Werkes autobiographisch erklären und auf diese Weise deutlich machen, warum sich meine Ansichten seit dem Zweiten Weltkrieg so grundlegend geändert haben. Auf eine einfache Formel gebracht, könnte man sagen, das Leben hat mich ›Die Macht der Dinge‹ gelehrt. Eigentlich hätte schon mit *Das Sein und das Nichts* die Entdeckung dieser Macht der Dinge beginnen müssen, denn ich war schon damals gegen meinen Willen Soldat geworden. Ich war also schon auf etwas gestoßen, was mich von außen steuerte, etwas, das nichts mit meiner Freiheit zu tun hatte. Ich war sogar in Gefangenschaft geraten – ein Schicksal, dem ich immerhin zu entgehen versucht hatte. So fing ich an, die Realität der Situation des Menschen inmitten der Dinge zu entdecken, die ich das In-der-Welt-sein genannt habe.
Dann wurde mir nach und nach klar, daß die Welt noch komplizierter ist, denn während der Résistance schien es noch eine Möglichkeit freier Entscheidung zu geben. Ich glaube, daß meine ersten Theaterstücke für meine damalige Einstellung symptomatisch sind; ich nannte sie ›Theater der Freiheit‹. Als ich unlängst mein Vorwort zu einer Ausgabe dieser Stücke – *Die Fliegen, Bei geschlossenen Türen* und andere – las, war ich geradezu entsetzt. Ich hatte geschrieben: ›Gleich, unter welchen Umständen, in welcher Lage: der Mensch ist stets frei, zu wählen, ob er ein Verräter sein will oder nicht ...« Als ich das las, habe ich mir gesagt: ›Unfaßbar, daß ich das wirklich geglaubt habe!‹
Um das verstehen zu können, muß man daran denken, daß es während der Résistance nur ein sehr einfaches Problem gab, das im Grunde nur eine

Mutfrage war. Man mußte die Risiken des eigenen Tuns auf sich nehmen, das heißt damit rechnen, eingesperrt oder deportiert zu werden. Das war alles. Ein Franzose hatte damals keine andere Wahl: Er konnte nur für oder gegen die Deutschen sein. Eigentlich politische Probleme, Entscheidungen ›dafür, aber ...‹ oder ›dagegen, aber ...‹ gab es damals nicht. So kam ich zu dem Schluß, daß jede Situation eine freie Entscheidung zuläßt. Und das war falsch. Es erwies sich als so falsch, daß ich mich später zu widerlegen versuchte in der Gestalt Heinrichs in *Der Teufel und der liebe Gott*, der ja nicht wählen kann. Er möchte gern wählen, aber er kann nicht: weder die Kirche, die die Armen im Stich gelassen hat, noch die Armen, die sich von der Kirche losgesagt haben. Er ist ausschließlich durch seine Situation bedingt.« (SüS 144)

Und etwas später sagt Sartre in demselben Interview: »Heute würde ich den Begriff der Freiheit folgendermaßen definieren: Freiheit ist jene kleine Bewegung, die aus einem völlig gesellschaftlich bedingten Wesen einen Menschen macht, der nicht in allem das darstellt, was von seinem Bedingtsein herrührt.« (SüS 145 f.) Das hört sich wie eine Revozierung der Grundthese von *Das Sein und das Nichts* an, doch davon kann in Wirklichkeit keine Rede sein, wenn man die späteren Schriften Sartres anschaut. Die Freiheit besteht in der Wahl dessen, was man ist, nicht darin, dass jede einzelne Entscheidung ohne Bedingungen abliefe. Das Entscheidende war ja, dass diese Bedingungen, die Antriebe und Anlässe, im Rahmen eines Entwurfs als solche gedeutet werden müssen – und von dieser Position ist Sartre in seinem späteren Werk keineswegs abgewichen. Selbst die »Macht der Dinge« tauchte in seinem Buch *Das Sein und das Nichts* schon als »der Widrigkeitskoeffizient der Dinge« (SN 833) auf, ganz zu schweigen von den ausführlichen Erörterungen der Faktizität.

Worin besteht aber dann die grundlegende Änderung, von der Sartre in dem Interview spricht? Man kann das am besten sehen, wenn man sich seine Beschreibung der existenziellen Psychoanalyse anschaut:

»Sie ist eine Methode, in streng objektiver Form die subjektive Wahl ans Licht zu ziehen, durch die jede Person sich zu Person macht, das heißt sich selbst anzeigen läßt, was sie ist. Da das, was die Methode sucht, eine *Seinswahl* und gleichzeitig ein *Sein* ist, muß sie die einzelnen Verhaltensweisen auf die grundlegenden Beziehungen, nicht der Sexualität oder eines Willens zur Macht, sondern des *Seins* zurückführen, die in diesem Verhalten zum Ausdruck kommen. Sie wird also von Anfang an auf ein Verstehen des Seins hingeleitet und darf sich kein anderes Ziel setzen, als das Sein zu finden und die Seinsweise des Seins gegenüber diesem Sein. Bevor sie dieses Ziel erreicht hat, darf sie nicht haltmachen.« (SN 985)

Die menschliche-Realität besteht in der Wahl, etwas zu sein, Chef zu sein, Kellner zu sein, Schriftsteller zu sein. Diese Seinswahl drückt sich in eben dem Leben aus, das jemand führt. Die menschliche-Realität ist gerade dadurch bestimmt, dass es ihr »um ihr Sein geht«.

»Sie [die existenzielle Psychoanalyse] wird das Verstehen des Seins anwenden, das den Untersuchenden kennzeichnet, insofern er selbst menschliche-Realität ist; und da sie das Sein aus seinen symbolischen Ausdrucksweisen zu ermitteln sucht, muß sie jedes Mal, und zwar auf den Grundlagen eines vergleichenden Studiums der Verhaltensweisen, eine Symbolik zu ihrer Entzifferung erfinden. Das Kriterium des Erfolgs wird für sie die Anzahl der Tatsachen sein, die ihre Hypothese zu erklären und zu vereinigen ermöglicht, so wie auch die evidente Intuition der Unreduzierbarkeit des erreichten Endpunkts. Zu diesem Kriterium kommt in allen Fällen, wo es möglich ist, das entscheidende Zeugnis des Subjekts. Die so erreichten Ergebnisse – das heißt die letzten Ziele des Individuums – können dann Gegenstand einer Klassifizierung werden, und an Hand des Vergleichs dieser Ergebnisse können wir allgemeine Überlegungen über die menschliche-Realität als empirische Wahl ihrer eigenen Zwecke anstellen. Die durch diese Psychoanalyse untersuchten Verhaltensweisen werden nicht die Träume, Fehlleistungen, Zwangsvorstellungen und Neurosen sein, sondern auch und vor allem die Gedanken des Wachzustands, die erfolgreichen und angemessenen Handlungen, der Stil usw. Diese Psychoanalyse hat ihren Freud noch nicht gefunden; allenfalls vermitteln gewisse besonders geglückte Biographien eine Ahnung davon. Wir hoffen, an anderer Stelle versuchen zu können, anläßlich Flauberts und Dostojewskis zwei Beispiele dafür zu geben. Aber es kommt uns hier nicht darauf an, daß die Psychoanalyse existiert: wichtig ist für uns, daß sie möglich ist.« (SN 985 f.)

Es fällt sofort auf, wie abstrakt dieses Programm ist. Tatsächlich sind die beiden Biografien, die Sartre auf der Grundlage dieser Methodologie geschrieben hat (über Charles Baudelaire und Jean Genet), »sehr mangelhaft«, wie er selbst einräumt. Über das Genet-Buch sagt er in dem schon zitierten Interview: »Die Untersuchung der Bedingtheit Genets durch seine objektive Geschichte ist ganz offensichtlich unzureichend, völlig unzureichend. Die Grundzüge der Interpretation – daß Genet ein Waisenkind unter Vormundschaft der Sozialfürsorge war, das in eine Bauernfamilie gegeben wurde, nichts besaß usw. – bleiben zwar gültig. Aber das alles geschah außerdem um 1925, also in einem bestimmten Kontext, der in dem Buch völlig fehlt. Die Sozialfürsorge und die Situation eines Findelkindes sind andererseits spezifische gesellschaftliche Phänomene, und Genet ist ein Produkt des 20. Jahrhunderts; aber von all dem wird in dem Buch nichts erwähnt.« (SüS 153)

Die »grundlegende Änderung« scheint demnach darin zu bestehen, dass sich Sartre bei dem Versuch, »ein Leben zu erklären«, jetzt außer der Methode der existenziellen Psychoanalyse auch der des historischen Materialismus bedient. Das Verstehen der konkreten menschlichen-Realität ist ohne das Verstehen der Geschichte nicht möglich. Tatsächlich hat Sartre damit nur Ansätze radikalisiert, die sich durchaus schon in seinem Buch *Das Sein und das Nichts* fanden, u.a. etwa die progressiv-regressive Methode, das Klassenbewusstsein.

Die Schrift *Fragen der Methode* zeigt ganz deutlich: Es handelt sich bei Existenzialismus und Marxismus um *komplementäre* Theorien, die erst zusammen eine befriedigende Methode des Verstehens ermöglichen, weil sie die »subjektive« Seite des Entwurfs und die »objektive« Seite der Bedingungen gleichermaßen berücksichtigen. Zwar spricht Sartre davon, dass der Existenzialismus ein »parasitäres« System sei (FM 14), aber im Ergebnis beharrt er darauf, dass das Existenzverständnis »die menschliche Grundlage der marxistischen Anthropologie« (FM 188) sei.

> »Er [der Existenzialismus] wird also versuchen, die Tatsachen des marxistischen Wissens durch indirekte Erkenntnisse [...] zu erhellen und im Rahmen des Marxismus eine wirklich *verstehende Erkenntnis* hervorzubringen, die den Menschen in der sozialen Welt wiederfinden und ihn bis in seine *Praxis* bzw. bis zum Entwurf verfolgen wird, der ihn von einer bestimmten Situation ausgehend auf die sozialen Möglichkeiten hin wirft. [...] Von dem Tage an, da der Marxismus die menschliche Dimension (d.h. den existentiellen Entwurf) zur Grundlage des anthropologischen Wissens nehmen wird, hat der Existentialismus keine Existenzberechtigung mehr [...] wird er aufhören, eine besondere Untersuchung zu sein, um die Grundlage aller Untersuchungen zu werden.« (FM 194 f.)

Hier wird der komplementäre Charakter beider Theorien deutlich zum Ausdruck gebracht – vor allem in dem seltsamen Widerspruch, dass Sartre den Existenzialismus im Marxismus aufgehen und ihn dennoch als Grundlage aller Forschung weiter bestehen lassen will. Die Frage ist: Warum bedarf der Marxismus in seiner gegenwärtigen Gestalt *(Fragen der Methode* erschien 1957) des Existenzialismus – und umgekehrt? Sartre sieht im Marxismus die Synthese zweier philosophischer Denkformen: einerseits derjenigen Kierkegaards, der auf die Inkommensurabilität von

Wirklichkeit (Existenz) und Wissen pocht, andererseits der hegelschen Philosophie des Geistes. Wieder dienen Hegels Ausführungen zur Herrschaft und Knechtschaft als Beispiel: »Was Kierkegaard dazu führt, Hegel zu widersprechen, ist der Umstand, daß für Hegel die Tragik *eines* Lebens immer schon aufgehoben ist. Das Erlebnis löst sich im Wissen auf. Hegel spricht vom Sklaven und dessen Todesfurcht. Diese Todesfurcht, die *empfunden* worden ist, wird bloßes Erkenntnisobjekt und Moment einer ihrerseits aufgehobenen Veränderung. Für Kierkegaard ist es von geringer Bedeutung, daß Hegel von der ›Freiheit zu sterben‹ spricht oder bestimmte Aspekte des Glaubens richtig beschreibt. Was er dem Hegelianismus vorwirft, das ist die Vernachlässigung der *unaufhebbaren Undurchschaubarkeit* des Erlebnisses.« (FM 15, Anm.)

Marx nun behauptet mit Kierkegaard die Besonderheit der menschlichen Existenz, mit Hegel dagegen versucht er, die objektive Realität der Menschen zu erfassen. Marx macht das Menschliche als Faktum zum unmittelbaren Thema der philosophischen Totalisierung; er macht den konkreten Menschen zum Mittelpunkt seiner Untersuchung, den Menschen, der sowohl durch seine Bedürfnisse wie auch durch die materiellen Bedingungen seiner Existenz und durch die Natur seiner Arbeit, d.h. also, durch seinen Kampf mit Dingen und Menschen bestimmt ist. (FM 20)

Die dogmatische Erstarrung des Marxismus jedoch lässt ihn gegenwärtig eher als einen »voluntaristischen Idealismus« erscheinen denn als das, was er sein könnte: als regulative Idee, die dazu dienen könnte, überhaupt erst einmal eine Methode zu finden und die Wissenschaft vom Menschen aufzubauen. Der Marxismus verhindert durch seinen Apriorismus die vorurteilslose Prüfung der geschichtlichen Gegebenheiten, etwa die Einwirkung des politischen Überbaus auf die ökonomische Basis oder die Wirkung eines einzelnen Menschen auf den Gang der Ereignisse. Die marxistische Erkenntnistheorie ist idealistisch, weil sie die Seite des

Subjekts aus dem Erkenntnisvorgang ausklammert und a priori die Rationalität der Welt behauptet. Sartre skizziert hier, als Antwort auf dieses Defizit, die Umrisse einer »*realistischen* Gnoseologie«, die die Erkenntnis an die Praxis bindet. (FM 39 f., Anm.)

Das wahre Potenzial des Marxismus als Methode historischer Forschung kommt am besten zum Ausdruck in der berühmten Einleitung zu den *Grundrissen der Kritik der politischen Ökonomie,* wo Marx »die Methode der politischen Ökonomie« als einen doppelten Weg schildert: zunächst als einen Weg von der (scheinbar) konkreten, anschaulichen, wirklichen Voraussetzung her, »wenn wir ein gegebenes Land politisch-ökonomisch betrachten«, als einen Weg von der Bevölkerung zu den Elementen, aus denen sie sich bestimmt, also den Klassen, deren Elemente wiederum Lohnarbeit und Kapital sind; diese wiederum unterstellen Austausch, Teilung der Arbeit, Preise usw. Dieser erste, analytische Weg geht mithin vom scheinbar konkreten, in Wahrheit abstrakten Ganzen aus und dringt zu den einfachsten abstrakten Elementen vor, auf denen das Ganze beruht. Das war auch der Weg der Forschung, wie er sich in den frühen ökonomischen Systemen des 18. Jahrhunderts zeigt.

Der zweite Weg setzt bei den abstrakten Elementen an: Die wissenschaftlich richtige Methode der Darstellung oder Aneignung der Gegebenheiten gelangt von den abstrakten Elementen zur wahrhaft konkreten, weil begriffenen Totalität. Sartre scheint diese Methode zunächst in der Gestalt, die ihr Henri Lefèbvre gegeben hat, übernehmen zu wollen. Danach müsste sich eine historische Darstellung auf folgende drei Momente stützen: 1. das deskriptive Moment – Beobachtung in einer durch die Erfahrung und eine allgemeine Theorie geleiteten Einstellung; 2. das analytisch-regressive Moment – Zergliederung der Realität, Versuch genauer Datierung; 3. das historisch-genetische Moment – Rückkehr zur nunmehr erhellten, verstandenen und erklärten Gegenwart. (FM 60, Anm.)

Tatsächlich modifiziert Sartre diese Methode jedoch einschneidend. Das Allerkonkreteste, was es überhaupt gibt, sind, setzt man diesen Interpretationsrahmen erst einmal voraus, die Menschen, ihre Objektivationen, ihre Arbeiten, ihre Beziehungen. Der dogmatische Marxismus ist allerdings nicht fähig, den Einzelnen anders denn als Ausdruck oder Symbol der Gesellschaftsstruktur zu begreifen, er wird, als Einzelner, zu einer Zufälligkeit. Damit verschwindet die einzelne Realität dieses Menschen zugunsten einer abstrakt ideologischen Bestimmtheit. »Es besteht kein Zweifel darüber, daß Valéry ein kleinbürgerlicher Intellektueller ist. Aber nicht jeder kleinbürgerliche Intellektuelle ist Valéry. Die heuristische Unzulänglichkeit des heutigen Marxismus ist in diesen beiden Sätzen enthalten. Um den Prozeß zu erfassen, der die Person und ihr Produkt innerhalb einer Klasse und einer gegebenen Gesellschaft zu einem gegebenen historischen Zeitpunkt hervorbringt, fehlt dem Marxismus eine Hierarchie von Vermittlungen.« (FM 64)

Für den Existenzialismus ist dieser Verzicht darauf, den Einzelnen als Einzelnen begreifen zu wollen, ein Abbruch der Denkbemühung: »Er [der Existenzialismus] lehnt es ab, das wirkliche Leben den undenkbaren Zufällen der Geburt zu überlassen, um eine Allgemeinheit zu betrachten, die sich darauf beschränkt, sich endlos in sich selbst widerzuspiegeln. Er beabsichtigt, ohne den marxistischen Thesen untreu zu werden, diejenigen Vermittlungen zu finden, die es erlauben, das einzelne Konkrete, das Leben, den wirklichen, genau datierten Kampf, die Person hervorzubringen, ausgehend von den *allgemeinen* Widersprüchen zwischen Produktivkräften und Produktionsverhältnissen.« (FM 65 f.)

Diese Vermittlungen werden durch Psychoanalyse und Soziologie – beide für den orthodoxen Marxismus ein Gräuel – aufgeklärt. Die Soziologie wird dabei aus denselben Gründen kritisiert, aus denen Sartre den Behaviorismus ablehnt: Sie verdinglicht ihren Gegenstand und begreift ihn nicht als »transzendierte Transzendenz«, d.h. als etwas, was man nur von seinem Entwurf her verstehen kann – und zwar im Rahmen eigener Entwürfe. Der Soziologe ist »nicht situiert«. Sartre hat dagegen als Modell der Erkenntnis immer die moderne Physik vor Augen: »Die einzige Erkenntnistheorie, die heutzutage Gültigkeit beanspruchen kann, ist die auf die Wahrheit der Mikrophysik gegründete: der Beobachter ist Teil des Beobachtungssystems.« (FM 39, Anm.)

Erst alle diese Wissenschaften zusammen ermöglichen ein Verständnis davon, wie der Einzelne die objektiven Zusammenhänge *erlebt:* »Geprägt von seiner Arbeit und den sozialen Bedingungen der Produktion, existiert der Mensch als Produkt seines Produkts *zugleich* inmitten seiner Produkte und bildet die Substanz der ihn selbst zersetzenden ›Kollektive‹; auf jeder Lebensebene geschieht ein Kurzschluß, eine horizontale Erfahrung, die dazu beiträgt, ihn auf der Grundlage seiner materiellen Ausgangsbedingungen zu verändern: das Kind *erlebt nicht nur* seine Familie, es erlebt auch – teils durch sie, teils allein – die es umgebende kollektive Landschaft; und es ist wiederum die Allgemeinheit seiner Klasse, die sich ihm in dieser besonderen Erfahrung enthüllt.« (FM 88)

»Der Mensch als Produkt seines Produkts« – der Mensch ist also Handelnder und Opfer, frei und unfrei zugleich. Das Problem, das sich daraus ergibt, sucht Sartre in Anlehnung an ein Engels-Zitat zu klären: »Die Menschen machen ihre Geschichte selbst, aber in einem gegebenen, sie bedingenden Milieu.« (FM 94) Die Tatsache, dass unsere Handlungen durch das Einwirken der anderen einen anderen Sinn bekommen, als wir beabsichtigen, bedeutet nicht, dass wir nicht dennoch handelten (»handeln« bedeutet frei handeln). Die Entfremdung kann wohl das Ergebnis, nicht die Realität der Handlungen verändern. Sartre beharrt auf dem »Entwurf« als grundlegend für das menschliche Handeln: »Für uns ist der Mensch vor allem durch das Überschreiten einer Situation gekennzeichnet, durch das, was ihm aus dem zu machen gelingt, was man aus ihm gemacht hat, selbst wenn er sich niemals in seiner Vergegenständlichung erkennt. Dieses Überschreiten finden wir am Ursprung des Menschlichen und zuerst im Bedürfnis. [...] selbst das rudimentärste Verhalten muß sich im Verhältnis zu realen und gegenwärtigen es bedingenden Faktoren bestimmen, und zugleich im Verhältnis zu einem bestimmten, zukünftigen Objekt, das es hervorzubringen sucht. Das aber nennen wir *Entwurf*.« (FM 101) Stärker als früher jedoch betont Sartre hier die Bedingtheit der jeweiligen Möglichkeiten: »Das Feld des Möglichen bildet so das Ziel, auf das hin der Handelnde seine objektive Situation überschreitet. Und dieses Feld hängt seinerseits eng von der sozialen und geschichtlichen Realität ab.« (FM 103)

Entscheidend bleibt, dass die Realität »erlebte Realität« sein muss, damit die materiellen Verhältnisse zu Bedingungen der eigentlichen Praxis werden können: »Diese gesamte Objektivität bezieht sich letztlich auf eine erlebte Realität. [...] Empfinden, das bedeutet jedoch bereits Überschreiten hin zur Möglichkeit einer objektiven Veränderung.« (FM 107) Hier, in der Negativität der einzelnen Praxis, wird letztlich Geschichte verständlich.

Man kann den Entwurf durch drei Merkmale bestimmen: zunächst durch den Charakter, der sich in der Kindheit bildet und den eigentlichen Gegenstand der psychoanalytischen Untersuchungen darstellt; zweitens durch das Feld der Mittel, denn um die Besonderheit des historischen Ereignisses richtig zu erfassen, muss das Feld der Mittel, des im Rahmen der jeweiligen Epoche Möglichen, richtig bestimmt werden. Eben hierzu dient die *regressive* Methode, die versucht, das Differenzielle, die historische

Einzigartigkeit der Objekte zu erfassen. Die regressive Methode sucht erst einmal Probleme ausfindig zu machen ohne Rücksicht auf die Biografie. Der Mensch ist jedoch ein synthetisches Ganzes, die Beziehungen zwischen Werk, Mensch und Epoche müssen in einem ständigen Hin und Her aufgehellt werden. Und erst jetzt wird durch die *progressive* Methode die Integration dieser verschiedenen Elemente im Entwurf enthüllt: »Dieser Entwurf hat *einen Sinn,* er ist nicht einfach Negativität, Flucht; durch ihn zielt der Mensch auf die Produktion seiner selbst in der Welt als einer bestimmten, objektiven Totalität.« (FM 159) Sartre fasst das so zusammen: »Wir werden die Methode existentialistischer Annäherung als eine regressiv-progressive und analytisch-synthetische Methode definieren; sie ist gleichzeitig ein bereicherndes Hin-und-Her zwischen dem Gegenstand (der die ganze Epoche als hierarchisierte Bedeutungen enthält) und der Epoche (die das Objekt in seiner Totalisierung enthält).« (FM 160)

Man sieht, wie weit sich Sartre hier von der marx-lefèbvreschen Methode entfernt hat. Zwar geht die regressiv-analytische Methode auf die Bestimmung der Einzelheiten zurück – aber nicht auf die abstrakten Elemente eines sozioökonomischen Ganzen, sondern auf die Einzigartigkeit eines Lebens. Das Hin und Her bezieht sich auf die wechselseitige Erhellung von Einzelnem und Allgemeinem, und die progressiv-synthetische Methode richtet sich auf den Entwurf des Einzelnen in seiner Welt. Die Ganzheit, die wir begreifen, ist der totalisierte Einzelne, nicht die Ganzheit einer Bevölkerung oder einer Epoche. Geblieben sind gleichsam nur die Zielpunkte: »ursprüngliche Bedingungen« und »objektives Ergebnis«.

Das dritte und letzte Bestimmungsmerkmal ist das Ziel eines solchen Entwurfs. Hier knüpft Sartre wieder an den Begriff der Existenz an im Sinne eines Außer-sich-hin-auf-etwas-Seins, des Von-sich-losgerissen-Seins. Man kann die Gegenwart nur im Lichte der Zukunft enthüllen: »Die Zwecke der menschlichen Aktivität [sind] keine mysteriösen und der Handlung selbst hinzugefügten Wesenheiten. [...] Sie stellen einfach das Überschreiten und das Bewahren des Gegebenen in einem Akt dar, der von der Gegenwart zur Zukunft geht.« (FM 171)

Die menschliche Existenz ist im Rahmen dieser Begrifflichkeit von Bedürfnis, Transzendenz und Entwurf verstehbar: Der Existenzialismus will »ins Wissen selbst und in die begriffliche Allgemeinheit die unaufhebbare Singularität des menschlichen Wagnisses wieder einführen. So erweist sich das Verstehen der Existenz als die menschliche Grundlage der marxistischen Anthropologie.« (FM 188)

7. Schluss

In den Streitgesprächen, die Sartre zwischen 1972 und 1974 mit Philippe Gavi und Pierre Victor geführt hat *(Der Intellektuelle als Revolutionär)*, wirft Victor Sartre vor: »Was für einige von uns ein Problem ist, ist vielmehr der Umstand, daß du keine Texte von unmittelbarem Nutzen für die aus dem Mai hervorgegangene Bewegung mehr schreiben kannst; statt dessen arbeitest du an deinem *Flaubert* weiter.« Sartre entgegnet: »Das hängt damit zusammen, daß ich im Laufe der Jahre gewisse Vorstellungen gewonnen habe, die ich nicht so einfach ausdrücken kann. Aber du weißt, daß ich – unabhängig vom ideologischen Interesse – dieses Werk als ein sozialistisches Werk ansehe – in dem Sinne, daß das Buch – wenn es mir gelingt – einen Fortschritt im Verstehen der Menschen in sozialistischer Sicht ermöglichen würde. So gesehen meine ich, daß ich für später, für die sozialistische Gesellschaft arbeite. Ich hoffe, daß es so ist, daß diese Bücher Teil einer langfristigen Arbeit sind, daß sie Bestandteil einer neuen Kultur, einer Volkskultur sein könnten.« (IR 56)

Jeder Leser heute wird sich glücklich schätzen, dass Sartre das erwähnte Flaubert-Projekt – *Der Idiot der Familie* – nicht zugunsten von Texten zurückgestellt hat, die »von unmittelbarem Nutzen für die aus dem Mai hervorgegangene Bewegung« waren. Eine genaue Untersuchung der in diesem Werk angewendeten Methode des Verstehens würde freilich noch einmal eine erhebliche Veränderung gegenüber den in *Fragen der Methode* entwickelten Vorstellungen zeigen. (Lit 180) Aber die Beharrlichkeit, mit der

Sartre das Flaubert-Projekt von seinen frühesten Schriften an verfolgt hat, zeigt, dass die »Leidenschaft, die Menschen zu verstehen« (SG 219), das einigende Band in Sartres Lebensentwurf war.[43]

Anhang

Anmerkungen

1 Es handelt sich um die am Ende von *Das Sein und das Nichts* angekündigten Überlegungen zur Ethik, *Cahiers pour une morale*; den zweiten unvollendeten Band der *Kritik der dialektischen Vernunft: L'intelligibilité de l'histoire* (dt. Übers. in Vorbereitung); den vierten Band des Romanzyklus *Wege der Freiheit: Die letzte Chance;* die *Lettres au Castor* (d.i. S. de Beauvoir); die Tintoretto-Essays und das Drehbuch zu seinem Freud-Film.

2 Vgl. Ronald Hayman, *Jean-Paul Sartre*, München 1988, S. 387.

3 Das Thema der Überflüssigkeit war ein Hauptthema der russischen Literatur des 19. Jahrhunderts z.B. bei Lermontow, *Ein Held unserer Zeit.* Sartre denkt hier vielleicht an das Kapitel »Von neuen Götzen« aus dem ersten Buch von Nietzsches *Zarathustra*, wo es heißt: »Viel zu viele werden geboren: für die Überflüssigen ward der Staat erfunden!«

4 Robert Suckale, *Kunst in Deutschland*, Köln 1998, S. 239 f.

5 Vgl. Friedrich Nietzsche, *Die Geburt der Tragödie, Versuch einer Selbstkritik*, §5.

6 Ders., *Vom Nutzen und Nachtheil der Historie für das Leben*, §1.

7 Ders., *Die Geburt der Tragödie*, §17.

8 Vgl. KCh 179: »Maurice Barrès (1862-1923), Blut-und-Boden-Schriftsteller, Wortführer eines militanten Nationalismus.«

9 Vgl. z.B.: Rudolph Maurice Loewenstein, *Psychoanalyse des Antisemitismus*, Frankfurt/M. 1967 (begonnen in Frankreich unter deutscher Besatzung); Hannah Arendt, *Elemente und Ursprünge totaler Herrschaft*, Bd. 1: Antisemitismus, Frankfurt/M. 1975.

10 John L. Austin, *Sinn und Sinneserfahrung*, Stuttgart 1975 (Reclam 9803), S. 90.

11 Die Stellenangabe bezieht sich auf die alte Zählung des »Willens zur Macht«.

12 Martin Heidegger, *Nietzsche I*, Stuttgart 1961 (Klett-Cotta), S. 66.

13 Vgl. z.B. *Ideen*, §§ 42-47.

14 Ernst Tugendhat, *Philosophische Aufsätze*, Frankfurt/M. 1992 (stw 1017) S. 44.

15 Joseph Catalano, *A commentary on Sartres Critique of Dialectical Reason*, University of Chicago Press 1986, Kap. 1.VI: Realism and Idealism.

16 Martin Heidegger, Vom Wesen des Grundes, in: *Wegmarken*, Frankfurt am Main 1967, S. 132.

17 Zu dem Missverständnis dieses Substanzbegriffs in der Geschichte der Philosophie vgl. P. M. S. Hacker, *Human Nature: The Categorial Framework*, Oxford 2007, S. 51.

18 Robert Suckale, *Kunst in Deutschland*, S. 571.

19 Metaphysik V. Buch (Delta) 7 und Topik.

20 Anal. post. B 1.

21 W.D. Ross, *Aristotle* (1923), Cleveland, Ohio ^{8}1963, S. 131.

22 Martin Heidegger, *Grundbegriffe der aristotelischen Philosophie* (1924), GA II/18, S. 43 ff., vor allem S. 92.

23 Met. 982^{b}25 f.

24 Nach Ursula Wolf, *Aristoteles' Nikomachische Ethik*, Darmstadt 2002 (WBG), S. 142. Eine graphische Darstellung der Existentialien findet sich in Wikipedia unter dem Stichwort Martin_Heidegger/Sein_und_Zeit

25 Anthony Kenny (Hg.), *Illustrierte Geschichte der westlichen Philosophie*, Frankfurt/New York 1994, S. 126.

26 Im Zusammenhang mit dem berühmten Beispiel vom schmelzenden Wachs sagt Descartes (*Meditationen* 2.16): »Ich weiß jetzt, dass die Körper nicht eigentlich von den Sinnen oder von der Einbildungskraft, sondern von dem Verstand wahrgenommen werden, und zwar nicht, weil wir sie berühren und sehen, sondern lediglich, weil wir sie denken; und so erkenne ich, dass ich nichts leichter oder evidenter wahrnehmen kann als meinen Geist.« René Descartes, *Meditationen über die Erste Philosophie*, Stuttgart 1986 (Reclam 2888)

27 A.a.O., S. 127.

28 William James, Gibt es ein »Bewusstsein«? (zuerst erschienen 1904), in: W. James, *Pragmatismus und radikaler Empirismus*, Frankfurt/M. 2006 (stw 1775), S. 7 ff. Die Bedeutung von James' *Psychologie*, vor allem der Kapitel XI, *Der Strom des Bewusstseins*, und XII, *Das Selbst*,

für Bergson, Husserl, für Schelers Begriff der Person und für Sartres Auffassung vom Selbstbewusstsein (vgl. SN 262) kann gar nicht überschätzt werden. Vgl. SN 1043.

29 Wieder abgedruckt in: Edmund Husserl, *Die phänomenologische Methode. Ausgewählte Texte I* (Hg. Klaus Held), Stuttgart 1998, S. 196 ff.

30 Herbert Schnädelbach, *Erkenntnistheorie zur Einführung*, Hamburg 2002, S. 43.

31 In der Vorlesung vom Sommersemester 1927 *Die Grundprobleme der Phänomenologie*, die Heidegger selbst als »Neue Ausarbeitung des 3. Abschnitts des I. Teiles von Sein und Zeit« bezeichnet, die Sartre aber nicht kennen konnte (sie wurde erst 1975 als Band 24 der Gesamtausgabe veröffentlicht), erörtert Heidegger die hier behandelte Frage in großer Ausführlichkeit. Wenn Sein kein reales Prädikat ist, sondern eine »Setzung«, eine Position, wie Kant sagt, nämlich eine Beziehung auf das »wahrnehmende Subjekt«, dann stellt sich die Frage: »Wie ist der ontologische Zusammenhang von Realität und Existenz zu bestimmen?« (S. 109) In diesem Zusammenhang diskutiert Heidegger die »ontologische Differenz« von Sein und Seiendem.

32 Arthur Schopenhauer, Preisschrift über die Freiheit des Willens (1839), in: *Sämtliche Werke*, hg. von W. Frh. v. Löhneysen, Darmstadt 1977, Bd. III, S. 521.

33 Ebd., S. 632

34 Vgl. S. 836: Außerdem muss man gegen den gesunden Menschenverstand präzisieren, dass die Formel »frei sein« nicht bedeutet, »erreichen, was man gewollt hat«, sondern »sich dazu bestimmen, durch sich selbst zu wollen« (im umfassenden Sinn von wählen) ... Der technische und philosophische Freiheitsbegriff, den wir hier allein meinten, bedeutet nur: Autonomie der Wahl.

35 Sartre orientiert sich hier vor allem an James' »Strom des Bewusstseins« und Bergsons Überlegungen in *Zeit und Freiheit*.

36 *Der Begriff Angst*, Kap. 2, § 2: Subjektive Angst.

37 In Anlehnung an Nietzsches »Geist der Schwere«, *Zarathustra III*, und das Gegenstück zum Geist des Komischen bei Bergson und der Ironie bei Scheler.

38 Das BGB kennt den Begriff der Bösgläubigkeit (§ 2024), den Begriff des »bösen Glaubens« allerdings nur im Index anstelle von »nicht in gutem Glauben«.

39 Vgl. S. 1069. Wie diese Umkehr aussehen könnte, deutet Sartre in seinen kurzen Bemerkungen über das Spiel wenigstens an: S. 995 f.

40 S. 719.

41 Titel eines Romans von Antonia Baum.

42 Arthur Schopenhauer, Preisschrift über die Freiheit des Willens, a.a.O., S. 623.

43 Vgl. Richard J. Bernstein, *Restrukturierung der Gesellschaftstheorie*, Frankfurt/M. 1979, S. 205 ff.

Literaturhinweise

1. Primärliteratur

Siglen

BJ Betrachtungen zur Judenfrage, in: Jean-Paul Sartre, Drei Essays, Frankfurt/M. 1986.
E Der Ekel, Reinbek 1982.
EH Der Existentialismus ist ein Humanismus, Reinbek 1994.
FM Fragen der Methode, Reinbek 1999.
IR Der Intellektuelle als Revolutionär, Reinbek 1982.
KCh Die Kindheit eines Chefs, Reinbek 1985.
Lit Was kann Literatur?, Reinbek 1979.
SG Saint Genet. Komödiant und Märtyrer, Reinbek 1982.
SN Das Sein und das Nichts, Reinbek 1991.
SP Das Spiel ist aus, Reinbek 1952.
SüS Sartre über Sartre, Reinbek 1977.
W Die Wörter, Reinbek 1965.
WE Wahrheit und Existenz, Reinbek 1998.

2. Sekundärliteratur

Die bisher vorliegenden Neuausgaben der Werke Sartres enthalten in der Regel im Anhang recht ausführliche Literaturangaben sowie Daten aus Sartres Leben, sodass sich eine größere Literaturliste an dieser Stelle erübrigt. Daher sind im Folgenden nur ganz wenige Titel aus der unübersehbaren Literatur aufgeführt, die besonders sachlich, verständlich und lehrreich sind.

Thomas C. Anderson, *The Foundation and Structure of Sartrean Ethics*, Kansas 1979.

Simone de Beauvoir, *In den besten Jahren*, Reinbek 1969.

Dies., *Der Lauf der Dinge*, Reinbek 1970.

Dies., *Alles in allem*, Reinbek 1976.

Dies., *Die Zeremonie des Abschieds*, Reinbek 1986.

Richard J. Bernstein, *Praxis and Action*, Philadelphia 1971 (das Kapitel über Sartre ist in der deutschen Ausgabe: *Praxis und Handeln*, Frankfurt/M. 1975, leider nicht enthalten).

Joseph S. Catalano, *A Commentary on Sartre's »Being and Nothingness«*, New York 1974.

Annie Cohen-Solal, *Sartre 1905-1980*, Reinbek 1988.

David G. Cooper/Ronald D. Laing, *Vernunft und Gewalt*, Frankfurt/M. 1979.

Arthur C. Danto, *Jean-Paul Sartre*, Göttingen 1986.

Helmut Fahrenbach, *Existenzphilosophie und Ethik*, Frankfurt/M. 1970.

André Gorz, *Der schwierige Sozialismus*, Frankfurt/M. 1968.

Christine Howells (Hg.), *The Cambridge Companion to Sartre*, Cambridge 1992.

Wolfgang Janke, *Existenzphilosophie*, Berlin 1982.

Ronald D. Laing, *Das geteilte Selbst*, Hamburg 1976.

François H. Lapointe, *Jean-Paul Sartre and his Critics. An International Bibliography (1939-1980)*, 2. Aufl., Bowling Green/Ohio 1981.

Bernard-Henri Lévy, *Sartre. Der Philosoph des 20. Jahrhunderts*, München/Wien 2002.

Paul Arthur Schilpp (Hg.), *The Philosophy of Jean-Paul Sartre*, Illinois 1981.

Hugh J. Silverman/Frederick A. Elliston (Hg.), *Jean-Paul Sartre. Contemporary Approaches to his Philosophy*, Pittsburgh 1980.

Bernd N. Schumacher (Hg.), *J.-P. Sartre, Das Sein und das Nichts* (Klassiker Auslegen, Bd. 22), Berlin 2003.

Bernhard Waldenfels, *Phänomenologie in Frankreich*, Frankfurt/M. 1983.

Zeittafel

1905	Jean-Paul Sartre wird am 21. Juni in Paris geboren.
1906	Der Vater stirbt, Sartre wächst bei den Großeltern auf.
1915	Eintritt ins Lycée Henri IV.
1917	Die Mutter heiratet wieder und nimmt Sartre zu sich nach La Rochelle.
1917-20	Schulzeit an Gymnasien in La Rochelle und (ab 1920) in Paris; Abitur.
1922-24	Lycée Louis-Le-Grand. Veröffentlichung der Kurzgeschichte *L'ange du morbide.*
1924-29	Studium an der École Normale Supérieure; Agrégation in Philosophie als Jahrgangsbester. Sartre lernt Simone de Beauvoir kennen.
1929-31	Militärdienst an einer Wetterstation in Tours.
1931-39	Lehrer an Gymnasien in Le Havre, Laon und Paris. Sartre veröffentlicht in diesen Jahren u.a. *La transcendence de l'égo* (Die Transzendenz des Ego, 1936), *La nausée* (Der Ekel, 1938) und *Le mur* (Die Mauer, 1939), einen Band mit Erzählungen, in dem auch *L'enfance d'un chef* (Die Kindheit eines Chefs) enthalten ist.
1933-34	Stipendium im Institut Français in Berlin.
1938	Er schreibt *La psyché,* woraus die *Skizze einer Theorie der Emotionen* stammt.
1939-44	Kriegsdienst als Krankenträger; deutsche Kriegsgefangenschaft (Juni 1940 bis April 1941), während der er Heidegger studiert. Sartre entkommt aus dem Lager und nimmt die Lehrtätigkeit in Paris wieder auf. Mitarbeit in der Résistance. 1943 erscheinen *L'Être et le néant* (Das Sein und das Nichts) sowie *Les mouches* (Die Fliegen).
1945-51	Sartre gibt den Lehrerberuf auf und lebt fortan als freier Schriftsteller. Er gründet die Zeitschrift *Les temps modernes.* In diesen

Jahren veröffentlicht er eine große Anzahl von Büchern, u.a. *Huis clos* (Bei geschlossenen Türen, 1945), *L'existentialisme est un humanisme* (Der Existentialismus ist ein Humanismus, 1946), *Réflexions sur la question juive* (Betrachtungen zur Judenfrage, 1946), *Baudelaire* (1947), Essays unter dem Titel *Situations* (Situationen I-III, 1947-49), *Le diable et le bon Dieu* (Der Teufel und der liebe Gott, 1951). Er reist viel, u.a. in die USA und nach Afrika.

1952-59 Teilnahme am kommunistischen »Völkerkongress für den Frieden«; Auseinandersetzung mit Albert Camus. Sartre reist nach China und in die Sowjetunion (1954/55). Er protestiert gegen das sowjetische Eingreifen in Ungarn während des Volksaufstands 1956 und gegen den französischen Kolonialkrieg in Algerien. Veröffentlichung von *Saint Genet* (1952) und *Questions de méthode* (Fragen der Methode, 1957/58).

1960 Reise nach Kuba, Besuch bei Fidel Castro. Sartre veröffentlicht *Critique de la raison dialectique* (Kritik der dialektischen Vernunft).

1963 Veröffentlichung von *Les mots* (Die Wörter).

1964 Sartre wird der Nobelpreis für Literatur zugesprochen, dessen Annahme er ablehnt. *Situations IV-VI* erscheint.

1967 Sartre beteiligt sich am Russell-Tribunal, das die Kriegsverbrechen der USA in Vietnam verurteilt.

1968-73 Er unterstützt die Bewegung vom Mai 68; um die maoistische Zeitung *La cause du peuple* vor dem Verbot zu retten, übernimmt er formell deren Leitung. Er spricht vor Versammlungen der Studenten und der Arbeiter, beteiligt sich am Aufbau der linken Tageszeitung *Libération*. Seine monumentale Flaubert-Biografie, *L'idiot de la famille* (Der Idiot der Familie), erscheint (1971/73). *Situations VIII und IX* (1972). In den folgenden Jahren nimmt seine Sehschwäche immer mehr zu und behindert seine Arbeit.

1969 Sartres Mutter stirbt.

1976 Veröffentlichung von *Situations X* und des Films *Sartre par lui-même*.

1980 Jean-Paul Sartre stirbt am 15. April in Paris.

Martin Suhr, geb. 1940, Lehrbeauftragter für Philosophie an den Universitäten Rostock und Bremen. Arbeitsgebiete: Geschichte der Dialektik, Pragmatismus. Veröffentlichungen zu Platon, Hegel, Peirce und Dewey; Übersetzungen.